史记
今读

黄德海

著

上海文艺出版社

亦欲以究天人之际，通古今之变，成一家之言。

———司马迁《报任安书》

六经之后，惟有此作。

———郑樵《通志》

目次

从绝地天通到世序天地　　001
巫，或司马氏的世系起点

文史星历，近乎卜祝之间　　029
史的职守与变迁

司马氏世典周史　　057
司马迁的家世

年十岁则诵古文　　075
司马迁的成长

折中于夫子　　093
司马迁的仕与师

发愤之所为作也　　113
司马迁的友与忧

凡天变，过度乃占　　133
关于《天官书》和《历书》

亦欲以究天人之际　　157
司马迁的职与志

俟后世圣人君子   179
《史记》在两汉

六经之后，惟有此作   197
《史记》的传播与评价

不如见之于行事之深切著明也   217
《史记·河渠书》试读

附录　木实繁者披其枝：删芜就简，再写一遍   243
开篇：为何以及怎样读经典   245
读其书，想见其为人：《史记》的作者司马迁   251
六经之后，惟有此作：《史记》的结构与内容   284

后记   319

从绝地天通到世序天地

巫，或司马氏的世系起点

一

不知道什么时候，我开始喜欢《山海经》里的"大荒"形象，那种还没被拘束的莽莽苍苍，有草昧初开的壮阔。更何况，一不小心，就是经行的日月，"东海之外，大荒之中，有山名曰大言，日月所出"；雄伟的山川，"大荒之中，有不庭之山，荣水穷焉"。再看下去，则有堂皇的异兽，"西北海之外，大荒之隅，有山而不合，名曰不周负子，有两黄兽守之"；艳丽的飞禽，"有五采之鸟，有冠，名曰狂鸟"；瑰玮的植物，"西海之外，大荒之中，有方山者，上有青树，名曰柜格之松，日月所出入也"（"入"字当为衍文）；古怪的妖物，"有虫状如菟，胸以后者裸不见，青如猨状"；保留着野性特征的大神，"西海陼中，有神，人面鸟身，珥两青蛇，践两赤蛇，名曰弇兹"。

读着这样的文字，不纠结是真是幻，就去想象一个跟每日所见完全不同的世界，已经是很大的享受了吧？据说，较早流传的《山海经》是有图的，书中文字可能是对图画的说明。只可惜，原始的图早已不存。照钱存训《书于竹帛》的看法，图的丢失跟当时的书写材料有关,"简牍面积有限,不宜于绘图,而缣帛则有宽广的面积,适宜于绘画的用途。据说《山海经》的前五章,原有怪异人物和野兽的图像,当系绘于帛上,但原图早已散佚,现存的插图则是后人所添补"。或许正因为原始图画的缺失,《山海经》的性质历来难定,有确定为地理风俗志者,有认为是博物之作的,也有将其归为志怪书之祖,近代以来则多相信是远古神话之书。更有甚者,企图把这书跟域外甚至地外文明联系起来,以为其中隐藏着某种久已失传的密码,破解出来便足以识别被封印的神秘信息,快要比得上神怪剧中作为普遍咒语的"般若波罗蜜"了。

最早注《山海经》的郭璞应该见过原始的图画,注释中常有对画的解说。比郭璞晚生近一百年的陶渊明大概也曾看到过,《读山海经(其一)》所谓"流观山海图",说的或许就是对这些图的周流观览吧?那真是足堪卧游了。当然,陶渊明"好读书,不求甚解",作为高明的读者,他只要提取自己所需的关键信息就可以了,用不着连篇累牍地写文章说明寓目之书的性质。我们大概没法这么潇洒,如果不能辨析特定著作的性质,太过轻松愉快地放任自己的武断或联想,非常可能因为脱离了每一个奇思妙想背后的具体,让一本书悬浮在其置身的具体时空之外。真用心力去读一本书,事情就显然没那么简单了,任何一个特殊的例子,都可能打破起初虚幻设定的那些——

大荒之中,有山名曰日月山,天枢也。吴姖天门,日月所入。有神,人面无臂,两足反属于头上,名曰嘘。颛顼生老童,老童生重及黎,帝令重献上天,令黎邛下地。下地是生噎,处于西极,以行日月星辰之行次。

乍看,果然跟我们的想象一致,遥远的大荒有座日月山,天的枢纽。其主峰吴姖天门,日月从那里入山歇息。接下来出现一个古怪的神,人脸,却没有胳膊,两只脚反架在头上。接下来忽然转到五帝之一的颛顼,并且排出了一个向下的承继系统,看起来有点实录的意思,却因为少涉人事而多言天地,更像是某种不严谨的神谱。尤其成问题的是,这不足百字的一段话,很多地方在可解与不可解之间。比如为什么"名曰嘘"之后要接颛顼,嘘跟后面的承继系统有什么关联?比如"重献上天"和"黎邛(qióng)下地",郭璞已云"献、邛,义未详",那究竟是什么意思?比如"下地是生噎"接着前面讲还是另起一层意思,噎跟前面的嘘有否照应?这些不易明了的部分,到底该怎样理解?

在《Mῦθος 词源考》和几篇相关文章中,陈中梅考察指出,秘索思(mythos)和逻各斯(logos)作为对应的两个元概念,构成了西方文化的基质结构。相对来说,逻各斯通过逻辑和推理认知世界,秘索思则借助想象来整体把捉世界。秘索思"内容是虚构的,展开的氛围是假设的,表述的方式是诗意的,指对的接收'机制'是人的想象和宗教热情,而非分析、判断和高精度的抽象",其表现载体是诗、神话、寓言、故事等,与逻各斯背道而驰。或许是因为对理性的信任越来越强烈，公元前6世纪，米利都哲人首先对秘索思的虚构性和神秘性发难，开始了逻各斯取代秘索思的过程。发展至后来，逻各斯一家独大，秘索思则在持续的冷落中被逐渐遗忘在历史的暗角里。

这个过程，很可能蕴含着人类思维的发展进程。随着越来越多的自然和社会现象能用理性解释，人确信自己头脑中光明的部分变多了，黑暗的部分逐渐消散——"启蒙运动"（The Enlightenment，用理性将人引向光明）是不是就这么积久而来？长此以往，光明的部分就跟理性的逻各斯绑定，而黑暗的那部分被毫不犹豫地丢给了包含诸多含混之处的秘索思。如此，人们就很容易把自己看到的部分光明认作整体，用自己置身时代的理性成果作为衡量所有过往事物的标准，用不科学、不准确、不严密来批评之前的认知方式。设身处地思考一下，其实不难发现，很多过去时代的作品非逻各斯的一面，也匹配着著述者当时的认知水平。意识到这个匹配，才有可能深入理解作者的隐晦笔法或微言大义。离开了作者自身的意图，任何看起来精彩的解析，都可能只是后代的偏见。这或许就是为什么有人会提醒，要按作者的意图理解作者。

上面对逻各斯发展的描述，即历时性事物跟理性发展的捆绑，用的正是逻各斯的方式，或许也是逻各斯思维的单向特征。继续考察下去，虽然秘索思一直面临逻各斯的排斥，但想象和神秘始终没有离开人，不用说从神话到宗教再到小说，都是秘索思主导，何况在任何时代，都不乏性情上倾向于秘索思的人。比如面对差不多相似的时代文化状况，屈原和荀子的反应就非常不同,不能只以屈原的诗来说明秘索思倾向的盛行,也不能只以荀子的论来说明逻各斯倾向的上风。更重要的问题是,我们需要结合时代情形和个人性情,尝试识别出伟大作品多大程度上与时代状况一致,从中撷取了什么,又有怎样独特的创造,如此,才有可能解析出每部著作中熠熠生辉的部分。

上面引的那段《大荒西经》,虽然秘索思特征明显,但其中可以拆解出丰富的逻各斯因素,包括太阳视运动落在山的那一边,月亮也从差不多的位置入山,天地是分开的,日月星辰按一定的规律运行。再深入的内容,要结合《山海经》的整体结构("山经""海经""大荒经"三部分)来看,起码要明确"海经"部分的基本设想。刘宗迪《失落的天书》指出,"《山海经》中的《海外经》和《大荒经》,与其说是反映山川地理的空间之书,不如说是写照历法岁时的时间之书,这一点在《大荒经》中体现得尤为彰著"。其新著《众神的山川》进而言之,"《山海经》保存的这些地名和传说,凝聚了极为丰富的上古历史、地理和宗教文化记忆,是一笔无比珍贵的上古史料宝藏,它们就是先民们铭写于大地之上永不磨灭的印记,它们组合在一起,就是一幅山川与都邑并陈、时间与空间交错的古国神州地图"。

一本写照历法岁时和绘制古国地图的书,应该有明显的逻各斯倾向,为何会用典型的秘索思方式来表达?什么人是这样的思维形态?忽然想起鲁迅在《中国小说史略》中讲过,《山海经》"盖古之巫书也",心中微微颤动了一下——这种思维方式,是属于巫的?

二

关于巫及巫术与整个文化系统的关系,近代以来有诸多研究,多是向下猜测巫与各类文化分支,诸如艺术、历史和哲学的关系,很少有人提到巫或巫术的起源。这个缺失,可能像马林诺夫斯基《巫术、科学、宗教与神话》里说的:"巫术永远没有'起源',永远不是发明的、编造的。一切巫术简单地说都是'存在',古已有之的存在;一切人生重要趣意而不为正常的理性努力所控制者,则在一切事物一切过程之上,都自开天辟地以来便以巫术为主要的伴随物了。"这个巫术与人类一切事物伴随的过程,是不是有点类似秘索思对人类思维的伴随?那些掌握巫术的巫,当然也几乎从开始就参与了人类文化,用瞿兑之《释巫》中的话说,"巫之兴也,其在草昧之初乎?"

或许前面讲了太多大荒的苍茫美感,忘记提生存于其间的艰难和残酷,那些峻伟的山、汹涌的水、时常出没的怪物,不全是瑰丽的风景,很多时候会带来实实在在的祸患。未经驯化的自然,并非一直如后来人想象的那般惠风和畅,更多是恶劣生存环境的同义词。《韩非子·五蠹》有谓:"上古之世,人民少而禽兽众,人民不胜禽兽虫蛇。"谯周《古史考》记曰:"太古之初,人吮露精,食草木实。山居则食鸟兽,衣其羽皮。近水则食鱼鳖蚌蛤。未有火化,腥臊多,害肠胃。"《淮南子·修务篇》则云:"古者民茹草饮水,采树木之实,食蠃蚌之肉,时多疾病毒伤之害。"传说中有巢造屋、燧人取火、神农教民耕稼，起因应该都是上述险恶的生存困境。即便在较晚的传说时代，可借助的工具增多，遇到某些艰难时刻，仍需要有人能够辨别方位"烈风雷雨弗迷"（舜），或者疏通河流"濬畎浍距川"（禹），甚至驱使野兽"教熊罴貔貅貙虎"（黄帝）。

不妨试着设想，人初从大荒中睁开眼睛，光明开始照亮人头脑的某些部分，但更多的思维领域还处于混沌之中，对世界的认知难免笼统含混，分不清哪些是自然给出的启示，哪些是恐惧引发的幻象。某些心智清明的人，虽然受限于同样的情形，却尝试摆脱庞大混沌带来的压力，摸索精神上的应对可能，其中当然包括现代命名里属于科学和非科学的部分。这个尝试过程产生的精神活动，起码在开始的时候，就是知识总体，无法简单拆分为秘索思或逻各斯。后世多强调巫术中的非科学成分，可能的原因是，属于科学的成分已经在历史中逐渐实行，人们习焉不察，忘记了其最初的明亮光彩。非科学的成分逐渐转化为科学的部分，也会有这样一个过程。那些最终没有转化的部分，或因处理的问题至今没有解决，或因其古老相传，带有显而易见的神秘性，反而更能引起人们的兴趣，以至神秘几乎成了后世巫术的第一特征。

如果上面的推测有一定道理，那么很长时间内，上述的科学和非科学成分应该是相互依赖和促进的，均属于广义的巫术。如此，巫精神方面的属性，就不只是人们通常认为的降神通灵之类的狭义巫术，而是包括后来命名的文化中包含的几乎一切因素。童恩正《中国古代的巫》一文说得很清楚："在原始社会里，巫是氏族的精神支柱，是智慧的化身，是灵魂世界和现实世界一切疑难的解答者。很多后世分化出来的独立的科学，如天文、历算、医学、法律、农技、哲学、历史，以及文学和艺术的各种形式，包括诗词、歌咏、音乐、舞蹈、绘画、神话传说等等，当时都是由巫所掌握。"坚决一点，我们甚至可以说，较早期的巫，拥有的是近乎全备的文化，很像一个部落乃至民族的基因储存器，包含了后世文化发展的各种萌芽。

吹求一点，这说法仍有向下论证的嫌疑，那就不妨来看"巫"字的字源。"巫"，甲骨文作"𝇍"，其含义有几种重要说法。张光直《商代的巫与巫术》认为字象矩尺交合，源于古老的测量工具："矩可以用来画方，也可以用来画圆，用这工具的人，便是知天知地的人。巫便是知天知地又是能通天通地的专家，所以用矩的专家正是巫。"冯时则在有人认为𝇍象四极的基础上，于《中国古代的天文与人文》中推定，"是在表示四方的象形文'十'的基础上添加四个指示四极的符号"。《说文解字》的说法则是："祝也。女能事无形，以舞降神者也。象人两褎（按袖）舞形。与工同意。"以上所列，不过是"巫"之字源的荦荦大者，我很怀疑，即便再多增添些例子，大概也不会改变以下的结论——起始意义上，巫跟人对自然的认识和与自然的相处有关，亦即与属人的技艺（工）有关，展示了人精神属性的尊严，标明了乾乾不已的上出愿望。

大体梳理过巫的文化含义，再来看《山海经》里的日月和高山，似乎就有了别样的意味。实际上，《山海经》里的日入和日出之山，各有七座，郑文光《中国天文学源流》分析了这些山（漏数两座）隐含的天文学内容："如果我们把六座日出之山摆在东面，自东北至东南；又把六座日入之山摆在西面，自西北至于西南，那末，从冬至后算起，即今阳历一月份，太阳出入于最北的一对山；二月份，太阳出入于往南数第二对山；以后三月份、四月份、五月份、六月份，太阳出入的山依次往南，到夏至而达到最南点；七月份太阳出入的山仍然是最南面的一对；八月份就依次向北挪动了，经九月份、十月份、十一月份，至十二月份，太阳出入的山又回到最北面的一对了；到冬至而达于最北点。这样，六对太阳出入的山，实际上反映了一年内十二个月太阳出入于不同的方位，有经验的人完全可以据此判断出月份来。"

无论怎样，我们都应该意识到，以上的分析已经是在用逻各斯的方式在言说秘索思。这样的言说过程，一方面让秘索思回到了其置身的具体文化情景，却也在某种意义上流失掉了一点什么。比如在上面的解说中，要恢复前此所言（由感知而来）的瑰丽之感，就需要在后代天文学基础上重新想象，不再是原本质朴的苍莽原状了。当然，也用不着太感慨这样的过程，一者，秘索思自身的方式在不断变化，并非只能维持原样；二者，这个过程不是现代才开始的，很早就已经在不停的变化之中。比如上面引文中出现的重、黎故事，就以另外的面貌，见于《尚书·周书·吕刑》——

王曰："若古有训，蚩尤惟始作乱，延及于平民，罔不寇贼，鸱义奸宄，夺攘矫虔。苗民弗用灵，制以刑，惟作五虐之刑曰法。杀戮无辜，爰始淫为劓刵椓黥。越兹丽刑并制，罔差有辞。民兴胥渐，泯泯棼棼，罔中于信，以覆诅盟。虐威庶戮，方告无辜于上。上帝监民，罔有馨香德，刑发闻惟腥。皇帝哀矜庶戮之不辜，报虐以威，遏绝苗民，无世在下。乃命重黎，绝地天通，罔有降格。……"

《山海经》里的重、黎故事充满神话色彩，给出的只是结果。袁珂解决了上面提到的疑难问题后，翻译如下："颛顼为了要断绝天和地的通路，便命令重两手托着天，把天尽力往上举；又命令黎两手撑着地，把地竭力朝下按——这样天和地就分得远远的了。黎随着下降的大地来到地上，生了一个儿子，名叫噎，噎就位居在大地的西极，安排太阳、月亮和星辰运行的次序"。毫无疑问的秘索思色彩。

《吕刑》中的这段就不同了，蚩尤作乱，刑罚混乱，苗民失德，上帝愤怒，实施惩罚，"遏绝苗民"，"绝地天通"。不愧是堪称法典的"经"，整个叙述逻辑清晰，因果分明，具有典型的逻各斯特征。在这样的逻辑推动下，隐藏在《大荒西经》那段文字中的"令"凸显出来，在这里变成了无处不在的力量，仿佛向我们提示着某种与思维有关的绝对力量。

三

前面提到过，某些心智清明的人，会在混沌的世界里摸索出一些难得的思维成果，因为这些成果能帮助人更好地应对自然和世事，所以作为绝对力量的指导权，也就慢慢归拢到称为巫的他们身上。这个归拢的过程，起先应该是小范围的，从能够见到面的人开始，慢慢扩展到听说过这巫的人群，再扩展到某个可以共同协作的团体，比如一个紧凑的氏族，一个适中的部落。这时候的巫，要管理的事情多，工作应该非常繁重。阿城《闲话闲说》想象过这样的情景："巫要富灵感。例如大瘟疫，久旱不雨，敌人来犯，巫又是一族的领袖，千百只眼睛等着他，心灵脑力的激荡不安，久思不获，突然得之，现在的诗人们当有同感，所谓创作的焦虑或真诚。若遇节令，大收获，产子等等，也都要真诚地祷谢。这么多的项目需求，真是要专业才应付得过来。"

现在明白了，前面说到的那个绝对力量，最终落实成了权力，集中在通称为巫的人身上。弗雷泽《金枝》说得很清楚："在早期社会，国王通常既是祭司又是巫师。确实，他经常被人们想象为精通某种法术，并以此获得权力。"不止如此，"在那些年代里，笼罩在国王身上的神性绝非是空洞的言词，而是一种坚定的信仰。在很多情况下，国王不只是被当成祭司，即作为人与神之间的联系人而受到尊崇，而是被当作为神灵。他能降福给他的臣民和崇拜者，这种赐福通常被认为是凡人力所不及的，只有向超人或神灵祈求并供献祭品才能获得"。

不同文化因为有各自的生缘，相同的事物会有很不同的名相。把遮蔽事物的不同名相去掉一些，就有可能看到差别背后的共同根基。比如弗雷泽这段话，如果试着把祭司和巫师合二为一，把国王替换为部族首领，那么他的描述说不定也切合中国早期社会的情状？

无论在任何地域，权力的集中，同时伴随的并不只是难以抗拒的号令，还有毫无疑问的责任。当这个责任与巫拥有的全备知识联系在一起的时候，权力获得者所作所为产生的影响就至为巨大，尤其是在出错的时候。李宗侗《中国古代社会》中云："及首领出现政权集中以后，首领即攫得以前分在全团团员身上的权利，反过来说，他亦须担任以前由全团团员担任的义务，即须遵守各项禁忌，不准违礼而行，于是他变成宇宙的动力中心。他若能按照礼节，各种事物皆能按照轨道，团亦能发达长久；他若稍有违礼举动，遂牵连到全宇宙，于是日月失其常，星辰失其行，风雨不时，团亦受其殃，足见首领的产生乃有交换条件的，他不只享受政权，且同时亦须负起各种义务。"熟悉后世思想历史的人，应该能从中看到什么熟悉的东西吧——这不就是"天人感应""天人合一"某种属于高层的具体而切实的雏形？

拥有权力同时承担责任，后世王者也不能例外，引《吕氏春秋·顺民》里的一段吧："昔者汤克夏而正天下，天大旱，五年不收，汤乃以身祷于桑林，曰：'余一人有罪，无及万夫；万夫有罪，在余一人。无以一人之不敏，使上帝鬼神伤民之命。'于是翦其发酈（按同'磨'）其手，以身为牺牲，用祈福于上帝，民乃甚说，雨乃大至。"遇有异常天象，王者首当其冲，无法视而不见或推诿卸责，此所以汤要祷告并受惩。不过，在这段引文里，汤承担的责任已经相当程度地减轻了。李宗侗云："最初遇有这类灾异时恐即须废君或杀君，后渐减轻其罚，剪其发，酈其手，以身为牺牲。这仍然是对首领的责罚，剪发断爪等于杀首领。"这种代替性行为，对虔敬的人来说是切身的责罚，但对轻慢者就很容易成为卸责的表演。后来历史中常见轻飘飘的罪己诏和诿过大臣的举措，其肇端很可能就是这当时无比虔敬的替代。

前面提到的《吕刑》，主旨是周穆王采纳吕侯的建议，制诰颁布，改变此前的刑罚滥用，强调依律定罪，合理量刑（中刑），天下复得安定。这本是实用性的刑法专篇，诰命开始，却追溯到蚩尤作乱，由此导致所属民众普遍不遵法令，因而酷刑泛滥。此事达天帝（上帝）之听，天帝考察下来，苗地没有德的馨香，刑法散发出腥臭的气味。于是人帝（皇帝）乱世重刑，把苗民驱逐到僻远地方，不许苗民君主子孙在下国为君（众说纷纭，为惩罚则一）——权力拥有者没尽好自己的责任，老百姓要跟着世代遭殃，此所以对其责罚近于严酷也。诰命有极其务实的特征，虽借上天言事，毕竟以人间的具体措施为要。可皇帝采取的措施里，前半是具体规定，后半竟是针对一个特殊的问题，所谓"乃命重黎，绝地天通，罔有降格"。前文强调来自天的上帝的监察，这甚至可能是地上皇帝拨乱的合法性依据，为什么接下来就要绝地天通呢？

不光是其中的逻辑连接，即便是绝地天通的具体所指，在战国时就已经很难明白。否则，在《国语》的记载中，楚昭王也不会问观射父："《周书》所谓重、黎实使天地不通者，何也？若无然，民将能登天乎？"昭王显然有点望文生义，把地天通理解成了人可以上天。不过，从现在能读到的资料看，远古时候好像真有登天的事情发生，有的借山，有的凭树："华山青水之东，有山名曰肇山。有人名曰柏高。柏高上下于此，至于天。"（《山海经·海内经》）"如天之门在西北，升天之人，宜从昆仑上。"（《论衡·道虚篇》）"建木在都广，众帝所自上下。日中无影，呼而无音，盖天地之中也。"（《淮南子·地形篇》）这些传说究竟是口口相传，还是后人编造，已经不得而知。大概有一个问题可以确定，这些登天传说，被孔子称为"知大道矣"的楚昭王应该没有听到或读到过，否则也不会问出上面的问题对吧？

　　阅读传统经典的时候，我们经常会陷入一个误区，即认为古人对更古之书的认知，会有某些统一的看法，起码对重大事件的理解会相对一致。实际情况却并非如此。比如通过上面的分析，我们就能看出，楚昭王和更古之人对绝地天通的认识，已经有非常重大的区别，甚至对此事涉及的相关文字材料，都不能做到信息对称。或者，即便楚昭王看到过上面的传说，登天的也不会是任何一个普通的"民"。郭璞注柏高为柏子高，谓其仙者。升天之人，应该是成仙的飞升者。从建木上下的，更是明明写着"众帝"。徐旭生《中国古史的传说时代》认为，绝地天通的登天禁令，针对的正是群巫，"大约除了帝颛顼及南正重以外，群巫就不能再有升天的机会"。有意思的是，当时有识者认为"楚之所宝者"的饱学之士观射父，并没有正面回答楚昭王的问题，而是以一句"非此之谓也"否定了昭王的假想，却在另一个方向滔滔不绝——

　　　　古者民神不杂。民之精爽不携贰者，而又能齐肃衷正，其智能上下比义，其圣能光远宣朗，其明能光照之，其聪能听彻之，如是则明神降之，在男曰觋，在女曰巫。是使制神之处位次主，而为之牲器时服，而后使先圣之后之有光烈，而能知山川之号、高祖之主、宗庙之事、昭穆之世、齐敬之勤、礼节之宜、威仪之则、容貌之崇、忠信之质、禋洁之服，而敬恭明神者，以为之祝。使名姓之后，能知四时之生、牺牲之物、玉帛之类、采服之仪、彝器之量、次主之度、屏摄之位、坛场之所、上下之神、氏姓之出，而心率旧典者为之宗。于是乎有天地神民类物之官，是谓五官，各司其序，不相乱也。民是以能有忠信，神是以能有明德，民神异业，敬而不渎，故神降之嘉生，民以物享，祸灾不至，求用不匮。

这段话开宗明义，说古时"民神不杂"，比较合理的解释，就是司民、司神的官不相混淆。然后指出，那些精神专一，又足够虔诚，智慧可以兼顾上下左右，能透彻听得懂各种声音的人，神明就降临到他们身上。这样的人，不正是前面提到的心智清明者？"在男曰觋，在女曰巫。"接下来讲的是巫觋的具体职能，包括确定神的祭位，安排祭祀的次序和规格，先圣后代中懂得宗庙事务的做太祝，显赫家族中了解祭祀用品的为宗伯。也就是说，巫之所司多跟神明和祭祀有关，也就多涉天事。解决了与天相关的问题之后，地上之事的安排也才犁然有当，天、地、民、神、物五官各司其职，由是"民神异业"，上下和顺，人们能过上太平日子。这样看来，天上事与人间事各有归属，原本就是绝地天通，后来的王者为什么还要费心思再来一次呢？

四

观射父上面的话，暗含着一个理想模型，或者说，是在后世政制框架基础上反推出了理想模型。我们很难相信，在比绝地天通故事（观射父确立在颛顼时期）还早的社会情形下，权力所有者已经将巫做了如此明确的分工——巫既然是被"使"者，当然遵从某个高于他身份者的命令——并且五官的职守那样分明，还同时照顾到了圣人之后和显赫家族。

前面讲过，更早的时候，巫、王差不多是一体的，用陈梦家《商代的神话与巫术》里的说法，"古者宗教领袖即是政治领袖"，或者用李宗侗的说法，"最初无所谓政权教权的分别，王即是巫"。只是，刚开始的时候，巫—王通过自身能力获得的权力，其实是有限的，"地位并不十分坚定⋯⋯并且不是世袭的"。或者可以这么想，凭能力获得的权力，像是直接的交易，适用的范围受限，溢价的可能就低，因而危险性较小；如果权力只部分相关于能力，主要用其他方式攫取，便仿佛使用了金融杠杆，适用的范围扩大，溢价和崩盘的风险也就大大提高了。

巫—王结构，很容易让人联想到古希腊的哲人—王（philosopher-king）。比较起来，巫为王是自然形成的，属于先天，权力与能力直接挂钩，短横在起始意义上可以取消；哲人当王则是后天设想，权力和能力之间的关系来自间接评估，因而应属于思维练习，真要落实到人间，弄不好会触发言辞和现实之间的古老战争，引发无休止的暴力。用伯纳德特（Seth Benardete）的话说，哲人—王"这个用连字符连在一起的词指出了人与城邦各自所能达到的最高境界之间不可缩减的差异"，因此短横永远无法消除。

沿着巫—王的能力和权力关系推衍下去，巫既要奉神，又要管理社会事务，人群范围小的时候尚堪应付，一当涉及的区域扩大，就势必需要分权。李宗侗《中国古代社会史》举过一个例子："在社会群岛，教士有若干等级，但大主教的地位仅次于王。每个王或大首领在小首领中选举较聪明的一人为他的教士，以代表他的祷告及祭祀的职务。各区首领亦复如是。"因为中西使用的概念不同，很容易有人觉得拟于不伦，李宗侗接着解释："这种又是由巫进而为王，再由王分化出巫来，所以……王或者首领各派代表为教士以祭祀祷告，此教士即吾人所谓巫，但这种变化仍系较晚的事。"沿着这个线索，观射父所谓的"古者民神不杂"，应是以较晚的情形例较早的情形，给出的是他设想的逻各斯进程，也就是他所处时代的理想模式。不急着评价这一模式的是非，接着来看他怎样解释那个含义复杂的绝地天通——

及少皞之衰也，九黎乱德，民神杂糅，不可方物。夫人作享，家为巫史，无有要质。民匮于祀，而不知其福。烝享无度，民神同位。民渎齐盟，无有严威。神狎民则，不蠲其为。嘉生不降，无物以享。祸灾荐臻，莫尽其气。颛顼受之，乃命南正重司天以属神，命火正黎司地以属民，使复旧常，无相侵渎，是谓绝地天通。

观射父的断代选择富有意味。在可为佐证的文献里，黄帝是某种理想政制设定的起点，显然不太好在原来诸多事件的基础上再行假托。少皞是黄帝之子，传说中也是一代圣王，可发生在他身上的传说却少得多，很适合用来作为讨论一次重大事件的起点。当然，因为是圣王，不应该在其强盛的时候发生大变乱，因此出事最好安排在他精力或控制力衰落，或者是某些重要制度出现问题的时候。少皞当时，好像果然是有项重要制度出了问题，我们后面会提到。从上文看，正是趁这时机，南方的九黎族破坏旧秩序，司民、司神的分别消失，人人可以祭祀，家家自为巫史，民、神在错乱的祭祀系统中混淆起来，已经确立起来的共同体盟约被破坏，最终导致了灾难性后果。

结合司神、司民的区分，这里的"民神同位"，或许可以理解成"家为巫史"造成了二者的权限混乱，运转良好的民、神系统出现了重大问题。如果考虑到巫、王之间的关系分合，也就不难推测，每个相对独立发展的地区，都会形成自己的巫—王系统，并号召起了广泛的人群。上文所谓的"民神杂糅"，不妨看成南方部族拥有了自己的巫—王系统，因此可以祭祀自己的神，不再跟黄帝序列的祀神有统属关系。或者再设想下去，在上古时候，很多部落都有自己的巫—王系统，当需要统一的时候，那些不同系统祭祀的神，慢慢会被力量最强大的那个纳入。这样理解的话，上文中的"民神杂糅"和"民神同位"，不过是强大系统对弱小系统神之合法性的取消。经典中被赋予神圣正当性的对九黎后代的惩罚，其实质，恐怕不过是血流漂杵的战争。

这样来看，也就不难明白，为什么观射父会把绝地天通的断代上限放在少皞时代——战国期间，黄帝已经逐渐为各祀神系统公认，少皞作为黄帝的儿子，具有天然的合法性。只是，这个天然合法的孩子没有其父的号召力，当衰朽之时，才有了黄帝之孙颛顼受命而王，"命南正重司天以属神，命火正黎司地以属民"。至此，民神不杂情形恢复，这就是所谓绝地天通。无疑，观射父用非常逻各斯的方式完成了对绝地天通的解说——先是理想模式，经过短暂的中断，重新恢复到理想模式。这里可能的缺环是，拥有天然合法性的少皞为什么会衰？《吕刑》中的"皇帝"多认为是尧或舜，为什么观射父改成了颛顼？颛顼下令的南正重和火正黎是什么人物？

以上诸问题，王小盾《"绝地天通"天学解》有较为圆融的思考："南正重、火正黎之间实行分工：前者管理天文之事，即观察鹑火三宿之昏见于南中天，制订新历；后者管理地上之事，即观察大火星的天球位置，综合新旧两种历法传统以'出内火'。所谓'南正'，即指对标准星上南中天的时刻加以观测；所谓'火正'，则指根据'大火'历法和'鹑火'历法授理农事。之所以要作此分工，是因为在岁差的作用下，原来的历法标准星渐渐偏离农时，致使九黎产生了'乱德'的借口。分工的结果，则是建立了新的历法标准星，在制度上'始复旧常'。""出内火",正文中有解释,指"在大火星见之时指导农众放火烧荒,施行春耕等农事"。"岁差"通常指地球自转轴缓慢且持续的变化,文中则用具体实例说明:"在前一时期,大火星大致于春分之时昏见于东方,于夏至之时昏见于南中天,于秋分之时随太阳隐没于西方地平。……在后一个时期,大火星东升西没的时间都推晚了……以上这种情况叫作'岁差'。"

我们不去辨析上述新旧历的具体分别,也暂不考证这事发生的具体年代(岁差每过一段时间就会产生),只要大体上清楚,这次变乱的起因,很可能是缘于历法陈旧,重整历法后,秩序才得以恢复,观射父只是巧妙地把发生时间放在少皞之末而已。有了这个认知,再来看观射父后面的话,就明显看出已脱离了巫的其他职能,主要强调重、黎所关的天学问题:"其后,三苗复九黎之德,尧复育重、黎之后不忘旧者,使复典之,以至于夏、商。故重、黎氏世叙天地,而别其分主者也。其在周,程伯休父其后也。当宣王时,失其官守,而为司马氏。宠神其祖,以取威于民,曰:'重实上天,黎实下地。'遭世之乱,而莫之能御也。不然,夫天地成而不变,何比之有?"

从这段话可以推测,为什么观射父把尧舜改成了颛顼,因为不如此,上古的传说容易渗入他所处的时代,编排故事就没那么容易,也就很难推出自己的理想政制模型。只有确立了理想方案,观射父才可以顺理成章地把后面的叙述引入历史——重、黎的后代竟有人混淆视听,为了"宠神其祖,以取威于民"而编造出人能登天的故事。楚昭王应该就是这么上的当。不过,编排这个故事的重、黎后人绝不会想到,在他们的后代里，会有人再次追溯这个故事，并用此建立自己的世系起点。

五

前面说过了，远古时候，虽然权力由微细而渐庞大，但巫、王总归是合为一体的。随着时间推移，那些拥有更卓越巫术（包含科学和非科学两方面）的王，因为归附者众，统治地域不断扩大，人口不断增多，能直接控制的范围就相对有限了。如此情形下，如果巫—王不切分自身的多种功能，把集中在一人之手的各项职能拆解开来，便很可能造成判断失误增多、权威持续下降的局面。于是，分职便成为势所必然，大巫之下有了小巫。李宗侗确信："不止君出于巫，即等差化后的官吏亦多出于巫。"通过分析各类文献记载，他验证了上述结论，指出古代所称的士、史、工和狭义形态的巫，都来自知识全备系统的巫："知识等差化而生的百官，亦莫不是巫的变体。俞樾谓官即馆之古字，由治其事之处而名治其事之人（《儿笘录》），其说甚是。"

根据李宗侗的分析，由巫分任出来的各类官吏，后世进一步分化，士分为司空、司徒和司马，史分为史、祝、宗、卜、吏，巫分为筮人、筮医、巫马、巫，工分为乐工、工、祝工、百工等。照章学诚的说法，"古人未尝离事而言理，六经皆先王之政典也"，这些分化出来的官吏，都掌握着当时某一门类非常切实的学问。所谓古代学问皆出王官，或许可以从这个方向得到切实的理解。总起来说，无论权力关系的演化，还是学问系统的演变，到最后，可能都不得不追溯到巫。由此，晚近人们讨论的"巫史传统""巫乐传统""巫医传统""巫舞传统""巫诗传统"，才都有成立的基础。只是，这里的"巫"，必然是作为全备知识体的巫，而不是后世狭义形态的巫。

讨论到这里，我们能够意识到，早期的巫，并非如后世想象的那样只与秘索思有关，恐怕也确确实实是逻各斯的源头。巫的分化过程中，有些地域保留的秘索思成分多些，有些地域保留的逻各斯成分多些，于是各地形成不同的文化特征，时间既久，就有了不同的风土人情，《货殖列传》中所谓"谣俗"（比较古希腊 nomos）。

这话题牵扯的内容太多，暂且放下，再回到巫本身。分工既然是情势所迫的不得不然，巫拥有的绝对权力就需要有差别地分下去，集中在巫身上的全备知识也同样会分化，这是不是客观上逼出了"道术将为天下裂"的局面？与此同时，知识分工也肯定会导致知识掌握者之间的差序。观射父讲完巫的分工之后，话题便转到重、黎身上，是否含有特殊的暗示，提醒人们注意某种差序？我猜想，起码司马迁认出或发明了这个暗示——

昔在颛顼，命南正重以司天，北正黎以司地。唐虞之际，绍重黎之后，使复典之，至于夏商，故重黎氏世序天地。

这是《太史公自序》的开头，后文中也再三申说，司马迁以此确立了自己家族世系的起点。这段文字使用的材料，应该就来自观射父话的后半，不过做了删改或隐括。其中只有一个显而易见的区别，是把《国语》中的"火正"写成了"北正"。这应该是传抄错误或后世不谙天学者的误改，梁玉绳《史记志疑》辨之甚明："今本《国语》及经疏中所引皆作'火正'，《汉书迁传》同。自史公有'北正'之文，后儒如郑康成、韦昭、臣瓒皆从之。《隋天文志》同。其实《史历书序》仍是'火正'。颜师古、司马贞据《郑语》与班固《幽通赋》作'火正'为是。"之所以特别指出这个问题，是因为在司马迁的世系追溯中，如果把这个职务弄错，他自己绝对无法容忍。

这段文字里还有一个含混的地方，在观射父讲的时候不觉得，放进司马迁讲自家世系的文字里，就有些显眼了——司马氏究竟是重，还是黎的后代？作《史记索隐》的司马贞已经意识到这个问题，因而在按语中给出一个弥补性解释："重司天而黎司地，是代序天地也。据左氏，重是少昊之子，黎乃颛顼之胤，二氏二正，所出各别，而史迁意欲合二氏为一，故总云'在周，程伯休甫其后'，非也。然案彪之序及干宝，皆云司马氏，黎之后，是也。今总称伯休甫是重黎之后者，凡言地即举天，称黎则兼重，自是相对之文，其实二官亦通职。然休甫则黎之后也，亦是太史公欲以史为己任，言先代天官，所以兼称重耳。"关于重黎是一是二，所司是分是合，他们各自或同一的祖先是谁，后世各有异说，这里就不一一分辨了。需要认真对待的或许是，无论重、黎还是重黎，他们世代相守的究竟是什么？

还有一个问题大概可以提出来，即司马迁设想的《史记》起讫年代。按《太史公自序》的说法，是"余述历黄帝以来至太初而讫，百三十篇"。那他追溯自己的世系，为什么把颛顼列为开端，而不是从黄帝开始（颛顼乃黄帝之孙）呢？或许有点像《资治通鉴》不续《春秋》，有意把自己的世系从至高点下移，以示敬畏？也或许如《五帝本纪》所言，有关黄帝的说法未必可靠，司马迁不愿让自家世系有个缥缈的起点？相对来说，我更愿意相信，这个选择并非由于血缘，而是出于文化决断，从一件具体的事开始，就此把家族的传承标示出来，以此作为自己骄傲或发愤的起点。

这个文化决断的秘密，应该就包含在"绝地天通"和"世序天地"之中，照前面的分析，就是包含在天文历法相关的学问之中。这路学问的重要性，用《易经》的话说，是"仰则观象于天，俯则观法于地"。用 W. 爱伯哈德（Wolflam Eberhard）的话说，"天文学起了法典的作用，天文学家是天意的解释者"。用司马迁自己的话说，不就是"究天人之际"？天文历法之学，或者现在习称的天学，在古代中国有着极其尊崇的地位。前面的讨论已经能看到这个重要性，后面写到相关问题的时候，还会反复提到。现在只要记住，司马迁把自家的世系起点，郑重地放在天学这里就够了——因此，他绝不会把与天学有关的"火正"和主司民事的"北正"弄错。

肯定会有人疑惑，司马迁是不是搞错了什么？他一个历史学家，怎么会把自己的世系追到天学相关的人身上去？作为太史令的司马谈、迁父子，不该跟历史记载有关吗，史的"记事者也"似乎更符合他们的起点，远绍重、黎有什么特殊理由呢？司马迁父子，甚而至于太史令的"史"，跟天学有什么关系？是否如沈刚伯《说"史"》所言，"古之史官，自颛顼之重、黎，经周朝之程伯休夫，以下至汉代之司马迁，无一不精通天文，盖真以'世叙天地'为其专长矣"？或许，这些疑问，正是我们写这组文章的起因——试着探究所涉现象丰富而多变的古老背景，去除环绕其上的错杂元素，淘洗出草蛇灰线般的源流演变，由此给所言之事树立起遥远而明确的坐标，以便能够在不确定的未来更清晰而准确地看到些什么。

文史星历,近乎卜祝之间

史的职守与变迁

一

　　大概因为是上古，世界真的还很年轻，人在日月星辰之下，直立于大地之上，面对每一个新而又新的日子，做自己该做的事，后世的愁肠百结仿佛还不曾降临，很多唱出来的歌谣，都有着健朗开阔的气息。有时候，是《卿云歌》这样的坦然铺陈："卿云烂兮，纠缦缦兮。日月光华，旦复旦兮。明明上天，烂然星陈。日月光华，弘于一人。"有时候，是《击壤歌》这样的太平无事："日出而作，日入而息。凿井而饮，耕田而食。帝力于我何有哉。"有时候，又是《伊耆氏蜡辞》这样的虔心祝祷："土反其宅，水归其壑。昆虫毋作，草木归其泽。"世间的一切都那样切身，自然生生不息的不仁还没有被指为敌意，辛劳的耕作也没什么值得抱怨的，人便也成了天地所生的草木，当春而发，经冬则凋，随四时走完自己的生命历程，无心以枯荣。

　　不管是集日月光华于一人的政治人物，还是随着日升日落作息的农人，亦或是祝祷风调雨顺的祭祀者，虽然各有不同的方式，都无例外的与劳作和时日有关——如同荷马史诗中的劳作是争战而赫西俄德的劳作是耕种。吴雅凌《劳作与时日笺释》写道："从某种程度而言，学习自然神启的智识，就是学习认识时序女神，因为，她们'时时关注有死的人类的劳作'，在人类城邦中起着再重要不过的影响。"或许可以由此推断，上面诗行里的健朗和开阔，并非只因为民风淳朴，而是里面有扎扎实实的劳作。那些始终缠在手上的事，无论是政务、祭祀还是耕种，踏踏实实调适了每个人的身心。更重要的是，每日每夜的光阴，即便怎样艰难吧，对做事的人来说，可能并非灾难，而是安慰，就像《劳作与时日》里的诗句："不论时运如何，劳作比较好。"

除了劳作与时日，开头的引文里还或明或暗地有着圣王或天帝（可以在某种意义上包含神）的身影。据说，《击壤歌》是"帝尧之世，天下太和，百姓无事，有老人击壤而歌"；上面没有全引的《卿云歌》，则是"舜将禅禹，于时俊乂（按才德出众的人）百工，相和而歌《卿云》"；《伊耆氏蜡辞》出现的前因，是"蜡也者，索也。岁十二月，合聚万物而索飨之"，即求索众神而尽祭之。为什么"不识不知"之后，非要有个"顺帝之则"，无神无王的自在不好吗？神和王是一个安稳的人世必需的吗？

《老子》通行本第二十五章："道大，天大，地大，王亦大。域中有四大，而王居其一焉。"经典系统解"域中四大"，各有侧重——王弼致思于玄理："凡物有称有名，则非其极也。言道则有所由，有所由然后谓之为道，然则是道，称中之大也，不若无称之大也。无称不可得而名，曰域也。道、天、地、王皆在乎无称之内，故曰，域中有四大者也。"河上公似乎更强调修身的一面："（解前句'远曰反'谓：言其远不越绝，乃复反在人身也。）道大者，包罗天地，无所不容也。天大者，无所不盖也。地大者，无所不载也。王大者，无所不制也。"唐代李约则将修持与治国结合："道者，清净自然之道也。德者，以法久而失，修而得之谓之德也。故曰道大，天大，地大，王亦大，是谓域中四大焉。盖王者，法地、法天、法道之三自然妙理，而理天下也。"

四大之中，道和天地都有极高的概念级别，怎么推举都不会有人起疑。最难解的，其实是"王"，怎么就跟道、天、地放在一起了？这疑问不是现代才有，历来的解说多致力于此，大概正说明了人们早已心生疑窦。有人认为，王应该跟道和天地一样，胸怀阔大，善于容纳人的缺失，"能包裹之也"；有人则理解成权力的当然，"人君当神器之重，居域中之大"；有人确信这是王者的尊贵，以其能"参赞天地之化育"；还有人解为王居天地之间，可以从中燮理。徐梵澄《老子臆解》，大概是感受到三权分立的时代气息，因而独出新意，认为对王尊重的同时伴有限制："'国中有四大'（按帛书本"域"作"国"），'道'为首而'王'居末。盖先秦诸子，必有所秉以凌驾统治权威者。虽孟子亦以晋、楚之富为言，以'天爵'与'人爵'抗衡。他如阴阳五行灾异之说，皆所以怵人主者也。老子于此说'王'之大，尊之矣，然而末之也。"

这些解说，让我们不得不考虑，老子将王作为"域中四大"之一，是不是暗示着一种人类的基本境况？或者更广泛地说，人无法脱离共同体而生活，政治是属人的必然命运？《人间世》里，庄子借孔子之口讲，"臣之事君，义也，无适而非君也，无所逃于天地之间"。亚里士多德《政治学》里的说法是，"凡隔离而自外于城邦的人——或是为世俗所鄙弃而无法获得人类社会组合的便利或因高傲自满而鄙弃世俗的组合的人——他如果不是一只野兽，那就是一位神祇"。进一步推论，"域中四大"中的道、天、地、王，是不是概述了人类生活中最为核心的要素，把人必须效法的天，不得不依赖的地（隐含着与天地密切相关的神），需要认知的世界运行方式，以及无往而不在的君王，用极简的方式提示了出来。这真是非凡的洞察，非大哲人不办，怪不得徐梵澄说，"其思想组织之精严若此，此老子之所以可贵也"。

  当然，以上所论，只是与人相关的一个事实，远远不是全部，否则，对自己文字"损之又损"的老子也不用写到五千言了对吧？即便把讨论局限在"域中四大"，仍然题有剩义。比如，《劳作与时日》开始讲神话的时候，起首就是"神们藏起了人类的生计"："这里的神话叙事起始于掩藏真相，呼应《神谱》中的说法。普罗米修斯反宙斯，一系列计谋的秘诀就在掩藏。"这是不是说明，人除了对神至诚的祈祷，隐秘的反抗也是题中应有之义？对王，作为民的人，是不是也需要有掩藏的举动？这问题涉及太广，暂且按下不表，我想说的重点是，前面的歌诗涉及了社会的方方面面，好像要说的都已经说了，可仔细琢磨起来，仿佛有什么重要的东西隐藏在文字里面，我们还没有触及。这个隐藏起来的东西，会是什么呢？

这疑问在心里存了很久，直到有一天翻看《尚书大传》，读到了《卿云歌》可能更早的前因——

> 维十有四祀，钟石笙管变声乐，未罢，疾风发屋，天大雷雨。帝沈首而笑曰：明哉！非一人之天下也，乃见于钟石。

"维十有四祀"即舜在位第十四年，这就让人意识到，文中的乐声之变，天气之感，舜帝的点头笑语，都隐藏着一个记录者。上面所举那些如日如月的赞美也好，太平无事的坦然也罢，包括虔心的祈祷和郑重的嘱咐，甚至是体道者的传心之言，在书写成为人人可能的事情之前，都需要一个审慎的传言者。这个传言者，起码在上古，并非恭谨如仪地写下帝王的起居注，而是要有与言说者同等甚至高于他们的胸怀和眼光，能够在每个日常里辨认出那些称得上重大的内容，然后用恰当的方式记载下来，把空间里的精华携带进时间。我们今天能有幸领略那些伟大心灵的从容举动，读得到"非一人之天下也"这样气象万千的壮阔之言，端赖于那些聪明睿智的传言者。这个把人世间的卓越镂刻在文字中的记录者群体，在中国很早的时候，应该就叫作"史"。

二

前面提到的记录者，大概是我们对"史"最直观的印象。《说文解字》谓："甴，记事者也。从又持中。中，正也。凡史之属皆从史。"其中的"记事者也"，说明在许慎看来，"史"并非指史书，而是指史官，正是记录者的意思。对《说文解字》"史"的解释，两千年来几乎没有什么异议。清代以还，大概是因为时世丕变，尊古之风渐弱，很多学人对许慎的解释提出了质疑，尤其是对其中的"中，正也"。康乾年间的江永，就在《周礼疑义举要》中商量讨论："凡官府簿书谓之中，故诸官言治中受中，小司寇断庶民狱讼之中，皆谓簿书，犹今之案卷也。此中字之本义。故掌文书者谓之史，其字从又从中。又者右手，以手持簿书也。"深研金文的晚清吴大澂，则从字形立说，在《说文古籀补》中几乎釜底抽薪——

史，记事者也，象手执简形。许氏说：从又持中。中，正也。按古文中作๋，无作中者。

据金毓黻的推论，这差不多是说，"中当作中，即册之省形。册为简策本字，持中，即持册之象也"。江永和吴大澂的意思，章太炎在《文始》中大体同意，而论证加详，几成定谳。甲骨文大量发现之后，释读者更多有阐发"中"为简册之义者。罗振玉《殷虚书契考释》："中象册形，史、事等字从之，非中正字。"戴君仁《释"史"》则"检各书甲骨片子原文",指出"中""一定是一种实物的形象",并推断"中"为史字的省体:"史字省为中,正如婦字省为帚,但存其执业之物。史所执的从他的业务来看,应该是册,古中字即使非册字,而中之为物亦必是册的同类之物。"较早的王国维《释史》,则认为"中"与简形不类,应为盛筭(计算时所用筹码)之器,然"筭与简策本是一物,又皆为史之所执,则盛筭之中,盖亦用以盛简。简之多者,自当编之为篇。若数在十简左右者,盛之于中,其用较便。"此说深切迂回,据一字而想象古时史之情形,能启人深思,然立足点仍不出"中"与简册的关系。

说到史的记事,就有一层记载过去之事的意思,那么,记载当下之事者,是否也可以称为史呢?1940年代,在《中国史学之起源》中,朱希祖反复申明:"记事者,即后世之书记官,此为本谊;历史官之史,乃引申谊。"金毓黻由此而推论之:"现代档案,即为他日之史料,古人于档案外无史,古史即天府所藏之中也。"即便文字未生之前的结绳记事者,也可以在书记官的意义上追称为史官。所谓书记官,金毓黻云,"史之初职,专掌官文书及起文书草,略如后世官署之掾吏",即与后世的秘书或书记类似。朱希祖对书记官和历史官的区分,渐渐得到认可。1970年代末,王尔敏《史学方法》断言:"史官掌秘书之职,为近世学者普遍承认,毫无疑义。"

从上面的罗列能够看出,虽然"五经无双"的许慎早已遭到质疑,但因后世对"史"的基本印象,解说仍然与能书写的简册相关,也即与经典确认的属于记录系统的史脱不开干系。再说得确切些,以上诸说始终没有离开史是"记事者也"这一思路。这正是经典的力量。

　　总体来看，虽然有追溯至尧舜甚至更早的部分，传世五经的核心，是有周一代的革命建国与理想政制。这一轴心经典的断代选择，既在思想层面给社会提供了稳定的精神支持，也把一个共同体的认知圈定在某个颇大的范围之内，提供精神性保护的同时，也造成了思想上的限制。经典其实跟任何事物一样，也难以避免时间的推排消蚀，最终都会陈旧破败，被无常席卷而去，只因其生命周期太长，往往会被易朽的我们忽视。这个无常席卷的过程一直不曾停顿，并且会在某个时候出现临界点——比如五经之于清末，呈现雪崩式的坍塌。临界点上的群体，就不得不迎面遭遇一个天经地义的精神世界倒塌的过程，有些人会因此崩溃而颓丧沉沦，极端者甚至要以身殉之；有些人则对经典重赋意义，以期恢复其饱满的活力；更有一部分人会振衣而起，根据变化的时代状况，试着重建新的经典系统。

　　这个崩溃和重建的过程，传统经典的圈定范围桶底脱落，精心述作过的有周一代文化不再是唯一选择，原先被经典封存的能量持续涌出，此前不够雅驯的文化就此有了新的意义。对"史"字的解释，便也逐渐离开了此前的"记事者也"范围，向具体事务和神明祭祀两个方向扩展。1960 年代，屈万里在审阅一篇文章时表示："史字上半所从之囗（按，'之'后有一空格，疑有脱字，似应为'峕'上之'中'），决非简册之形。因册字习见于甲骨文及金文，绝无作中者。（甲骨文往往以'史'为'事'）。"1980 年代初，胡澱咸的《释史》一文，考察多种甲骨和金文，确立了史与事之间的关系："'史'和'事'，原就是一个字。所谓史官实是任事之官，史、御史、大史、卿史都是由它所职掌的事务而得名的。"从这个方向看，史与事的贯通，正是高层文化跟具体事务的沟通——或许在起始的时候，史官就并非一直高居庙堂，秉持着抽象的中正之德，目光如炬，执简运笔——那些经典系统中致力于精神层面的人，在更深的意义上，一直就没有脱离基础性的劳作与时日。

不止庶事，仔细推敲起来，恐怕连神明祭祀之事，也无法离开具体的劳作。劳榦大概就是发现了其间的关联，在《史字的结构及史官的原始职务》中，他便认定史的起源与弓钻有关："在史字中其所从的中就是一个弓背向下的弓形，金文及甲骨凡从弓的字，弓都是对侧面的，这都是射箭的弓，只有这个弓形的弓背向下，对于弓钻的形状，正皆符合。"手持弓钻的史，主要是钻燧改火和攻治龟甲。钻燧不消说需要弓钻，攻治龟甲其实也在所难免："龟甲是比较坚硬的，为求得卜兆先要在预备灼火之处，把他刮薄，因为硬难以刮薄，因此便先钻，然后在钻处再用凿扩大。"如此手上有具体之事的史，当然跟抽象的中正无关。王国维《释史》云，"中正，无形之物德，非可手持"。李宗侗《史官制度——附论对传统之尊重》承接此义，分析鞭辟入里："中正是表示无形的物件；而最初的人所表示的物品多半是有形的。所以不可能以手持无形的物，这是不合于古人的思想的。"

龟卜之事当然与神明有关，而李宗侗在上文中推测，因为古代有祀火制度，钻燧改火亦与神明关系密切："中国古代的主（按牌位）出自祀火，并且是用钻燧的方法取火。后来木制的神主仍沿用《说文解字》所说'主，灯中火炷也'的旧名称。……灭人的国家叫作灭，与灭火同一个字，灭（按繁体为滅）字从水、从火，水可熄火。因为古时候灭人国家的必'毁其宗庙'，若非古代有祀火的制度，则灭字就无法解释了。"承此，他推测可以将两种弓钻合二为一："为卜筮用的钻龟的弓钻也可能就是在同一部落中钻燧改火的弓钻。所以用它来钻龟卜筮，也就是因为它与神有特别的关系。"在这个方向上，徐复观《原史》中的结论更为大胆："史字之原形应作🖻或作🖻。从口，与祝之从口同。因史告神之辞，须先写在册上。故从ヨ，ヨ像右手执笔，将笔所写之册，由口告之于神，故右手所执之笔，由手直通向口。"那个此前目光灼灼的记录者，到这里，已经变成了一个向天呼告的祭祀者形象不是吗？

三

当年读余嘉锡《古书通例》，一下就记住了"周秦古书，皆不题撰人"，觉得围绕古书著者的诸多疑惑可以迎刃而解。这次找出来再读，随手就翻到了进一步的解说："盖古人著书，不自署姓名，惟师师相传，知其学出于某氏，遂书以题之，其或时代过久，或学未名家，则传者失其姓名矣。即其称为某氏者，或出自其人手著，或门弟子始著竹帛，或后师有所附益，但能不失家法，即为某氏之学。古人以学术为公，初非以此争名；故于撰著之人，不加别白也。"这一现象固然让古人著述一直保持着向事而生的鲜烈锐气，却也在某种程度上混淆了后世关注的确切历时性。两三百年甚至三四百年间的师弟文章集合在一起，自然难以分辨其中的时间层次。这对古人来说或许不成问题，但对要求时间精确的现代历史学来说，有时就难免会陷入泥沼。就拿"史"字的起源来说，之所以言人人殊，主要是由于无法确切区分，哪部经典的记载起源更早或更可靠，最终不免需要后人来倒推当时的情形。

每个时代有自己的执今之道，古人用不着提前想着后人的需要，后人也用不着抱怨前人不守学术规则，不妨就从自己时代的需要开始回溯。前面史的字源探究中，已经可以看到很多史的职能，比如许慎的记事说，朱希祖的掌书记说，胡澱咸的掌庶事说，劳榦的掌卜筮说，徐复观的掌祭祀说。每个代表性的结论，都不只是一个人的主张，何况其间还有互相沟通之处。许慎、朱希祖的结论有无数同道，胡澱咸的主张有劳榦等的支持，掌卜筮说有李宗侗、戴君仁等的赞同，掌祭祀说也不乏沈刚伯和日人白川静的呼应。尽管看起来眼花缭乱，但这还不是近世推测史之职能的全部，起码史掌天文历法，是很多人的通识，李宗侗、戴君仁均认同于此。顾实《释中史》至谓，史字象手持斗柄，因推论曰："'史者，使也，明王者所使也。'使专司历，为王者执中，此史之造字，所以亦从又持中也。金文史字又作𢁰，龟甲文亦作𢁰，则即《周官》所谓太史抱天时（按为占候之仪器）者是也。是故史之本义，当训曰官也，天官也。"

以上所言，都还只是文事的范围，陈梦家综合甲骨金文，在《史字新释》中，居然考出史为掌田猎和攻伐之事者："史为田猎之网而网上出干者，搏取兽物之具也；古者祭祀用牲，故掌祭祀之史亦即搏兽之吏，而猎兽之事与战争无异，故戰、獸并从單：是以祭事为'有事'，而战事亦曰'有事'。司祭事者为史，司敌国相战、媾和、传达之事者为使，卜辞使亦以事为之，然后知古人以祭事、猎事、战事为大事也。"此后，胡厚宣搜罗诸多甲骨文字，进一步确认"殷代的史为武官"："由甲骨卜辞来看，殷代的史，尚非专门记言记事，掌握国家文书诏令簿书图册的文官，也不是专门担任着王朝钻龟占卜、钻燧取火以及国家庶事的任务，主要乃是担任国家边防的一种武官。"张辛《说"左史""右史"》，则把史官通天道与管武事等联系起来："在商代由于上帝及氏族先王观念的作用，神权支配一切，所谓通天道的史官地位自然是很高的，帝王也不免对他们恭恭敬敬。在某种意义上来说，他们实际成为执政官，既要执掌朝内要政，又可以出使外地，甚至可以带兵出伐。"

至此，史的职能看起来已经足够庞杂了，但还远远不是全部。陈锦忠《先秦史官制度的形成与演变》将之别为两类十八项，天事相关的有神事、祭祀、祝告、卜筮、历数、天象、灾祥、丧礼，政事相关的有册命、聘问、约剂、刑法、盟誓、征伐、籍田、射事、典藏、谱系。戴君仁化繁为简，将其约为五类，即司祭祀、掌卜筮、管星历、司册命、记事。李宗侗则列举《春秋》中史记载之事，分为三十条：灾异、祭祀、归脤、即位、出境、回国、朝、聘、会、盟、战争、治兵与蒐狩、田物重器、城筑、嫁娶、出奔、生卒、弑杀、执、出居、葬、含及赗、锡命、告朔、郊天、灭国、赦罪、迁、兴建、成军。这三十条内容，"以祭祀、归脤、郊天、告朔、葬、含及赗诸条，宗教的性质最为明显。其他的各条，则所行的仪式也都或多或少的带有宗教的性质。因此可以说，国中没有一件事与宗教无关的"。如果非要推测，是不是可以说，无论是掌武事，还是与宗教有关，无论是所司还是所记，史都跟一国之事甚至是最重要的事有关？"国之大事，惟祀与戎"，说的就是这样重要的事吧？

把前面提到的各种职能合起来看，差不多就会发现，史几乎承担了所有与文化（武事也可以属于广义文化的一部分）相关的职能。这是个近乎整全的职能状态，照前面说的，数百年甚至上千年的情形，都集中在文献写定的年代里，史的职能难免反复叠加，要凭后来的考证慢慢解析出来。不过，这情形也从另外一个方向提示，史最初的职能，或许就是如此众多。上篇文章已经说过，起先，巫是总体性的文化集合体。政教分离之后，巫是总体性的文化司掌者。巫再一分任，则史是与文化总体性最相关的一类人。李宗侗谓，"古代掌祭祀者，亦记载邦中一切史事，亦兼审判"，"史至东周时，其职务仍与巫难有所分。亦即说，史与巫祝同时掌理天人之间各种事务。若往前推，史之职务，只能与巫祝更近，且更进一步"。史甚至可以在某种意义上与巫并举，本身就与总体性的文化司掌有关，因而其职能几乎涉及所有的文化形态，也就不让人奇怪了。

从这个方向上，或许就容易理解龚自珍《古史钩沉论》中的说法了——

> 周之世官，大者史。史之外，无有语言焉；史之外，无有文字焉；史之外，无人伦品目焉。史存而周存，史亡而周亡。……夫六经者，周史之宗子也；《易》也者，卜筮之史也；《书》也者，记言之史也；《春秋》也者，记动之史也；《风》也者，史所采于民，而编之竹帛，付之司乐者也；《雅》《颂》也者，史所采于士大夫者也；《礼》也者，一代之律令，史职藏之故府，而时以诏王者也；小学也者，外史达之四方，瞽史谕之宾客之所为也。

龚自珍猜想的是周代的情形，但能够从中获取的另外一个信息是，史官确实是一个文化全备体，作为经典核心的六经无一能够离开史职。此后的《古史钩沉论（二）》，龚自珍更是推定诸子出于史官。刘师培20世纪初作《古学出于史官论》，除龚自珍所言的"六艺出于史也"和"九流出于史也"，又加上了"术数方技之学出于史也"。近世析出的史掌书记、掌庶事、掌卜筮、掌祭祀、掌天文，甚至是掌军事，在某种意义上，都是史的全备分任之后的情形。这个史的职能分任过程，既是思想发展的不得不然，也是学术整体崩坏的过程。《庄子·天下篇》中感慨，"百家往而不反，必不合矣。后世之学者，不幸不见天地之纯，古人之大体，道术将为天下裂"，内中就含有对整体分裂的担忧吧？尼采在《悲剧的诞生》中对理性苏格拉底的警惕和对酒神狄奥尼索斯的呼求，是否同样出于对整体崩坏的担忧？

四

前面关于史的起源和职任的讨论,有一个说法被无意间忽略了,那就是史与讲故事之间的关系。胡适《说"史"》认为,这个讲故事的人,才是史的真正起源:"古代传说里经常提到'瞽,史'两种职业人。国语的周语里,召公有'瞽献典、史献书'的话,又说:'瞽史教诲,耆艾修之,而后王斟酌焉。'周语里,单襄公说:'吾非瞽史,焉知天道?'很可能的是古代说故事的'史',编唱史诗的'史',也同后世说平话讲史的'负瞽盲翁'一样,往往是瞎子。他们当然不会做历史考据,止靠口授耳传,止靠记性与想象力,会编唱,会演说,他们编演的故事就是'史',他们的职业也叫做'史'。"这个思路看起来合情合理,人总是先会说话再会写字不是吗?可仔细推敲起来,哪些故事应该讲,哪些不应该讲?故事的来源和出处是什么呢?全凭"瞽"的聪明才智或道听途说?猜测起来,恐怕这些故事最早的来源,仍然是接触全备文化的"史",并非宣讲故事的"史"。或许应该注意的一个问题是,推动精神发展的某个特殊点可能来自日常,而其创制,始终来自掌握最高级文化的人。

拥有完备文化系统的史,想起来真让人神往。他们观天地,察人事,明自身,一旦发为文字,便是内可修身外可治国的切实之论吧?《周易·系辞下》,"古者庖牺氏之王天下也,仰则观象于天,俯则观法于地,观鸟兽之文与地之宜,近取诸身,远取诸物,于是始作八卦,以通神明之德,以类万物之情",虽说的是圣王,早先的史,是否也该有这样非凡的气度?不妨试着设想一下,那些没有留下文字甚至名字的史,保留或拥有着极其重要的思想整全,这个群体的见解程度,或许比现在人们熟知的先秦诸子更高。前面说了,更早的时候,著述还没有署名的习惯,他们针对某些重大问题留下一些文字后,自此就在历史上消失了。如果后人有机会挖出某些深富识见的简册,比如《恒先》或者《性自命出》,却根本不知道写下来的人是谁,也就用不着太大惊小怪。对当时的史来说,他们最重要的事或许就是面对一个还在不断生长的群体,用文字来讲出自己的洞见或者担忧。

现在很难梳理出一条明确的线索,来确认史是如何一步一步从全备文化系统的拥有者,变成了职掌具体事务的官或是吏,就像无法给出巫分化出政、教两个系统的具体时间。最终,我们仍然不得不回到重要经典给出的断代选择。史官的设置,最有据的出处来自《说文》序:"黄帝之史仓颉,初造书契。"王尔敏推测:"中国古代建置史官,古籍所载,最早者多举黄帝之世史官仓颉、沮诵二人。其说原自《世本》,而《荀子》《韩非子》亦有记载,可知为先秦共识之说,当非后人杜撰。"金毓黻搜集各类记载,制成古代史官人物表,自黄帝至汉,不曾断绝。柳诒徵《国史要义》则推定,要弄清史官之原,必须上溯《周官》所载之五史,即太史、小史、内史、外史、御史:"总五史之职,详析其性质,盖有八类。执礼,一也。掌法,二也。授时,三也。典藏,四也。策命,五也。正名,六也。书事,七也。考察,八也。"涉及面如此之广,原因则是——

> 考周之史官若史佚、辛甲之伦，皆开国元老，史官地位特尊，故设官分职，视唐虞夏商为多，而其职掌又详载于《周官》。自《隋志》以来，溯吾史原，必本之周之五史。后世囿于史官但司记注撰著，初不参加当时行政，故于《周官》五史之职掌，若与史书史学无关，但知溯职名所由来，而不悟政学之根本。实则后史职权，视周代有所削减而分析，而官书史体，及其所以为书之本，皆出于周也。

话里话外，似乎有些对后世政学分离的不满，其实也是对学离开具体之事的不满。更有意味的是，指出史的诸职能后，柳诒徵总结道："归纳于一则曰礼。"头脑中尽是概念框框的我们，难免会觉得这话有些问题，怎么谈着谈着史，又拐到礼上去了？刘咸炘《认经论》里的一段话，或许可以释疑："礼者，秩序之义，典章制度之通名，故儒者称《周官》曰《周礼》。……今人有驳章氏（按学诚）'六经皆史'之说者，谓史乃官名，非书名，当云'六经皆礼'。夫章氏所谓史者，乃指典守之官与后世之史部言，示学者以书本记事，古今同体耳。要之，为官守之政教典章，以其官与下流部目言，则谓之史；以其为秩序言，则谓之礼；以其为典章制定之常法言，则谓之经。三名一实，而义不相该。"意思差不多是说，那个总体性的文化形态，在官守意义上称为史，在秩序意义上称为礼，在典章意义上称为经，因而"六经皆礼""六经皆史"，描述的是人们对文化整全性认知的不同面向。

落实到官守，柳诒徵论之曰："五史皆属春官宗伯。春官为典礼之官，即《尧典》之秩宗。伯夷以史官典三礼，其职犹简。故宗伯与史不分二职。历夏商至周，而政务益繁，典册益富，礼法愈多，命令益夥，其职不得不分。然礼由史掌，而史出于礼。则命官之意，初无所殊。上溯唐虞，下及秦汉，官制源流，历历可循。"尽管如此，有一个问题不容忽视，即便到了周代，史官的名称也并不统一。李宗侗提醒，这是由于"古代并非大一统"，很难找到整齐划一的制度。

由此也可以推断，有周一代正处在中国文化形成的关键转捩点上，一方面承接着此前丰富的文化资源，一方面疏浚着属于自己的开阔河流，用旧事与理想创制出了华夏奠基性的文化和政制，也同时封存了此前或许仍会发展的无数可能。如果条分缕析地看周代的文化，既能看到其制作的雄伟，又能发现其间某些生硬的痕迹。当然，建造任何一间房屋，都难免要遮挡部分天空，用不着我们后人感慨无穷。真有雄心的人，不妨借着晚清甚至更早以来打开的经典缺口，试着重新将分裂的道术裒而为一，思考在现时代的文化创制之道。

不能否认的是，自古及今，在跟文化全备性的关系上，史一直在逐步降格。李宗侗推测，"最初的官吏皆出自巫，等于最初的政权是出自神权一样"，也就是说，史与王一样，来源于政教全备系统中的巫。史官本身处于巫再次分化之后的首要位置，代表着文化的全备体。虽然无法把这个过程准确到代地描述出来，但仍可以看到逐渐变化的过程："史之初义为史官，而其职权凡三变。总全国一切之政权教权，最初之职务也。盖最古教权与政权原不分，史既掌一切天人之际的事务，则总理一切政权教权，亦极合理。后渐演变，因政权与教权分离，天人之际属于教权范围，故史官职权缩小，只包括天人之际的事务及其记载而不能参与政权，此第二阶段也。只以著国史为事，此第三阶段。亦即后世对史官之普通观念。盖时代愈后史官之权愈小，愈古权愈广，明乎此，方能知史之真谛。即以地位而言，亦最初极尊，而后转卑。"如果我们没有看错，那么司马谈、迁父子，正处在这个转卑加剧的过程中。

五

前面的讨论有些冗长了，可能掩盖了某些需要特别强调的内容。比如，史的职掌里，有一个极其重要的部分，即知天道，掌祭祀。戴君仁《释"史"》中谓："由史知天道，故其原始职务掌祭祀而包括卜筮星历，都属于天道神事。降而兼及人事，乃有册命封爵和记事的职务，甚至管及政务。虽记事记言，远在商代已有，而依理推测，他的职务，先天后人，应当不会大错。"另外一个极其重要的部分，就是后世认知中的记事。"史是识字专家，写字专家，读字专家，极可能亦是造字专家。（或谓古代造字者当是巫史，此语不差。巫和史本是一类人，可能最早只是一种人，巫之能书者，即别谓之史。）所以史字形状，象人执简册，表示他的生活和书本不离。文字的需要，一天天广泛起来，他的职务范围，便一天天扩张，不但书籍归他们掌管（史记，老子为周守藏室之史，索隐云乃周藏书室之史），极可能连作教科书用的识字本，也是史所编制的。凡是文字的功绩，都可以说是史的功绩。"这两部分，用司马迁说到的"文史星历"来综括，前者就是"星历"，相关于"天人之际"；后者就是"文史"，相关于"古今之变"。接下来的问题是，文史星历之间是否有深层关联？

照冯时《中国古文字学概论》里的说法，文史和星历的权威性，都来自与天相关的部分："早期文字的性质基本上都与巫术有关，它的使用只是作为少数巫史沟通人神的工具而已，因此文字的创造便不会是一种普遍的大众行为，而只能视为少数巫史的智慧成果。巫史构成了早期社会中特殊的知识集团，他们掌握着决定农业生产和礼俗用事的天文与历算知识，掌握着决定人神交际和祈福禳灾的占卜知识，当然理应成为文字的创造者。而商代甲骨文的记录显示，史官不仅是司掌书契的人，同时更是掌握天文占验的人，这实际已为文字的创造者身为黄帝史官以及祝融身为司天火正的传说建立了合理的制度背景。因此，巫史创造了文字，这一事实本身就说明了文字的起源与原始宗教的关系。事实上，文字通过占卜的形式而实现其交通人神的目的，这个初衷使它的出现成为古代巫史集团一项重要的创造活动。"

胡澱咸则进一步推定两者间的先后关系："我国古代，有两种学问由太史掌管：一是天文、历法，一是历史记载。这两种学问都与它掌祭祀有关。太史是掌祭祀的。所谓祭祀，是对一切天神、地祇和祖先的祭祀。也就是一切宗教事务都由太史掌管。……举行对祖先祭祀的时候，必须要按照祖先的先后、尊卑、亲疏安排位次。这就必须要知道祖先和族人的世系。……太史是掌祭祀的，所以这种世系也由太史掌管。……往后这种世系发展成为《世本》一类的历史记载，因之，历史记载也就由太史掌管。"

有这样的创造能力，且掌管着如此重要的权力，当然社会地位极高，出身也相应高贵。刘师培《古学出于史官论》云："观孔子问礼于老聃、问乐于苌弘，得百二国宝书于周史，则舍史官之外，无一传学术之人矣，盖当时之学术专归全国之一部分，犹印度学术之归婆罗门也。"夏曾佑《中国古代史》亦云："周制，学术、艺文、朝章、国故，凡寄于语言文字之物，无不掌之于史。古世人之咨异闻，质疑事者，莫不于史。史之学识，于通国为独高，亦犹之埃及、印度之祭祀也。"

金克木《梵语文学史》中说，婆罗门"把自己编订的这些文献当做神圣的经典，以严格的方式由师徒口头传授下来。……他们的口头传授的方式非常严格，一字一音都不许有差错，学生要经过长期的苦学苦练才能学会"。史虽然不像婆罗门那么严格，却仍然有其传递的封闭（因而在某些时间段显得纯粹）特征，按李宗侗的说法："古代王国典册皆掌于王官；列国者掌于列国之官吏；下至大夫，其家族的典册，亦为其族所私有。非官吏非独不能掌理，且不能学习，亦无从学习。学必有师，师皆是贵族官吏，亦不肯授于外人。史书是典册的一部分，故史书亦掌于官吏，狭义的说掌于史官。史官所传的弟子，仍是贵族，且或是史官的同族，若晋之董史，即系历代相传者。"

不但那些身在中央，即便是各诸侯国的史官，照钱穆在《中国史学名著》中的讲法，也并非各国随己意安置，而是由中央王朝派往各地。"那时周王室派出的很多史官，他们虽在各国，而其身份则仍属王室，不属诸侯。如《春秋》载'晋赵盾弑其君'，'齐崔杼弑其君'，那时晋国齐国的史官，下一个'其'字来称齐君晋君，可见赵盾崔杼所弑，照名义上讲，并不是晋史官齐史官之君。史官由周天子派来，义不臣于诸侯。崔杼可以把当时齐史官杀了，但不能另派一人来做，于是齐史之弟便接其兄职再来照写'崔杼弑其君'，崔杼再把他杀了，又有第三弟继续照样写，崔杼没奈何，只得不杀了。而在齐国南部尚有一位'南史氏'，听了齐国史官记载'崔杼弑其君'，兄弟连被杀害，他捧着笔赶来齐国，预备续书此事，及闻齐史已定书其事，崔杼不再杀害而止。"

这种分派到各地的史官，看起来有点像联邦体制中的大法官，独立于权力运行机构，在自身的传统和逻辑下作判断，因而拥有属于自己职业的特殊尊严。只是，史官的尊严，因周以来的逐渐分任，到司马谈、迁父子的时候，大概早就已经失去了。否则，怎么会有《报任安书》中的那段说辞呢——

仆之先人，非有剖符丹书之功，文史星历，近乎卜祝之间，固主上所戏弄，倡优所畜，流俗之所轻也。

古代帝王分封诸侯、功臣时，以竹符为信证，剖分为二，君臣各执其一，这是"剖符"。丹书则是帝王赐给功臣享有免罪等特权的证件，可以世袭。汉初，凡是受封剖符丹书的功臣，后世子孙有罪可以赦免。作为太史令的谈、迁父子，不光没有这些赦罪的符书，还因为王权的扩张和神权的衰落，文史部分由记载国之大事转为新旧档案管理，星历部分则由关注天人之间的关系转为吉凶妖祥，类似"卜祝"也即负责占卜和祭礼的官，几乎要跟倡优并论，地位早已无法跟自己的先祖相比，只保留着一点形式上的尊贵。

卫宏《汉仪注》记太史公情形，"武帝置，位在丞相上。天下计书先上太史公，副上丞相，序事如古春秋"。虞喜《志林》曰："古者主天官者皆上公，自周至汉，其职转卑；然朝会坐位，犹居公上，尊天之道也。"看起来尊崇有加，考其实则近乎虚设。照明于慎行《读史漫录》的说法，"位在丞相上"的意思是，"朝会立处，在人主左右，居丞相之上，以记言动耳。位者，朝著之位，非爵秩之位也"。计书是古代州郡年终向朝廷汇报情况的簿书，如《后汉书·百官志五》注引胡广云："秋冬岁尽，各计县户口耕田、钱谷入出、盗贼多少，上其集簿。臣尉以下，岁诣郡，课校其功。功多尤为最者，于廷尉劳勉之，以劝其后。负多尤为殿者，于后曹别责，以纠怠慢也。"也就是说，"计书先上太史公"只是一种行政常规，做的不过是文书之类的工作。《汉仪注》接上谓，"迁死后，宣帝以其官为令，行太史公文书而已"，应该是说连表面的尊崇也失去了。钱大昕《廿二史考异》给出的解释较为折中："卫弘（宏）汉人，其言可信，而后人多疑之。予谓'位在丞相上'者，谓殿中班位在丞相之右，非职任尊于丞相也。虞喜谓'朝会坐位犹居公上'，盖得之矣。子长自言'天下遗文古事靡不毕集太史公'，与《汉仪注》云'天下计书先上太史公'者正合。"

暂不去纠结太史公和太史令的分别，也不必一一列举此职当时的具体职掌，即便上述看起来最尊贵的部分，在当时社会里也算不上有重要影响。虽然司马父子怀抱雄心，学问满腹，最终却在世俗秩序里卑微到了近乎可悯的地步。只是，他们从未忘记自己从血脉而来的内在骄傲，不甘心就这样变得无关紧要，就像《太史公自序》里司马谈的遗嘱："余先周室之太史也。自上世尝显功名于虞夏，典天官事。后世中衰，绝于予乎？汝复为太史，则续吾祖矣。今天子接千岁之统，封泰山，而余不得从行，是命也夫，命也夫！余死，汝必为太史；为太史，无忘吾所欲论著矣。且夫孝始于事亲，中于事君，终于立身。扬名于后世，以显父母，此孝之大者。夫天下称诵周公，言其能论歌文武之德，宣周邵之风，达太王王季之思虑，爰及公刘，以尊后稷也。幽厉之后，王道缺，礼乐衰，孔子修旧起废，论诗书，作《春秋》，则学者至今则之。自获麟以来四百有余岁，而诸侯相兼，史记放绝。今汉兴，海内一统，明主贤君忠臣死义之士，余为太史而弗论载，废天下之史文，余甚惧焉，汝其念哉！"

弥留之际的司马谈，或许早已忘记了"固主上所戏弄，倡优所畜，流俗之所轻也"的不良感觉。他收拢起全部的心力，提示司马迁属意作为全备文化体的史,也流露出一己无名的大志。那些曾经仰观俯察、流观千年的先祖,仿佛在天上目光炯炯地看着这对父子,看着他们带着自己的遗憾和屈辱,带着满身的才华和日月星辰,埋首踏进了"究天人之际,通古今之变"的述作之中。

司马迁的家世

司马氏世典周史

一

　　近代以来，地不爱宝，偶然的出土发现和有意的考古发掘层出不穷，诸多此前博学硕儒从未见过的材料，不断出现于山椒水涘。随着研究的深入（而不是出土物本身），这些材料很大程度上改变了人们对古代的认知。其中很重要的一点，或许是给出了许多古书定本形成前的面貌，让今人有幸看到经典逐渐演化变迁的痕迹，甚至有可能复原出某类古书较早的形态，比如《老子》帛书本和竹简本的出现，比如清华简中保存的《尚书》类文献。某些看起来早已在岁月里封印的典籍，因新本的发现而涌现（aufgehen）非凡的活力，有心人会因此获得巨大的启发。从更大的范围来看，那些陆续出土的龟甲、简牍、帛书，或许记录和提示的并不只是帝王的伟业或哲人的高见，而是琐细的人间事务，却在某种意义上把过去时代人的生活和具体形态呈现了出来，让我们可以更好地理解具体生命在日常中的喜怒哀乐——很有可能的是，对具体喜怒哀乐的理解与洞察，才是书写的本义所在。

　　经典或准经典述说的主要内容，金克木称为"有文的文化"。那些记载或未被记载的人们的日常形态和行为，展现了"无文的文化"。两者并非绝不相干，无文的文化离不开有文的文化，有文的文化里也记载着无文的文化。金克木曾把考察"有文"和"无文"的心得，写成《学史三疑》中的一疑："语言与文化的关系，文献内外的文化异同，要不要在历史研究中得到更多的注意？不仅是文物（如碑铭简帛等）与文献互证，而且是不是还要更重视无文之物的可靠性和意义？（例如现藏台湾的六千年前的半颗蚕茧）是不是需要突破上层书面通行语文献的局限？对于器物、语言、文献作为史料进行分析理解而不仅是搜集排比，这是不是需要有基本训练？过于重视官方文书和所谓正史，或者反过来过于重视民间私记，总是过于尊重通行书面语文献，会不会产生片面性而不见历史特别是文化史的全貌？"

当然，无论发掘出多少材料，搭建起怎样完善的分析系统，在拥有可以穿透时空的望远镜之前，人们不可能复原出所谓历史的全貌。最终，我们只能在有限的信息里，试着摸索出某些核心的东西，从而有机会让那些不绝如缕的种子保存下去。话说远了，暂且回到某些具体的情形，比如，一件偶然得之的木觚。

1977年，在距酒泉西北七十余公里的玉门花海农场，有人在附近的一座汉代烽燧遗址，发现了一支有字的木简和几枚素简，即刻报告了嘉峪关市文物保护所。该所派专人调查之后，共获木简九十三支，其中最引人注目的，是一件七棱觚。该觚长三十七厘米，七面均有书写，共二百一十二字。照学界相对公认的看法，前四面抄录的是西汉早期某皇帝的遗诏，一百三十三字；后三面是与遗诏无关的私人书信，七十九字。下面，先综合相关专家的释读与研究意见，录出遗诏全文，并据以梳理大意。为免繁琐，觚上的错字和异体字径直改过，只在括号里标明假借字的正字——

> 制诏皇大（太）子。朕体不安，今将绝矣。与地合同，众（终）不复起。谨视皇大（天）之笥（祠），加曾（增）朕在。善禺（遇）百姓，赋敛以理。存贤近圣，必听謯（谏）士。尧舜奉死，自致天子。胡佼（亥）自次（恣），灭名绝纪。审察朕言，众（终）身毋久（疚）。苍苍之天不可得久视，堂堂之地不可得久履，道此绝矣。告后世及其孙子：忽忽锡锡（惕惕），恐见故主。毋责天地，更亡更在。厽（去）如舒（舍）庐，下敦间里。人固当死，慎毋敢娸（忌）。

开头表示得很清楚，这诏书是老皇帝写给太子的。随后说明下诏的原因，老皇帝自知大限已到，即将离开这个世界。接下来，是对继任皇子的嘱托。首先是重视对皇天的祭祀，要比自己做得更好。其次是善待百姓，赋税的征收要合理。再次是亲近贤圣，听得进谏言。三个治国要点之后，是一组对比，尧舜能够尊奉已死者的优良传统，自己积累功劳而做了天子；胡亥刚愎自用，终于身亡国灭。对比之后强调，好好思考并执行我说的话，便可以终身避免重大错误。叮嘱完，老皇帝说回自身的状况，从此要与天地相别，永远离开世间了。最后的"告后世及其孙子（子孙）"，更像是对自己即将离开这个世界的安慰——时日匆匆，（因没有做好自己的工作而）忧惧不断，怕见到先逝的君主。用不着责怪天地，死亡与生命本来就不断交替。离开世界，就像舍去暂住的房子，到必将久居的另一个世界。人总是要死的，不必太过忌讳。

遗诏风格舒缓质朴，交代事情井井有条，关键处要言不烦，对离世的伤感也适可而止，没有久处至尊的人易有的冷酷或轻慢。总体看下来，老皇帝显得从容不迫，对政事和生死仿佛都有所准备。读来读去，我觉得遗诏有那么一点黄老气息，要确认时却又没那么自信了。照王应麟的说法，武帝之前的汉代诏令，往往"人主自亲其文"，则这诏书内容应是西汉前期皇帝的亲笔。关于遗诏究竟出于哪位皇帝，结合同时发现的其他材料，目前主要有高祖、文帝和武帝三种说法，各有其立论依据，这里暂不讨论。按通常的理解，无论遗诏出自哪位皇帝，不都应该郑重其事地抄录吗？可让人意外的是，这支七棱觚上，误字和缺漏所在多有，书法也不像老成人所为，没有重大文书应具的庄重意味。这里肯定有什么原因，是不能用我们惯常的思维来理解的。

不妨就从觚说起。觚本为古代的饮酒器，青铜制，口部与底部呈喇叭状，细腰，圈足，多用于商和周代初期。汉代开始，觚用来指称多棱的柱状木牍，棱柱的每面都可以用来写字。唐颜师古注《急就篇》云："觚者，学书之牍，或以记事，削木为之，盖简之属也。其形或六面，或八面，皆可书。觚者，棱也，以有棱角，故谓之觚。今俗犹呼小儿学书简为木觚章，盖古之遗语也。"

木觚的用途主要有两类，一类用于文书，一类用来习字。这支写有遗诏的七棱觚，显然不是文书（行用的文书如此错漏百出，恐怕当其事者要被革职甚至砍头），而是用来习字的（无论怎样威严肃穆的东西，在人世的末端都不得不迁就实用）。用日人籾山明的话说，习字之觚，大体相当于"儿童习字用的笔记本"。守卫烽燧的吏卒初学写字，也应该是用觚。应该就是出于这些考虑，胡平生推定，这枚七棱觚是用来练字的，"因此，前后抄录了几种不同的内容，字也写得稚拙而拘谨，有不少错别字，很明显出自初学者之手"。

更有意思的是，与这支七棱觚同时发现的其他简，与遗诏相关的内容有四片，分别是"百姓赋敛""苍苍之天不可□""舒□庐下□""□固当□"。发掘报告指出，这四片简"木质、内容、笔迹与此觚全同，系用削刀从此觚上削下的柹片（按木片）"。不止如此，另有五枚写《苍颉篇》的简和一片篆书风格的"甲子表"，"均为初学书者的教科本，其风格、字迹与此觚亦属一人手笔"。由此，也就不难判断，这支七棱觚"当是烽燧某戍卒反复摹写、笔削过的一篇练字的习作"。

这些习字的断简残篇，固然没有什么了不起的思想贡献，却能让我们看到当年初学者接受教育的基本情形，过往生动的场景徐徐展现在眼前。如果再具体一点，我们是否能在这些场景中放入一个具体的人，看他怎样一步步成长为某个独特的自己，比如，这个人是司马迁。

二

数年前读谷裕《德语修养小说研究》，才意识到，以往习见习称的"成长小说"或"教育小说"，最早的来源是德语，作者译成"修养小说"："修养小说（Bildungsroman）由'修养'（Bildung）和'小说'（Roman）两词复合而成。……Bildung含有人格塑造、成长发展和教育的意思，任何单独的翻译或释义都不免偏于一隅。"书中引《德语文学史实用辞典》的定义："修养小说一般以一个人的成长经历为线索，描述主人公从童年、少年、青年到成年的成长过程。主人公首先接受家庭和学校教育，然后离乡漫游，通过结识不同的人、观察体验不同的事，并通过在友谊、爱情、艺术和职业中的不同经历和感受，认识自我和世界。主人公的成长，是内在天性展露与外在环境影响相互作用的结果。外在影响作用于主人公的内心世界，促使他不断思考和反思。错误和迷茫是主人公成长道路上不可缺少的因素，是走向成熟的必由之路。"

黑格尔调侃过这种首尾具足的修养小说，"出身市民的青年，抱着寻找自我的目标，走上人生旅途。到后来，他的棱角被磨平，那位宛若天仙的女子成为妇人。到最后，人人都找到一位如意的婆娘、合适的市民职业，娶妻生子，安居乐业"。尽管如此，如果试着去勾勒一个古代人物的成长过程，却禁不住会羡慕那些小说中的主人公，几乎在修养完成的每一个关键点上，作者都用足了力气，描画出他们完整的人生发展轨迹。跟这些年越来越厚的近世名人传记不同，诸多较早时代的伟大心灵（甚至那些最伟大的心灵），留下的记载都太少了，有些差不多只能算一鳞半爪。司马迁应该是这个太少系列中的一个，考虑到他的著述留下了无数人的事迹，这情形显得有些像含义复杂的反讽。当然，司马迁用不到后人来鸣冤叫屈，《太史公自序》毕竟属于《史记》，把自己遥远的家世放进长远的历史中，恐怕也只能是个提纲——

> 其在周，程伯休甫其后也。当周宣王时，失其守而为司马氏。司马氏世典周史。惠襄之间，司马氏去周适晋。晋中军随会奔秦，而司马氏入少梁。自司马氏去周适晋，分散，或在卫，或在赵，或在秦。其在卫者，相中山。在赵者，以传剑论显，蒯聩其后也。在秦者名错，与张仪争论，于是惠王使错将伐蜀，遂拔，因而守之。错孙靳，事武安君白起。而少梁更名曰夏阳。靳与武安君阬赵长平军，还而与之俱赐死杜邮，葬于华池。靳孙昌，昌为秦主铁官，当始皇之时。蒯聩玄孙卬为武信君将而徇朝歌。诸侯之相王，王卬于殷。汉之伐楚，卬归汉，以其地为河内郡。昌生无泽，无泽为汉市长。无泽生喜，喜为五大夫，卒，皆葬高门。喜生谈，谈为太史公。

讲过重黎之后，司马家族也走过传说时代，来到了记载渐渐明确的周，有名于当时的是程伯休甫。程伯休甫主要活动在周宣王（前827—前782在位）时期，《诗经·大雅·常武》写到过他。史游《急就篇》"司马褒"下注云："程伯休甫，周宣王时，有平徐方之功。赐以官族，为司马氏。"照这个说法，当周宣王时，"失其守而为司马氏"的主语该是程伯休甫。可程伯休甫明明该立功受赏，为何结果却是"失其守"，仿佛犯了错误一样？另外，既已失其守，后面为什么又说"司马氏世典周史"？推测起来，或许就是这个程伯休甫，在周宣王时失去了家族世代相守的职掌天地之官，变成了主管武事的大司马，并自此以官名为氏。程伯休甫去世之后，司马家族的后人不再继任司马，于是重操旧业，"世典周史"。不过，另有一种兼备的情况，如《索隐》所言，"司马，夏官卿，不掌国史，自是先代兼为史"。也就是说，即便在程伯休甫担任大司马的过程中，司马家一直有人熟习旧业，从未离开史官的位置。当然，还有一种可能，即前面文章提到过的史官与军事的关联，《韩诗外传》所谓"司马主天"："阴阳不和，四时不节，星辰失度，灾变非常，则责之司马"。

到周代，司马迁追溯的无比尊贵的天官，已经逐渐变为世俗官员，受尊重的程度也大幅度减低。不过，这个下落的过程还远没有结束，关键的时间点就是"惠襄之间"。周惠王（前676—前652在位）、周襄王（前651—前619在位）之前，无论掌武事还是典周史，司马家族都在中央任职。惠襄之间，已经是春秋时代，东周早就衰落得不成气候，变乱不时发生，子颓和叔带的叛乱就是其中较大的两次。高层难以避免的震荡，作为中央官员的司马家族自然难免会被波及。时代的雪花落到司马家，他们只好"去周适晋"。雪崩不会停下来等任何人调整，适晋的司马家族每况愈下。公元前621年，晋襄公卒，随会入秦迎接作为人质的公子雍继位,司马家的人一同出发。没想到,派随会入秦的赵盾改了主意,决意拥立公子夷皋,发兵阻挡公子雍回归。随会只好奔秦避难,后来又曲折地回到晋,任中军统帅。跟着随会至秦的司马氏,却没有这样幸运的戏剧性转折,他们奔秦后再也没有回去,定居在秦的少梁(今陕西韩城一带)。

跟随会奔秦的司马氏,正是司马迁一族的本支。交代完这些,司马迁忽然笔锋一转,写起(相对自家来说的)司马氏旁支。分散在卫国的一支,曾有人做过小国中山的相。去赵国的一支,或许是受到程伯休甫的鼓舞吧,习于武事,"以传剑论显"。当然,也许并非跟祖上的老成典型有关,只是受地域影响,所谓"燕赵古称多感慨悲歌之士",某地习与性成的谣俗,切切实实改变了一个家族的传统。更有意思的是,传剑的这一支,后来有一个很知名的司马蒯聩,《正义》引如淳云:"刺客传之蒯聩也。"但《史记·刺客列传》里并没有蒯聩的名字,有人认为就是与荆轲论剑的盖聂。接下来穿插了几位在秦的司马家族人物,然后又回到蒯聩,其玄孙司马卬,在秦末成为陈胜部下武臣的将领,经略殷的旧都朝歌。秦灭,诸侯争相称王,项羽封其为殷王。据《晋书·宣帝纪》,则蒯聩还是司马懿的远祖,看起来后世颇为辉煌,只不知道这种帝王(或配合帝王)重写家谱的行为,算不算事后追认先驱(préfiguration-rétroactive)。

文中再次提到司马氏入秦的一支,离随会奔秦已经有三百多年了,这次出现的耀眼人物,是跟赫赫有名的张仪争论的司马错。秦惠王准备伐蜀，张仪说"不如伐韩"，司马错则站在惠王这边。惠王让司马错带兵平蜀，居然也就成功了，便让他留在那里镇守。司马错的孙子司马靳，是秦国名将白起的手下，曾跟他一起坑杀降卒。等到他们凯旋，不知是因为杀降卒伤了阴德，还是君主惯为的鸟尽弓藏，反正最后一起被秦王赐死。司马靳的孙子司马昌，是秦始皇时主管铁产的官员。司马昌的儿子司马无泽，是掌管长安四市（集市贸易）的市长之一。照现在的分类，差不多可以说，在周朝这漫长的时间段落里，整个司马家族，政治、军事和经济，都有相对杰出的人物。司马迁后来对这些领域的兴趣，或许不仅是写《史记》的知识储备，而是有着血脉的牵连。

时间很快来到了司马迁的祖父司马喜这里，虽然司马喜没有什么特别的表现，但对司马迁来说，起码曾祖和祖父的葬地，已经有了明确的地点。接下来，将是司马谈、迁父子的舞台了。

三

虽然从开始就对人的全面发展表现出深刻的怀疑，但经典修养小说还是试着"以超然的态度逾越现实的不合理"。只是，那个按部就班的完整体系，最终随着时代和小说技艺的变化分崩离析，破碎和偶然成为作品的主角："修养小说发生根本转变在20世纪。修养失去了歌德时代的人文内涵，小说也不再是积极意义上市民的史诗，而是如卢卡奇的《小说理论》所言,已成为'被神所遗弃的世界的史诗',表达现代人'先验的无家可归'状态,反映'形而上的存在的不和谐'。修养小说的核心——人格塑造、人的发展,随着人格的丧失而被中空。穆齐尔对此的极端表述是,现代人生活在一个'有很多个性但没有人的世界',世界上悬浮着'很多经历,但没有了经历的人'。比之歌德时代,人已无法把握自我的人格塑造,而是要把它交付于外在陌生的规定性和偶然性。"任何庞大之物都经不住时间水滴长期的轻轻敲击,弄不好就会在某个时候整体垮塌。要跟得上它绝不停止的脚步,核心元素要损之又损,甚至要简质到随时打碎随时拼合的程度(或者因为变化足够快,看不出打碎和拼合的过程)。

这样的程度实在太高,落到具体的事上,说不定会障碍重重,那是否可以试着先把外在材料精简下来?如司马迁写自己家族,从周宣王到汉初,其间六百年,人物众多,却只用了不足三百字。字数少,却有可能表达得更多,就像苍龙隐现于天际,竟比全龙更多了些风云之气。那些书写之外的巨大空白,像充满诱惑的塞壬歌声,吸引着有耳能听的人去破解其间的秘密。文字在某些时刻拥有独特的骄傲,此之少少可以胜彼之多多,虽"轻采毛发",却足以"深极骨髓"。在整全的系统中,没有一个局部是离散的。如果一个人心中有条完整的文化长河,他写下的每一处文字,都应该是这条长河的全息影像,收起来仿佛是断续的片段,展开就是万里长卷。或许,司马迁心目中就有这样一条长河吧。我们没有足够的智识去复原他心中绵延的流水,却也不必为文字的简省苦恼,就跟着时代的变化，把看起来破碎的一切，重新拼成一条长河如何？像司马迁写到父亲的师承，只寥寥数笔，却显现为某种文化整体——

> 喜生谈，谈为太史公。太史公学天官于唐都，受易于杨何，习道论于黄子。

即便写到自己的父亲，司马迁也没有喋喋不休，只是交代了他的任职情况，也就是他们父子相继的官位，重头戏是说明司马谈的学问来源。有意思的是，这一来源的首要位置，给的是唐都。《史记·天官书》："夫自汉之为天数者，星则唐都，气则王朔，占岁则魏鲜。"《历书》："至今上（按汉武）即位，招致方士唐都，分其天部；而巴落下闳运算转历，然后日辰之度与夏正同。"《集解》注"分其天部"云："谓分部二十八宿为距度。"《平津侯主父列传》："历数则唐都、落下闳。"既能夜观星象，又能精准测定二十八宿之间的距离，并实际参与国家级历法制作，唐都的天文历法之学，自然是一时之选。文中称唐都为方士，也即方技与数术之士，现代系统很容易将之归入迷信，其实，只要对科学的理解是历时性的，当时熟悉天文历法的人，应该算是杰出的科学家。《历书》记载汉武帝召集的活动，正是司马迁参与的太初改历。唐都既是司马谈的老师，又跟司马迁一起参与改历，应该是高寿之人。

接下来，是司马谈的易学传承。《史记·儒林传》："自鲁商瞿受《易》孔子，孔子卒，商瞿传《易》，六世至齐人田何，字子庄，而汉兴。田何传东武人王同子仲，子仲传菑川人杨何。何以《易》，元光元年征，官至中大夫。齐人即墨成以《易》至城阳相。广川人孟但以《易》为太子门大夫。鲁人周霸，莒人衡胡，临菑人主父偃，皆以《易》至二千石。然要言《易》者本于杨何之家。"这条线索，看起来非常整齐，但自商瞿至田何，中间缺了五代。汉兴之后，原属齐国的田何迁到长安，自此才真正有了连续记载的易学传承，路线是田何传王同，王同传杨何，杨何传司马谈。这一路传承，潘雨廷先生认为重视自然科学："谈所学于杨何者，主要属齐燕易之整体，自然能合于唐都之天官，此为谈的认识基础。"大概正因为谈、迁父子有此传承，才有《史记》的伟大成就。不过细究起来，司马谈的易学并非整体，而是其中的一支。田何易学的另外一路传承是丁宽，后来形成了三家易，今本《易经》由此形成。这种不够完备的传承，是否最终会造成《史记》的某些局部瑕疵呢，非常难以判断。

再接下来，是学习"道论"，也就是道家理论，传统称为黄老之学。司马谈师事的黄子，《集解》引徐广曰："《儒林传》曰黄生，好黄老之术。"徐广提到的《儒林传》，记下一则耐人寻味的故事："（辕固生）与黄生争论景帝前。黄生曰：'汤武非受命，乃弑也。'辕固生曰：'不然。夫桀纣虐乱，天下之心皆归汤武，汤武与天下之心而诛桀纣，桀纣之民不为之使而归汤武，汤武不得已而立，非受命为何？'黄生曰：'冠虽敝，必加于首；履虽新，必关于足。何者，上下之分也。今桀纣虽失道，然君上也；汤武虽圣，臣下也。夫主有失行，臣下不能正言匡过以尊天子，反因过而诛之，代立践南面，非弑而何也？'辕固生曰：'必若所云，是高帝代秦即天子之位，非邪？'于是景帝曰：'食肉不食马肝，不为不知味；言学者无言汤武受命，不为愚。'遂罢。是后学者莫敢明受命放杀者。"汉景帝提到马肝，是因为过去认为马肝有毒，《正义》引《论衡》云："气热而毒盛，故食马肝杀人。"后来，汉武帝诛杀被封为文成将军的方士李少翁，对外的宣称也正是"文成食马肝死耳"。

这讨论看起来并不复杂，黄生认为汤武讨伐君王的行为是弑杀，辕固生则认为是顺天应人的受命。这看起来似乎是学术讨论，内在却并非如此。主张遭到辕固生反驳后，黄生指出，桀纣是君，汤武是臣，既如此，诛其人而代其位就是弑（有没有一点"圣人不仁，以百姓为刍狗"的肃杀？）。至此，讨论还勉强维持在学术范围内，接下来辕固生的话，引入了高帝代秦这一汉的立国合法性问题，就不免有些生死相搏的意味了。黄生到这里就应该明白，对话已经没法继续（同意这说法是自己立论失败，反对这说法则表明汉家也是弑）。审慎的汉景帝也没有轻易决断，只以马肝为喻，制止了这场争论。在历代君王里，景帝应该算处事相对温和的，否则，黄生当时的性命大概就堪忧。潘雨廷先生《论〈史记〉的思想结构》评价这争论："盖尚黄老以立本，能使世事安定为要。汉初当用之以休养生息，亦即汉代秦后所以能得民心。事实具在，息事宁神，何必空论受命与否，宜景帝以不辩止之。然客观事实有不可不辩其是非者，此见于景帝末儒术已有将兴之象。"这个故事有很多可以引申发挥的地方，近世也有人遵而勿失，不过，既然马肝喻出现之后，言学者面对温和的景帝都"莫敢明受命放（放逐）杀（弑杀）者"，我们更后学的人，还是保持沉默为妙。

介绍完学问传承，司马迁讲到了父亲的任职时间，并提起他作"论六家要旨"的原因："太史公仕于建元、元封之间。愍学者之不达其意而师悖，乃论六家之要指曰：《易大传》：'天下一致而百虑，同归而殊涂。'夫阴阳、儒、墨、名、法、道德，此务为治者也，直所从言之异路，有省不省耳。'"关于太史公、太史令问题的说法太多，我们采取的原则是，作为官职时通用。"论六家要旨"是司马谈悯学者不能探究学问的至深根源，变乱师传家法，因此根据自己的传承，写出对当时学问的整体判断。历来谈论这要旨的文章很多，不久前还有一本能够切入当下的作品深入析义，这里就不展开了，只引潘雨廷先生的话来略窥一斑："此文的基本点为'务为治'……谈准杨何易学的整体作为一致同归，于六家之指视为百虑殊途，此可见谈之深入易理。然易学整体的作用，可诚合外内而不仅'务为治'。要而言之，于内圣外王两部分中，'务为治'属外王，或不据于内圣之德，何能成外王之业。"到这里，我们会不会好奇，这样一个即便缺点都堪称高手之误的父亲，会教出怎样的孩子呢？

年十岁则诵古文

司马迁的成长

一

有次翻看《朱熹集》，发现一封信意味深长。信是写给老朋友吕祖谦的，托付的是自己的孩子朱塾："儿子久欲遣去，以此扰扰，未得行，谨令扣师席。此儿绝懒惰，既不知学，又不能随分刻苦作举子文。今不远千里以累高明，切望痛加鞭勒，俾稍知自厉。至于择交游、谨出入，尤望垂意警察。如其不可教，亦几早以见报，或更遣还为荷，千万勿以行迹为嫌也。"大概对自己孩子的教育，自古就是难题吧，否则也不至于难倒大教育家朱熹。

朱熹的先驱之一孟子，也在相同的问题上遇到过公孙丑的追问，"君子之不教子，何也？"孟子的回答堂堂正正："势不行也。教者必以正，以正不行，继之以怒。继之以怒，则反夷矣。'夫子教我以正，夫子未出于正也。'则是父子相夷也。父子相夷，则恶矣。古者易子而教之，父子之间不责善。责善则离，离则不祥莫大焉。"教育自己的孩子，如果正道行不通，就容易发怒，一旦发怒，不光不能教导，反而弄伤了跟孩子的关系。如果父子之间以至善相要求，那就难免疏远，不能教育好孩子还罢了，连正常的关系也不能维持了。没做成事之前，先毁掉一个极其重要的关系，这样做非常不祥。

其时大约因为是古代，人们还没把孩子平庸的责任一股脑推到父母身上。应该是近代以来吧，随着弗洛伊德和行为主义者的主张流行，社会上产生了一种教养假设，仿佛只要孩子没成为杰出的人，父母就有脱不开的干系。《教养的迷思》(The Nurture Assumption: Why Children Turn Out the Way They do)一书却不这么认为："父母的教养并不能决定孩子的成长，孩子的社会化不是家长帮助完成的。教养假设是无稽之谈，许多支持教养假设的研究都毫无价值。"作者朱迪斯·哈里斯（Judith Rich Harris）几乎离经叛道地认为，"父母的教养并不能决定孩子的成长，孩子的社会化不是家长帮助完成的"，孩子会"认同他们的同伴，并依据所在群体的行为规范来调整自己的行为"。对子女的教育并非等价交换，付出再多的努力也未必就有回报。作者用大量案例证明，"有时候，优秀的父母不一定有好孩子，但这不是他们的错"。在教养传递问题上，上代跟下代的关系有点像量子，既反复纠缠又无法确定，不论怎样卓越的部分，都是"虽在父兄，不能以移子弟"。如果父亲已经极其杰出，儿子还有更上层楼的可能，就显得非常罕见。当然，有惯例也就必然有例外，司马谈、迁父子，就是这样双峰并峙的存在——

> 太史公既掌天官，不治民。有子曰迁。迁生龙门，耕牧河山之阳。

继前面的"司马氏世主天官"和"太史公学天官于唐都"之后，司马迁再次提到天官。《索隐》释"天官"云："此天官非周礼冢宰天官，乃谓知天文星历之事为天官。且迁实黎之后，而黎氏后亦总称重黎，以重本司天，故太史公代掌天官，盖天官统太史之职。"《后汉书·百官志》载："太史令一人，六百石。本注曰：掌天时、星历，凡岁将终，奏新年历。凡国祭祀、丧、娶之事，掌奏良日及时节禁忌。凡国有瑞应、灾异，掌记之。"太史公的主要职能，不是具体地管理百姓，而是更多地跟天相关，要根据天象运行对历法提供专业意见，要清楚祭祀及各项重大礼仪的宜忌，还要记录国家的阴阳灾异。据《封禅书》，元鼎五年（前112），司马谈作为太史令与祠官宽舒等共同建议立泰畤坛，为封禅做准备。封禅是所有祭祀活动中最隆重的一项，参与其中是太史公的职责所在。大概正因如此，元封元年（前110）汉武帝主持封禅活动，司马谈竟被排除在外，"不得与从事"，所以才会"发愤且卒"吧。

接下来，"有子曰迁"。虽然有意借用了《易经》蛊卦爻辞"有子考无咎"，但司马迁显然没有渲染神化自己，甚至都没有给出确切的出生日期。目前考订司马迁生年，依据的是两条后世材料。元封三年（前108），司马谈去世三年后，"而迁为太史令"。《史记索隐》于此下注云："《博物志》：'太史令茂陵显武里大夫司马□（迁），年二十八，三年六月乙卯除，六百石。'"据此，则司马迁生于武帝建元六年，即公元前135年。隔了一段时间，"五年而当太初元年"，也就是司马迁做了太史令之后五年，正当太初元年（前104）。《正义》于此下加按语云:"迁年四十二岁。"据此,则司马迁生于景帝中元五年,即公元前145年。两条材料虽都后出,但差不多是目前能确定司马迁生年仅有的直接证据了,排比行年之类再有说服力,差不多只能算旁证。非常可惜,根据这两条材料推定的出生时间,整整相差十年。殷周至汉,二十写为"廿",三十写为"卅",四十写为"卌",三者很容易混淆。之所以有这十年之差,或是因前条将"卅"讹为"廿",或是因后条将"卅"讹为"卌"。遗憾的是,《博物志》久佚,目前的辑本中没有《索隐》提到的这条材料。大概只有某一天发现《博物志》全本,或什么地方挖出新的证据,司马迁的生年才能最终确定吧。

不只生年,司马迁也没有给出自己的表字。刘知幾《史通》就此指责道:"司马迁之叙传也,始自初生,及乎行历,事无巨细,莫不备陈,可谓审矣,而竟不书其字者,岂墨生所谓大忘者乎?"这话有点夸张,所谓"事无巨细,莫不备陈",很难从《太史公自序》甚至整本《史记》里找到证据。只是,可能因为自序没有直书表字,《汉书》本传也就没有写,后世对司马迁是否字子长有所怀疑。不过,因扬雄、张衡、王充、荀悦都提到过司马迁的字,这怀疑也就没有成为很大的势力。高步瀛《史记太史公自序笺证》引诸家称司马迁字而后云:"自西汉以迄六朝,岂尽不足凭,而必直书乃信乎?"推测起来,司马迁没写自己的字,一者可能是《史记》和《汉书》中名而不字的很多,大概当时还没形成提名需及字的传统。梁玉绳《史记志疑》所谓:"《史》《汉》中,名而不字者甚众,不独子长。"

不过好在，司马迁写到了自己的出生地，所谓龙门是也。《正义》引《括地志》："龙门在同州韩城县北五十里。其山更（按经过）黄河，夏禹所凿者也。"《太平广记》引《三秦记》："每暮春之际，大鱼集龙门下数千，不得上，上者化为龙。"又引林登曰："一岁中，登龙门者不过七十二。初登龙门，即有云雨随之，天火自后烧其尾，乃化为龙矣。"对文献和传说都有兴致的司马迁，应该熟悉上面的说法吧？不管是圣王大禹，还是鱼跃龙门，是否都隐含着司马迁对自我的某种期许？

这个对自身满怀期许的人，孩童时期就在这块土地上耕牧。王国维认为，"河山之阳"，"固指山南河曲数十里间矣"。或者，不必是司马迁自己耕牧，是他的家族要以耕牧为业。郑鹤声《司马迁年谱》谓："太史令，武帝时置。景帝时司马谈尚未仕，当系家居。其家世虽代掌天官事，然本以耕牧为生。故迁《自序》如是。"至此，司马迁已经交代完家世和自己较早时期的情形，接下来即将开启的，是他的学习和漫游时代。

二

像安徒生《幸运的套鞋》里的人相似，我们很容易因为偶尔的不如意而愤恨既有的生活，转身去设想过去时代的种种好处，甚至会忘记，过去可能只是匮乏和灾难的代名词。如果跟童话中一样，我们也拥有了幸运女神送出的套鞋，不小心走进了自己赞美的过往，甚至一步踏入跟过往分毫不差的未来，弄不好就会听到忧虑女神早就给出的警告——"他肯定会感到苦恼。"一旦不小心踏足并不完美的过往,我们恐怕也会发出司法官那样的怨言,"这儿连路灯都没有,真是说不过去,并且遍地泥泞,让人觉得好像是在沼泽地里走路似的!"人们在赞美理想中的过去时,通常会忘记,那些向往或许只是因为自己喜欢抱怨。兰德尔·贾雷尔(Randall Jarrell)洞悉这方式,"生活在黄金时代的人们总是四处抱怨一切事物看起来是多么的黄"。我猜,安徒生要说给守夜人听的话,也是说给我们每个人的:"在这世界上,有些话我们说出来的时候,一定要万分谨慎,特别是当我们穿上'幸运的套鞋'的时候。"

曾经看到过一个说法,意思是,古人只要守着有限的几本书,"惟精惟一",不但"三冬,文史足用",还有机会在璀璨的思想天空留下自己闪耀的光彩。后世的书太多了,信息摄取过于复杂,难免有"憧憧往来,朋从尔思"之患。可是,如果我们真的回到过去,比如说汉代,恐怕要焦虑的不是信息多,而是连书籍的获得都会成为巨大的问题。那时没有印刷术,要知晓书的内容,或通过口耳相传,或得自师徒授受,最荣宠的是王者赐赠。无论哪一种,传播的范围都很有限,而且都要经过抄写。另有一种图书获得方式,是交易。《三辅黄图》载:"王莽作宰衡时,建弟子舍万区……为博士舍三十区。东为常满仓,仓之北为槐市,列槐树数百行为队,无墙屋。诸生朔望会此市,各持其郡所出货物及经传书记、笙磬乐器相与买卖。雍容揖让,侃侃訚訚,或论议槐下。"这槐市,大概是中国图书交易最早的文献记载,不过却并非民间的市场买卖,交易的主体是太学生,某种意义只能算是已经通过遴选者的互通有无,从"论议槐下"看,内部学术交流的功能还要大一些。

大概是跟槐市出现时间相近的西汉末年,出现了民间买卖图书的地方,当时称为"书肆"。最早提到书肆的扬雄《法言》,说的并不是什么正面含义,"好书而不要诸仲尼,书肆也",好读书却不以孔子为指归,就像书肆一样,群书杂然乱陈,完全没有条理。家族以耕种和养蚕为业的扬雄,大概条件不错,得到书的可能较大,所以有余力嘲笑书肆的摆放无序。王充这样的贫寒出身,就没有余力去留意这些问题了,如《论衡》所言:"家贫无书,常游洛阳市肆,阅所卖书,一见辄能诵忆,遂博通众流百家之言。"或者如后来的荀悦那样,"年十二,能读《春秋》,贫无书,每至市间阅篇牍,一见多能诵记"。其时书之难得,不但能从贫苦人家的情形看出来,高门贵族的鬻书纾困也是明证。像刘梁,虽贵为"宗室子孙,而少孤贫,卖书于市以自资",那目的,只是为了"以供衣食"。还有一种情况,就是因为书都需要抄写,有些可能胸怀壮志的人,也不得不靠抄书(佣书)为生,即如后来投笔从戎的班超,就需要"为官佣书以供养"。到这里,我们可能会很好奇,司马迁到底是用什么方式获得书,又是怎样学习的呢?他自己,其实没说什么——

年十岁则诵古文。

秦汉时期,中国的蒙学教育已经有教材、有组织,而家庭教育也已初步定型。即便是司马迁这样天赋异禀的人,大概也不可能生而知之，都需要经过一个强制训练的启蒙时期，最多只是时间较短而已。目前看到的相关材料，我们无法确定司马迁是受过学校教育，还是整个启蒙期都以家庭教育为主。不过，无论何种方式，当时所学大致分为两类，一类是识字，一类是算术及其他基础知识。《汉书·艺文志》："汉兴，闾里书师合《苍颉》《爰历》《博学》三篇，断六十字以为一章，凡五十五章，并为《苍颉篇》。"李斯所作《苍颉篇》、赵高所作《爰历篇》和胡母敬所作《博学篇》，汉时改编为《苍颉篇》一本，书写用当时通行的隶书，共收三千三百个常用字。此篇开首谓，"苍颉作书，以教后嗣，幼子承讽，谨慎敬戒"，可见是供儿童使用的识字教科书。除用通行文字写就的《苍颉篇》，司马迁应该还需要学习属于"古文"范畴的《史籀篇》，甚至还要进行更复杂的认字和书写训练。后者并非当时的通行教育，更多是作为史官的职业所需，我们放在后面的文章里再谈。

识字之外，《汉书·食货志》记下了当时儿童需要学习的其他内容："八岁入小学，学六甲、五方、书计之事。"顾炎武《日知录》释谓："六甲者，四时六十甲子之类。五方者，九州岳渎列国之名。书者，六书。计者，九数。"也就是说，在识字之外，当时的儿童还需要学习计时、算术、地理等方面的基础知识。东汉崔寔《四民月令》有"砚冰释，命幼童入小学，学篇章"句，注云，"篇章，谓《六甲》《九九》《急就》《三仓》之属"。石声汉《校注》中谓："依本注的说明……其中《急就》《三仓》等字书，应当学会书写，《九九》是算学初步，仅仅书写不够，必须领会、熟练。"近世发掘的简牍中，九九乘法表和习字材料往往同时出现，正说明了汉代初级教育识字和算术并行的事实。司马迁成年后能够参与改历，并留下推步精密的《历术甲子篇》，算术基础应当非常不错。这些识字和算术书，既然用为教材，即便需要抄写吧，以司马迁的家境，应该也不难获取。

前面谈七棱觚的时候提到了，觚大体相当于儿童习字用的笔记本。之所以常用觚而不用普通的木简，如籾山明《削衣、觚、史书》所言："第一，一根觚上可以书写更多的文字。……第二，削除文字更为简单。如果使用较宽的木简，虽然一枚上面也可以书写多行文字，但要逐行削除却比较困难。而使用觚时则容易多了。"用墨写在木牍上的文字，如果有差错，或者需要反复书写，就用书刀将此前的文字削掉，然后改正或再加利用。削掉后的刨花，学界通常称为削衣，上面当然会有文字。后世的所谓"刀笔"，应该就是这么来的。除了削，还有一种反复使用觚或木简的方式，那就是用"幡"擦去，《说文解字》谓，"幡，书儿拭觚布也"。既然用布擦拭，就不能用墨书写，而是用点校诗文的铅笔。至于另一种可用于书写的帛，因为价格昂贵，并不是习字的合适材料。天才如司马迁，教育刚开始的时候，大概也要熟悉用铅和用墨，学习如何使用书刀，熟练背诵"九九八十一"的吧？

初步教育完成，就进入了较为高级的学习，所谓"年十岁则诵古文"。其中古文的含义，历来有不少争议。《索隐》案就有点首鼠两端："迁及事伏生，是学诵古文尚书。刘氏（按伯庄）以为《左传》《国语》《系本》等书，是亦名古文也。"一个意思是从伏生学古文《尚书》，另一个意思是读各种用汉以前书体抄写的典籍。如果司马迁真的曾跟伏生学习，那据推断，伏生其时已一百四十多岁，显然是不可能的。王国维《史记所谓古文说》认为："太史公修《史记》时所据古书，若《五帝德》，若《帝系姓》，若《谍记》，若《春秋历谱谍》，若《国语》，若《春秋左氏传》，若《孔子弟子籍》，凡先秦六国遗书，非当时写本者，皆谓之古文。……然则太史公所谓古文，皆先秦写本旧书，其文字虽已废不用，然当时尚非难识，故《太史公自序》云'年十岁则诵古文'。太史公自父谈时已掌天官，其家宜有此种旧籍也。"

这些旧籍中的主要部分，应该并非文书资料，而主要指已经逐渐形成的经典。王国维《战国时秦用籀文六国用古文说》云："六艺之书行于齐、鲁，爰及赵、魏，而罕流布于秦（犹《史籀》之不行于东方诸国）。其书皆以东方文字书之。汉人以其用以书六艺，谓之古文。而秦人所罢之文与所焚之书，皆此种文字，是六国文字即古文也。……汉人以六艺之书皆用此种文字，又其文字为当日所已废，故谓之古文。"又王国维《汉魏博士考》："刘向父子作《七略》，六艺一百三家，于《易》《书》《诗》《礼》《乐》《春秋》之后，附以《论语》、《孝经》（《尔雅》附）、小学三目。六艺与此三者，皆汉时学校诵习之书。以后世之制明之，'小学'诸书者，汉小学之科目；《论语》《孝经》者，汉中学之科目；而六艺则大学科目也。"据此，我们大体能够知道，十岁左右，司马迁已不再局限于学习用今文即隶书抄就的教材，而是已经能够识读较古的文字，获得并阅读属于经典系统的书籍，相当程度上超越了只学习基本技能的同龄人。

读书面的拓展，让司马迁有了更开阔的时空视野，那个在河山之阳耕牧的少年，身体和脑力都慢慢成熟起来，即将走向更广大的世界。

三

一个人的成长是漫长的，条件允许的话，大概都会向内深入探究，向外走遍世界。如果可以对照，向内、向外可以比拟修养小说的纵向和横向维度："出于全面认识世界、塑造人格的要求，修养小说除纵向维度外，还有一条横向维度。纵向维度指个体成长的线索。横向维度指伴随时间和空间移动所经历的广度。横向维度使主人公获得对外部世界的印象，为反思提供质料。纵向维度为作品提供个体思考和反思的深度。……修养小说的横向维度常常被论者忽视，湮没于对内在和个体的强调。事实上，大多数修养小说都会在横向上展示一幅时代的全景图。时代的人文景观、社会现象以及各色人物无不尽收其中。横向维度一方面可以尽可能多地为主人公提供外部印象，丰富他的观察和体验，另一方面也暴露了该类小说试图对时代进行整体把握的要求，这也是小说作为宏大叙事，塑造'生活广阔整体性（Totalität）'的内在要求。"

进一步推论，向内的部分可以对应修养小说里的学习时代，向外的部分可以对应漫游时代。在讨论歌德的《威廉·迈斯特的学习时代》时，最早提出修养小说概念的摩根施坦（Karl Morgenstern）指出，"内在天赋决定了人的'可塑性'，外在关系充当了'塑造的力量'，而人格塑造的目标是'完美的平衡，充满自由的和谐'"。所谓塑造的力量，大概《威廉·迈斯特的漫游时代》很能说明问题。这书有个有意思的副标题，"或者断念的人们"。断念有点难懂，有个版本的译者，解释了这个词跟漫游的关系："漫游，这就是说不再从自我这个中心出发去看世界，而是从多方位观察、参与并顺应世事；换句话说就是不墨守传统和成规，而共同参与新的生活秩序的营造。断念则意味着不是把自身，而是把整体看做最高价值；各人履行自己的义务，这就是说，满足眼前的迫切要求。这样一种断念既不是退隐避世，也不是悲观失望，而是一种为公众服务的举措。"如果去除概念的地域特征，关注更内核的因素，那或许可以用中国传统的方式来表达，学习时代相应于读万卷书，漫游时代可以看成行万里路。不知是有意还是巧合，司马迁的人生，几乎就是这样规划的——

> 二十而南游江、淮，上会稽，探禹穴，窥九疑，浮于沅、湘；北涉汶、泗，讲业齐、鲁之都，观孔子之遗风，乡射邹、峄；厄困鄱、薛、彭城，过梁、楚以归。

司马迁行文跳宕，自出生至二十岁，他只交代了自己十岁读古文，其余的情形完全没有提。比如我们很想知道，他什么时候跟着父亲学习唐都的天官之学，什么时候熟悉了杨何一系的易传，又是什么时候接受或辨析了黄子的道论，除父亲之外还接受了哪些需要高手指点的知识。遗憾的是，他自己的文字里线索很少。

青少年时期，因为汉武帝鼓励（或强迫）百姓、官员移住距长安八十里的茂陵，司马迁一家大约在某个时间点迁徙而去。我们能由此推测的是，司马迁居住茂陵的这段时间，有可能见到的前辈耆宿是当时居住在茂陵的董仲舒和司马相如。从《史记》来看，他大概没见过司马相如，但应该向董仲舒请教过，否则就不会有"余闻董生曰"这样的说法吧。不过，请教董仲舒也有可能在京师。可以推定他在茂陵见过的人物，是《游侠列传》中的郭解："吾视郭解，状貌不及中人，言语不足采者。然天下无贤与不肖，知与不知，皆慕其声，言侠者皆引以为名。谚曰：'人貌荣名，岂有既乎！'於戏，惜哉！"

二十岁的时候，司马迁应该已经对自己所学有了较为充分的自信，同时也见过了一些当世的知名人物，所以才会起意（或按父亲的意思）开始这段"二十而南游"的历程。不知道是因为觉得以司马迁的天才，二十岁壮游有些晚了，还是考虑到当年的出行困难，司马迁不太可能以自身的财力和资源周游天下，或者竟真的是司马迁把十三写成了二十，反正《太平御览》引卫宏《汉旧仪》，说法跟上面引的并不一致："司马迁父谈，世为太史，迁年十三，使乘传（按乘驿车）行天下，求古诸侯之史记。"十三岁的少年周游天下，多少有点不可思议，这大概也是旧注不太信任这段文字的原因。

王国维《太史公行年考》认为，此次游历因在出仕之前，所以是"宦学"。朱维铮《司马迁》一文承之云："至迟从春秋晚期起，有志于仕的士人要去官府边服役边学习，叫作'宦学'。以后私人收徒教学的风气渐盛，可在官府以外寻访名师，于是外出游学的士人日多……司马迁正是依照这一老习惯外出游学的。"

至于这次游历的路线，朱维铮结合《史记》的其他记载总之曰："大概地说，由长安出发，先到长沙寻访屈原遗迹，乘船在沅水、湘江巡游，再登九嶷山找舜的遗迹，又向东登庐山考察相传是禹所疏导的九江，而后直奔东海之滨，到会稽山探禹穴，即传说中这位治水英雄的葬处；由此北上，渡过长江，去淮阴寻访汉朝元勋韩信的故事，并考察淮、泗、济、漯的水利情况，再渡过汶水、泗水，到达齐国和鲁国的故都，在那里讲习学业，参观孔子故居，并在孟轲的故乡演礼；回头南下，在项羽的西楚王国故都彭城遇险，后来经过孟尝君的封地薛邑，去丰、沛参观刘邦和他那群布衣将相发迹的地方；最后西返，中途游览了魏国故都大梁的遗墟，又返回长安。"加上后来奉使西征，经过四川（重庆、成都）、西康、云南一带，以及此后扈从武帝多次出行，"余从巡祭天地诸神名山川而封禅焉"，王国维认定，"史公足迹，殆遍宇内。所未至者，朝鲜、河西、岭南诸初郡（按边疆地区新设的郡）耳"。

尽管几乎遍游宇内，但司马迁在这里给出的，可能只是具有重要文化特征的地点——会稽和禹穴跟大禹有关，九嶷山跟舜有关，沅、湘跟屈原的放逐有关，汶、泗和邹、峄跟孔孟有关，薛邑是孟尝君的封地，彭城则项羽曾定都于此。司马迁去过，但自序可能有意没提的，就有汉家起事的丰、沛之间，"吾适丰、沛，问其遗老，观故萧、曹、樊哙、滕公之家，及其素（平日的为人）"。或许，因为这是写自己，司马迁不想掺杂太多的现实政治因素。何况，汉家重臣的出身并不怎么高贵，"方其鼓刀屠狗卖缯之时，岂自知附骥之尾，垂名汉廷，德流子孙哉？"

或许，司马迁只是无意中写下了这些地点，内中却隐含着他复杂的文化决断。比如，是不是可以推测，司马迁的理想选择，从帝王来说是勤于任事的舜和大禹，从文化传承来说是集先秦之大成的孔孟，从个人遭际来说是"忠而被谤，信而见疑"的屈原，从性情本然来说是"好客自喜"的孟尝君和"喑恶叱咤"的项羽，而"厄困鄱、薛、彭城"，甚至可以看成对孔子"困于陈蔡之间"的有意模仿没错吧？

对司马迁的壮游，历来称颂不绝。顾炎武《日知录》谓："秦楚之际，兵所出入之途曲折变化，唯太史公序之如指掌。以山川郡国不易明，故曰东曰西曰南曰北，一言之下，而形势了然。……盖自古史书兵事地形之详，未有过此者。太史公胸中固有一天下大势，非后代书生之所能几也。"这是说游历带给司马迁的地理感觉。《图书集成·经籍典》引黄履翁言："子长负迈世之气，登龙门，探禹穴，采摭异闻，网罗往史，合三千年事而断之于五十万言之下。措辞深，寄兴远，抑扬去取，自成一家。如天马骏足，步骤不凡，不肯少就于笼络。"这是称赞游历带给司马迁的文字优势。苏辙《上韩太尉书》云:"太史公行天下,周览四海名山大川,与燕、赵间豪俊交游,故其文疏荡,颇有奇气。……岂尝执笔学为如此之文哉?其气充乎其中而溢乎其貌,动乎其言而见乎其文,而不自知也。"这是说游历养成了司马迁的沛然之气。

不必一一列举下去了,只需要意识到,至此,司马迁已读过了万卷书,行过了万里路,成长为一个英气勃勃的青年人,接下来,将是他作为成年人的仕宦之路了。

折中于夫子

司马迁的仕与师

一

　　一个作品成为经典之后，随之而至的光环会慢慢弥缝创造物本有的针脚，让我们忘掉其初生时灰扑扑的模样，只记得光环围绕中宛如琥珀的完美织体。那个写出了伟大作品的人，也逐渐在传言中脱离了在世的辛劳，只剩下了跟不朽媲美的从容自若。然而，忘记了经典必然的世间属性，会同时忘掉其生长所需的土壤、水分和阳光，忘掉任何经典和写作者都无法离开的具体世界，忘掉那耀眼的光芒可能是从近乎遍布的阴影里透射出来的。大概需要记住，文化天空中的繁星点点，正因为很多时候，背景是无边的暗夜。同样，一个人无论怎样聪明绝伦，都不可能完全生而知之，大体仍需要从识字、学书这些最基础的教育开始，经历如《学记》所谓的离经辨志、敬业乐群、博习亲师、论学取友等过程，甚至在某些时刻也需要"夏楚二物，收其威也"。天才或许可以适当缩短这一过程，却很难绝不经过而躐等以进。

　　与之相关的问题是，后世很容易把读经典这件事高推圣境，忘记了高明的读书人也是世间的辛劳者。比如，我们往往会觉得，书香世家的子弟就该以读书为天职，出入经典而心怀天下，忘记了这四个字背后有时近乎残酷的生存竞争。金克木上辈至少四代书香，他却坚称，家里只是靠啃字纸为生的，其中有种种难为外人道的艰辛。在《私塾》一文中，他提到书香背后与生存相关的情形："从前中国的读书人叫作书生。以书为生，也就是靠文字吃饭。这一行可以升官发财，但绝大多数是穷愁潦倒或者依靠官僚及财主吃饭的。无数的诗文书籍出自他们的手下。书也由他们而生。这一行怎么代代传授的？这也像其他手工业艺人一样，是口口相传成为习惯的。……照我所知道的说，旧传统就是训练入这一行的小孩子怎么靠汉字、诗文、书本吃饭，同商店学徒要靠打算盘记账吃饭一样。'书香门第'的娃娃无法不承继父业。就是想改行，别的行也不肯收。同样，别的行要入这一行也不容易。"

金克木说的，还是后世的情形。秦汉时期，不但转行困难，有些职守，比如"史"，甚至不得不遵命世袭。李学勤《试说张家山简〈史律〉》曾谈到这问题："云梦睡虎地竹简《秦律》的《内杂史》有一条称：非史子殹（也），毋敢学学室，犯令者有罪。即规定只有史的儿子才能到专门培养史的'学室'去学习。"黄留珠《"史子""学室"与"喜揄史"》，则给出了世袭的原因："盖三代时，一切文字工作皆由史官包办，一切官书典志也都出自史官之手；从广义上说，大凡卜筮、天文、历法、地理、医术等等，几乎全属史官的业务范围。这样，'史'便成了从事文字工作官员的统称。迨秦汉时，'史'虽然已不再享有《尚书·酒诰》所记载的被国王称'友'

的崇高地位，但由于'史'之所职全是起文书草一类机要性工作，因此，'史'不仅'父子畴官，世世相传'，而且'史子'从小要受读写文字的教育，以便更好地继承'史'的职务。"总其实质，即"史"因所职之重要，必须世代相传。

富谷至《文书行政的汉帝国》也涉及了这一问题，不过对世袭的必要性存疑："太史的职责在于记录国家大事和自然现象，考虑到记录的连续性和记载方法的一贯性，这一职务的父子相传有其合理的一面。或者说，在识字教育尚未普及、学校制度还未确立的情况下，父传子习的家学教育才是最现实的。此外，从另一方面理解，国家典礼、祭祀和天象的记录是一种神圣的行为，只有特定的血缘家族才能代代接受这个任务。然而，就负责下层行政文书的书记官而言，账簿、名籍的书写果真也必须在世袭制之下进行吗？"这疑问后面还会提到，暂且不议。需要考虑的倒是，"史"从小是怎么学习的？这一情况文献有记载，但过去没有官方文件背书，多是根据记载的推断和猜测。1983年，湖北江陵张家山247号汉墓发现竹简《二年律令》（行于吕后二年前后），其中就有一部《史律》，较为详细地记载了初级史官的学习和选拔方式——

> 史、卜子年十七岁学。史、卜、祝学童学三岁，学佴将诣大史、大卜、大祝，郡史学童诣其守，皆会八月朔日试之。[试]史学童以十五篇，能风（讽）书五千字以上，乃得为史。有（又）以八胹（体）试之，郡移其八胹（体）课大史，大史诵课，取冣（最）一人以为其县令

史；殿者勿以为史。三岁壹并课，取寂（最）一人以为尚书卒史。

照李学勤的理解，简文的意思大体如下（摘引，不用省略号）："《史律》讲的学习者是'史、卜'子，即有史、卜专职的人的儿子。'年十七学'，意思是年满十七可以入学，接受专业培养，从下文'学三岁'看，学习期间一共三年。史、卜、祝三种学童于结束培养以后，由'学佴'率领，分别送往大史、大卜、大祝处。按'佴'训为贰、次，'学佴'大约是学室里辅导学习的人员。至于各郡，只有史学童，则送往郡守处。两者均在八月初一日进行课试，这是因为汉初和秦一样，以十月为岁首，八月初课试便于在当年内上报。其课试分先后两项，先试以'十五篇'，再试'八体'。'十五篇'者就是小学书《史籀篇》。'八体'即《说文·叙》的秦书八体：大篆、小篆、刻符、虫书、摹印、署书、殳书、隶书。关于史学童试后的任用，简文所言非常明白。学童能讽书《史籀篇》达到标准，即取得为史资格，再试以八体，选最优秀一人为尚书卒史。"

相似的内容，传世经典也有记述。《汉书·艺文志》小学类："汉兴，萧何草律，亦著其法，曰：太史试学童，能讽书九千字以上，乃得为史。又以六体试之，课最者以为尚书御史、史书令史。吏民上书，字或不正，辄举劾。"又《说文解字·叙》："尉律：学童十七已上始试。讽籀书九千字，乃得为吏。又以八体试之，郡移太史。并课最者，以为尚书史。书或不正，辄举劾之。"两段引述与简文有同有异，讽诵的字数也不一致，但主要部分可以相通。文中的"书或不正，辄举劾"，应该可以部分回答富谷至的疑问——账簿、名籍之类的行政文书，因为需要下发和登记，一旦有误，会影响到具体人的生活，造成不必要的社会后果，因此用举劾来规避。世袭可以让史童从小接受训练，很大程度上避免各种可能的错误。不过，随着汉代文书行政的大规模发展，富谷至推测，"被称为'某史'和'某令史'的下级文书官吏在各个机关部门中的人数已攀升至相当规模……不可能都是世袭就职的"。李学勤也通过比较指出，传世经典"只说'学童'，不再限制其先世出身，可知这种限制在那时业已解除"。

汉代儿童就学，早者六岁，晚者八岁，说史学童十七岁学习，应该是基础教育之后的职业教育。照富谷至的说法，汉代识字教科书分为两类，一类是"吏员以撰制行政文书为目的使用的文字学习书"，另一类是"初学者以学习文字或获得教养为目的使用的教科书"。司马迁"年十岁则诵古文"，以学习文字或获得教养为目的。汉代史学童必修《史籀篇》，是为了熟悉相对于隶书而言的"古文"，以便任职时能识读过往的文字记录。他们另需学习的《急就篇》和《苍颉篇》，也不是为了获得文化教养，因为两者"由文书行政中使用的制度用语构成，习得这些词汇，就能撰写行政文书"。我们现在看到汉简上充满浓厚文化气息的文字和书法，很多属于当年等因奉此的官方文件，是"史"为维持生计反复训练出来的技能，只因久历岁月而有了斑斓的色彩。

《史记·项羽本纪》："项籍少时，学书不成，去学剑，又不成。项梁怒之。籍曰：'书足以记名姓而已。剑一人敌，不足学，学万人敌。'于是项梁乃教籍兵法。籍大喜，略知其意，又不肯竟学。"这段文字通常作为项羽志大才疏的明证，说不上错，但"学书""学剑"的具体意思，大概要到劳榦《史记项羽本纪中"学书"和"学剑"的解释》才得以明确。照劳文的意思，项羽开始的"学书""学剑"，不过是为了备为文武吏。"汉代的文书中，确实可以看到具有人名的占绝大部分"，所以项羽才会讽刺性地说，"书足以记名姓而已"；"而武吏的职务，在于逐捕盗贼或其他有关罪犯的追逐"，所以是"一人敌"。跟项羽文武两种吏职都没做过不同，刘邦任的亭长是武吏的一种，"这不能说两人的抱负有任何根本上的差异，而是两个人的家境是完全不同的。汉高帝只是出身于一个非常普通的人家，做了吏就可以在乡下有了相当的地位，项羽出身于楚国贵族，当然不在乎。这就可能是项羽连学不成的一个原因"。让人好奇的是，后来做了中央史官的司马迁，是否也受过史学童的职业教育呢？

二

在秦"以吏为师"的大背景下，除了跟项羽类似的旧贵族或新权贵，学书做吏可不是文字风雅，而是关涉生存的基本技能，所用的教材也就不能太抽象玄远，必然与社会需求密切相关。《急就篇》起首："急就奇觚与众异，罗列诸物名姓字，分别部居不杂厕。用日约少诚快意，勉力务之必有喜。请道其章：宋延年、郑子方、卫益寿、史步昌、周千秋、赵孺卿……"总共罗列了一百三十六个姓名，"并非实有其人，只是把常见的姓和名，都举出来，以备将来的应用"。《胡平生简牍文物论稿》根据出土的残简，推测"《苍颉篇》与《急就篇》一样，可能有一个'书人名姓'的内容。准确地说，应当是《急就篇》仿效了《苍颉篇》罗列名姓的编辑方式"。如此一来，张金光《秦制研究》中的结论，就非常可能是当时的实情："秦之《仓颉》《博学》《爰历》，汉之《急就篇》，皆为当时学吏者识字、学书、识名物所使用的课本，并非一般的启蒙教材。"不止如此，上节引文中的"[试]史学童以十五篇"，臧知非《〈史律〉新证》就认为这"十五篇"并非《史籀篇》，而是包含法律文书在内的簿书之类。

除此之外，引文未及的"[卜学童]能风（讽）史书三千字"，其中的"史书"，因在多种文献中出现过，所涉语境不同，有解为隶书者，有解为文书者，上引臧文即认为是称为簿书的公文。或许，"史书"究竟是书体还是公文，原不必强求一律，放进历时性的河流之中，很多问题说不定可以迎刃而解。吕思勉《中国文字变迁考》云："书法之成为艺事，实自东汉以还。西汉称人善史书，无专指书法者。"据此推断，西汉时史书指文法或法律文书，东汉则多指书体或书法。此外，像富谷至，则提出了一个可能让二者合一的说法："书记官使用的书体、书法称为'史书'。书记的书体与行政文书十分匹配，换言之，是一种行政公文式的书法。它强调应当强调的文字，使行政文书带上一种威严、威信的色彩。……长于此道者被称为'善史书'，他们擅长行政文书的书写，可以增加行政文书的公信力和说服力。"

学会了公文写作的人，既不是官，也不是僚，而是基层的吏，地位并不怎么高。不过，那些吏写下来的公文，在汉代，甚至可以说在任何时代，都非常重要，因为文书里有着天下的地理、政治和财政状况。《史记·萧相国世家》云："沛公至咸阳，诸将皆争走金帛财物之府分之，何独先入收秦丞相御史律令图书藏之。沛公为汉王，以何为丞相。项王与诸侯屠烧咸阳而去。汉王所以具知天下厄塞、户口多少、强弱之处、民所疾苦者，以何具得秦图书也。"金克木《秦汉历史数学》，提到过萧何这一举动的深意："刘邦不取秦宫财富，萧何却取了秦的最大的财富，统治天下的依据，全部图籍、档案，发挥了最大的作用。……他怎么能有这样的见识？因为他是县吏，是行政基层组织中的一员，留意并熟悉行政运作，知道文献是工作的保留依据，他又能看得懂，所以一举就得其要领。刘邦本是亭长，是行政基层组织的细胞，所以也明白这一套。"拿上面项羽看不上的学书、学剑来比方，正是文吏萧何学成了书，武吏刘邦学成了剑，两者合一而取得了秦的天下。

这种公文性质的文字材料，并非我们习惯认为的书籍，写这公文的人，也不是后世所谓的读书人。金克木《古"读书无用论"》指出，萧何所收的"这类'图籍'好像不算正式的书，只是档案。萧何也不是读书人。靠读书吃饭的儒生、文士，除了当'文学侍从之臣'以外，只有'设帐'收几个孩子教识字"。说白了，这类图籍的主要目的并非让阅读者获得教养。又因为这类文书跟现实关系密切，不得不锻造出缜密性，以免造成不必要的政治后果。与此同时，缜密的锻造也会让律法在执行中变得深刻（严峻苛刻），甚至出现欺上瞒下的刀笔吏，《汉书·贡禹传》所谓，"择便巧吏书，习于计簿，能欺上府者，以为右职"。如此实用性可能造成的隐性后果，是文字庄严性和经典权威性的降格，圣贤们在言辞中建立城邦的努力，一步步让位给娴于算计的实用性，对决策者长期而严格的德性要求，也就变成了短时期内利益的衡量。长此以往，共同体的品性必然会降低。

说得有些远了，那就回到前面提到的问题，司马迁有没有经过上述的职业训练？他入仕的过程是怎样的呢？跟涉及自己生平的大部分事情一样，职业训练与入仕问题，司马迁也只在《报任安书》中简略地提到一句——

> 仆少负不羁之才，长无乡曲之誉，主上幸以先人之故，使得奉薄伎，出入周卫之中。

出仕问题，除了这段话，还有同文中的"仆赖先人绪业，得待罪辇毂下，二十余年矣"，另外就是《太史公自序》中壮游之后的"于是迁仕为郎中"。王国维《太史公行年考》云，"其年无考，大抵在元朔、元鼎间。其何自为郎，亦不可考"。这意思是，司马迁入仕的原因和年月均无法确定。据旧注，上面这段话有几个要点。"不羁，言其材质高远，不可羁系也。

负者,亦言无此事也。"这是说,司马迁少无不羁之才,因此长无乡曲之誉。"先人,谓迁父也。"这是说,其入仕的途径,与父亲有直接关系。"周卫,言宿卫周密也。韦昭曰:'天子有宿卫之官。'"这是说,司马迁仕为郎中,做了皇帝的侍卫。当然,以上也不过是从诸多注释中挑选的一部分,仔细推敲起来,很多地方都有细微或重大的认识差异,比如"负"有人释为"抱持","不羁"有人解成"不合礼法"。好在,出仕的事实不会因这些差异而改变,就暂且不去管各种争议。有一个无法回避的问题是,文中所谓的"以先人之故",究竟何指?

据严耕望《秦汉郎吏制度考》,两汉仕为郎官,"以'孝廉''荫任''明经'为主要途径;'訾选''德行''才艺'及其他迁转次之。析而论之:西汉初叶,以'荫任''訾选'及'军功'为多;中叶以后,以'荫任'为多,'孝廉''明经甲科'次之,'才艺''公府掾'又次之"。对照以上条件,司马迁显然没有立军功的可能。汉代的訾选,费钱极多,《史记》张释之传《集解》如淳引《汉仪注》,"訾五百万得为常侍郎"。严文考察,"汉一金值钱一万。文帝云,百金中人十家之产,则中人一家当十万也"。五百万是五十个中等之家的家产,以司马家的耕牧所得,恐怕很难出得起这么多钱。至于选拔孝子廉吏的"孝廉",司马迁明说自己"少负不羁之才,长无乡曲之誉",这条路显然也行不通。如果通过"明经"仕进,则司马迁应有一段作为博士弟子的经历,如此正宗的入仕途径,他似乎不会绝口不提。排比下来,司马迁为郎的原因,最可能的应该就是"荫任"。只是,据《汉仪注》,荫任的条件是"吏两千石以上视事满三年,得任同产若子一人为郎",而司马谈秩才六百石,不满足规定。不过,这个荫任条件并非毫无通融余地,"亦有特诏任子,不必二千石者",如东方朔、冯唐和眭孟的儿子,都是特诏任子之例。据此推测,司马迁所谓的"幸以先人之故",很有可能是因为父亲做了某些重要的贡献,因此汉武帝特诏选其为郎。

这样看起来,司马迁上面那段乍看含糊的话,非常可能句句落实,唯一遗漏的是那句"得奉薄伎"。或许,司马迁虽"幸以先人之故"得以荫任,但父亲司马谈条件不足,需以他自身的技能打动人主之心。西汉除郎,有"才艺"一项,严耕望谓:"才艺除郎,可分'文才''经世才''术学''技艺'四类。汉世都有上赋颂上书言世务者,若称帝意,可拜郎中,此即以'文才''经世才'而特拜也。武帝时,此风尤盛。"以技艺除郎的,文才有司马相如、东方朔,经世才有"朝奏暮召"的主父偃和提出"天下之患在于土崩,不在于瓦解"的徐乐,术学有发明地动仪的张衡,技艺有能在车上表演杂技的卫绾和善于划船的邓通。司马迁应该没什么实用性或杂耍类技术,但他有家传之学,可能受过史学童的专业训练,《史记》的作者应该符合文才和经世才的要求。术学乍看有点远,但观星望气这类术数之学,恰是谈迁父子的看家本领。大胆点推测,司马迁可能是因为父亲而为汉武帝所知,并以其才能得到赏识而除为郎。这也让司马迁避开史学童那种按部就班的缓慢进阶,直接踏入了中央。

当然,这些都只是可能,不必一意坐实。能确切知道的是，从此之后，司马迁踏上了仕宦之路，开始了他一段意气飞扬的人生历程。

三

在为《教养的迷思》(The Nurture Assumption: Why Children Turn Out the Way They do)写的序言中，斯蒂芬·平克(Steven Pinker)提到，正统的社会科学模式认为，"儿童是由一组条件反射和一个空白的大脑皮层构成，等待心地善良的父母对他进行编程和设置"，可是，"从生物学的角度来说，这是不大可能的。像其他的生物一样，孩子是演化的产物，必须在适者生存的过程中努力拼搏，才能得以生存和繁衍下去"。这话差不多是说，儿童的大脑并非"擦净的白板"(tabula rasa)，"会永远保留最初印刻在上面的东西"，而是需要不断跟外界相刃相靡才能得到发展。一个人在学习过程中接受的知识，毕竟未经外界检验，如果没有师友和其他群体带来的社会因素，无论练习到多么纯熟的程度，一旦接触瞬息万变的现实世界，都非常可能立刻崩溃。即便如司马迁这样的高才，除了承继自父亲的学问体系和独学而获的心得，也还是需要良师益友的砥砺，如此，才有机会随不断变化的社会和时代情景调整自己的心性学识，日新又新，始终保持认知的领先性。司马迁壮游前后，已经广泛接触了社会，入仕为郎，更是进一步扩大了交游面。

司马迁可能的师辈中，最引人注目的，是孔安国和董仲舒。孔安国，鲁国人，生卒年约当景帝元年（前156）至武帝太初（前104—前101）间。从各种文献记载看，孔安国幼承家学，熟悉各类典籍。师承上，他自小即从申公学属于今文的鲁《诗》，并曾受《尚书》于伏生，《孔子家语·后序》所谓"少学《诗》于申公，受《尚书》于伏生"。从申公学《诗》事，《汉书·儒林传》有载，应该没有疑问。从学伏生的事，《汉书·儒林传》没有提及，且文帝时伏生已"年九十余"，生于景帝继位前后的孔安国，未必来得及受学。不过，当时伏生以今文二十九篇教于齐、鲁之间，"齐学者由此颇能言《尚书》，山东大师亡不涉《尚书》以教"，借地利之便，孔安国学习今文《尚书》应该不算什么难事。后来，孔安国因整理孔壁藏书，又开创了古文《尚书》的家法。仕宦上，他做过武帝时博士，教过精治《尚书》的兒宽，官至谏大夫、临淮太守。司马迁跟孔安国可能建立授受关系的，正是情形复杂的《尚书》。如果逻辑链延长一点，《史记》多用鲁诗，说不定跟孔安国也有一定关系。

关于古文《尚书》的发现，《汉书·艺文志》记云："《古文尚书》者，出孔子壁中。武帝末，鲁共王坏孔子宅，欲以广其宫。而得《古文尚书》及《礼记》《论语》《孝经》凡数十篇，皆古字也。……孔安国者，孔子后也，悉得其书，以考二十九篇，得多十六篇。安国献之。"孔安国对古文《尚书》的贡献，《汉书·儒林传》写得较为详细："孔氏有古文《尚书》，孔安国以今文字读之，因以起其家。逸《书》得十余篇，盖《尚书》兹多于是矣。遭巫蛊，未立于学官。安国为谏大夫，授都尉朝，而司马迁亦从安国问故。迁书载《尧典》《禹贡》《洪范》《微子》《金滕》诸篇，多古文说。"也就是说，在班固看来，司马迁不止跟孔安国学了古文《尚书》的识读，还熟悉了各种与今文不同的解说。照程金造《史记管窥》里的说法，"孔安国虽是古文《尚书》'家法'之始祖，但是他的'师说'，却是从伏生所传的今文《尚书》说二十九篇的基础上，发展而建立起来的。……太史公从孔安国问故，必然是要先学习了今文《尚书》二十九篇，然后本此基础，才能向孔安国问古文《尚书》的训故"。

司马迁跟董仲舒可能的师承关系，文献依据更为薄弱，只《太史公自序》中有一段相关的话——

> 太史公曰："余闻董生曰：'周道衰废，孔子为鲁司寇，诸侯害之，大夫壅之。孔子知言之不用，道之不行也，是非二百四十二年之中，以为天下仪表，贬天子，退诸侯，讨大夫，以达王事而已矣。……'"

支持司马迁跟董仲舒有师生关系的信息，其实只有"余闻董生曰"五个字。董生即董仲舒，河北广川人，生卒年为公元前179年至公元前104年，平生历文帝、景帝、武帝三朝。《史记·儒林列传》："以治《春秋》，孝景时为博士。下帷讲诵，弟子传以久次相受业，或莫见其面。盖三年董仲舒不观于舍园，其精如此。……至卒，终不治产业，以修学著书为事。故汉兴至于五世之间，唯董仲舒名为明于《春秋》，其传公羊氏也。"积善之家，必有余庆，《汉书》本传记其老境及子孙事："年老，以寿终于家。家徙茂陵，子及孙皆以学至大官。"赞引刘向称："董仲舒有王佐之材，虽伊、吕亡以加。管、晏之属，伯者之佐，殆不及也。"可就是这样的王佐之材，仕途却并不顺利，不但未能身居要职，且每因牵连或被举报而降职。董仲舒真正影响了当时以至未来中国政治文化格局的，是他《天人三策》中对六经和孔子近乎极端的强调："臣愚以为诸不在六艺之科、孔子之术者，皆绝其道，勿使并进。邪辟之说灭息，然后统纪可一而法度可明，民知所从矣。"这应该就是习称的汉武"罢黜百家，独尊儒术"的思想根源，对当时和后世造成了正反两个方向的重大影响。

不过，从"余闻董生曰"后面的文字看，董仲舒影响于司马迁的，并非他尊崇儒术的部分，而是《春秋》公羊传的精微之义。上面的引文如果还不够清楚，那就不妨再引一段："《春秋》之中，弑君三十六，亡国五十二，诸侯奔走不得保其社稷者不可胜数。察其所以，皆失其本已。故《易》曰：'失之毫釐，差以千里。'故曰：'臣弑君，子弑父，非一旦一夕之故也，其渐久矣。'故有国者不可以不知《春秋》，前有谗而弗见，后有贼而不知。为人臣者不可以不知《春秋》，守经事而不知其宜，遭变事而不知其权。为人君父而不通于《春秋》之义者，必蒙首恶之名。为人臣子而不通于《春秋》之义者，必陷篡弑之诛，死罪之名。其实皆以为善，为之不知其义，被之空言而不敢辞。"这段话，差不多正好可以对应董仲舒《春秋繁露·俞序》中引用的子夏说法："有国家者不可不学《春秋》。不学《春秋》，则无以见前后旁侧之危，则不知国之大柄、君之重任也。故或胁夺失国，擅杀于位，一朝至尔。"或许，我们可以从此推测《春秋》公羊家的主要思路，即国之大乱大祸，皆非一日之事，而是积渐所致。有国有家者，当深识履霜坚冰之旨，不可当危局而闭目塞听。

说到《春秋》，就不能不提跟这书最为相关的孔子。《春秋》究竟是否孔子所"作"，向有争论，但《史记·孔子世家》非常肯定地认为，孔子是"作"而非"述"（作与述之间的种种问题，以后再谈）："子曰：'弗乎弗乎，君子病没世而名不称焉。吾道不行矣，吾何以自见于后世哉？'乃因记作《春秋》。"引文中的"史记"，泛指记载历史的书。阮芝生《论〈史记〉中的孔子与〈春秋〉》，详列各种材料，以证"太史公明白记述孔子作《春秋》，作《春秋》不是为修史，而是'以制义法''当一王之法'；……《春秋》是孔子明志、传道、立法之书，似史而实为经；《春秋》借事明义、假事示法，而义在口受"。这一理解《春秋》的思路，正是公羊家的传承。《史记》"叙事多本《左氏春秋》，其义则取诸《公羊春秋》"，也说明司马迁接续的是公羊传统。

除此之外，阮文还提及，"太史公对孔子的重视与眷念，实超过任何其他历史人物"。这个态度，其实就是《孔子世家》赞所言："孔子布衣，传十余世，学者宗之。自天子王侯，中国言六艺者折中于夫子，可谓至圣矣！"《史记》一百三十篇，"有五十五篇一百二十九条提到孔子"，并以孔子之言作为折中取信的标准。如此，或许也就不妨说，司马迁把孔子看成了自己遥远的先师。

认真推究起来，除了先师孔子，两位可能成为司马迁当世老师的人，其实都无法直接确定。董仲舒不用说了，《自序》中的"闻"字，有人就觉得并非"接闻"，只是司马迁间接听到或读过董仲舒的言论。何况，最有机会留下授受记录的《史记》和《汉书》，都没有这问题的只言片语。孔安国的情形要明朗一些，毕竟《汉书》有"问故"的记载，显然司马迁直接会面请教过。只是，一句"问故"并不能完全确定授受关系，有人就认为，那不过是司马迁去看当时还不常见的"逸书"。

其实，对孔安国、董仲舒和司马迁这程度的人来说，他们自己便足以成立，原不必非扯上什么师承。有这层关系，只是世间多了段佳话，并不为他们本身增加什么。更何况，即便有授受关系，对司马迁这种绝顶聪明并有充足学识准备的人来说，关键处经师一言决疑，便可相揖而别，不必非得朝夕相处、耳提面命。我们需要知道的大概是，经过对孔安国的"问故"和"闻"董仲舒所言，司马迁在家传的天学、易学和道论之外，又在今文《尚书》的基础上增益了对古文《尚书》的了解，《春秋》则得以深邃于公羊之义。凡此种种，都为他此后的《史记》写作，疏浚出更开阔的河床。

发愤之所为作也
司马迁的友与忧

一

　　前文提到的序言里，斯蒂芬·平克说到了另外一层意思："我是研究语言发展的，研究儿童如何在父母输入的基础上习得语法规则系统，但在我们正确却不方便的文件夹中有一个奇怪的仿真陈述，即儿童习得的是同辈的而不是他们父母的语言和口音。……即使在许多文化中，大人不跟小孩说话，但小孩听稍微大一点的孩子说话，也能学会语言。虽然孩子没有接触到大人具有规范语法的语言，但他们自己可以创造出合乎语法规范的语句。移民的后代在操场上玩耍的时候，也能很好地学到语言，这些孩子很快就开始嘲笑自己父母的语法错误了。"如果把这个观察稍微推广一下，大概就可以说，跟同辈的交流和相互认同，是一个人依据所在群体的行为来调整自己的过程，在每个人的成长中都起着非常关键的作用。从这个方向看，《学记》"独学而无友，则孤陋而寡闻"的友，或许就不只是学习过程中可有可无的陪衬，而非常可能是人生中极其重要的部分，甚至就此改变一个人的命运走向。

　　上面写到的孔安国和董仲舒，包括此前谈到过的唐都，毕竟是司马迁的师辈。作为同辈的交往，王国维《太史公行年考》列如下："史公交游，据《史记》所载：《屈原贾生列传》有贾嘉；《刺客列传》有公孙季功、董生；《樊郦滕灌列传》有樊佗广；《郦生陆贾列传》有平原君子（朱建子）；《张释之冯唐列传》有冯遂（字王孙，《赵世家》亦云'余闻之冯王孙'）；《田叔列传》有田仁；《韩长孺列传》有壶遂；《卫将军骠骑列传》有苏建；……而公孙季功、董生（非仲舒）曾与秦夏无且游。考荆轲刺秦王之岁，下距史公之生，凡八十有三年，二人未必能及见史公道荆轲事。又樊佗广及平原君子辈行亦远在史公前。然则此三传所纪，史公或追纪父谈语也。自冯遂以下，皆与公同时。《汉书》所纪有……骑都尉李陵、益州刺史任安。皇甫谧《高士传》所纪有处士挚峻。"照王国维的说明，根据情况推测可以排除的，有公孙季功、董生、樊佗广和平原君子。另外，冯遂是冯唐的儿子，虽《史记》中有"遂字王孙，亦奇士，与余善"的记载，但两者年龄最小相差三十岁，算不上同辈，因此有人认为，这里的"余"指的是司马谈。其他同朝为官的文武大臣，比如一起参与过太初历制订的兒宽，一起负薪塞河的枚皋，司马迁肯定都跟他们有过或多或少的交往，但司马迁自己没提，这里就不进一步扩展了。

与司马迁平辈交往的，多是世家出身，或自己有功名建树。贾嘉是贾谊之孙，《史记》里提到他，只说"孝武皇帝立，举贾生之孙二人至郡守，而贾嘉最好学，世其家，与余通书"，或者跟司马迁是学问上的同道。田仁是习黄老的田叔的少子，为人廉直，有政治才能，且"以壮健，为卫将军（按卫青）舍人，数从击匈奴"，算得上文武双全，惜因牵扯进戾太子造反事，被盛怒之下的汉武帝腰斩。壶遂就是"余闻董生曰"那篇长论的谈话对象，也是太初历编制的参与者，司马迁称他"深中隐厚"（内心廉正忠厚），有长者之风，要不是遽然而逝，甚至可能做到汉相。苏建是苏武的父亲，曾以校尉身份跟随卫青出征匈奴，因功封平陵侯，后以将军身份建造朔方城。他告诉司马迁，自己曾劝卫青招纳贤者，"原将军观古名将所招选择贤者"，可卫青深知武帝切齿于拉拢宾客，只愿"奉法遵职"，做自己的本分。还有一个跟司马迁非常相关的人是任安，也就是《报任安书》的通信对象。他也因为戾太子事件，被汉武帝认为"坐观成败"，"怀诈，有不忠之心"，论罪诛死。当然，跟司马迁最为命运攸关的人物是李陵，他几乎完全改变了司马迁的人生轨迹，这个放在下面讨论。

另外一个跟《史记》相关的人物，是东方朔。司马迁没有提到他们之间的关系，《滑稽列传》里记他言毕"愿陛下远巧佞，退谗言"之后，就病死了。如此，较为可信的记录，只能出自汉代人的著述，这也许就是很多人相信桓谭《新论》的原因："太史公造书，书成示东方朔，朔为平定，因署其下。太史公者，皆东方朔所加之也。"如果这个说法成立，司马迁跟东方朔的关系应该非同一般，不过，事实究竟如何，恐怕谁也无法确知。除了东方朔，还有一个跟司马迁的关系究竟存不存在还有疑问的，是挚峻。司马迁写给他的信，存在《高士传》里——

迁闻君子所贵乎道者三，太上立德，其次立言，其次立功。伏惟伯陵材能绝大，高尚其志，以善厌身，冰清玉洁，不以细行荷累其名，固已贵矣。然未尽太上之所由也。愿先生少致意焉。

《高士传》作者皇甫谧，字士安，《晋书》称他"素履幽贞，轩冕未足为荣，贫贱不以为耻，确乎不拔"。皇甫谧生活于魏晋之际，看到过一系列残酷政治事件，感受到当时社会上因避世而流传的隐逸之风，难免会对高士（隐士）情有独钟。《高士传》悬的标准极高："谧采古今八代之士，身不屈于王公，名不耗于终始，自尧至魏凡九十余人。虽执节若夷齐，去就若两龚，皆不录也。"伯夷叔齐义不食周粟，孔子称他们"不降其志，不辱其身"。两龚是汉代的龚胜、龚舍两兄弟，王莽篡位后，二人以不事新朝而名于世。他们未能入选，当然是因为曾屈于王公，名耗于始。

入传的挚峻是什么情况呢？"挚峻，字伯陵，京兆长安人也。少治清节，与太史令司马迁交好。峻独退身修德，隐于岍山。迁既亲贵，乃以书劝峻进。……峻报书曰：'峻闻古之君子料能而行，度德而处，故悔吝去于身。利不可以虚受，名不可以苟得。汉兴以来，帝王之道于斯始显，能者见利，不肖者自屏，亦其时也。《周易》大君有命，小人勿用。徒欲偃仰从容以游余齿耳。'峻之守节不移如此。……峻遂高尚不仕，卒于岍，岍人立祠，号曰岍居士，世奉祀之不绝。"

《高士传》这类作品，《隋书·经籍志》称为杂传，"因其事类，相继而作者甚众，名目转广，而又杂以虚诞怪妄之说"。这是说杂传的流行和内容。《文心雕龙·史传》分析了流行的原因："俗皆爱奇，莫顾实理。传闻而欲伟其事，录远而欲详其迹。于是弃同即异，穿凿傍说，旧史所无，我书则传。"刘知幾《史通》则有对具体作品的批评："至士安撰《高士传》，具说箕山之迹；令升作《搜神记》，深信叶县之灵。此并向声背实，舍真从伪，知而故为，罪之甚者。"

不管这些评价是否公允，从上面的话里，我们能知道，人们很早就怀疑杂传的可靠性了。不过，可靠性大概并不是评价这类作品的唯一标准，著述者的目的或许原本就不为记录史事，而是写出心目中的理想形象。正因如此，人物只要有一点点文献依据，就可以写进作品并借机发挥自己的想法。比如《高士传》里，既有见于《史记》的黄石公和商山四皓，也有出自《庄子》的王倪、许由，还有传说中的汉阴丈人、披裘公等，都是借以写皇甫谧心目中的高士形象。当然，在这个过程中，另外一些不属于高士行列的著名人物，偶尔也会作为对比出现在行文中。上面引到的这篇，司马迁其实就是作为挚峻"高尚不仕"的反面存在的，所谓"迁居太史官，为李陵游说，下腐刑，果以悔吝被辱"。

"太上立德"云云，出《左传·襄公二十四年》，引完这段话，信中没有特别的发挥，而是描述了挚峻的高洁性情，随后就劝他出仕。这其实只罗列了两种对待世界的方式，没有确立共同的认知基点，因此并无劝服的可能性。这大概就是王国维认为此信"直恐是赝作耳"的原因之一？郑鹤声《司马迁年谱》，却觉得信的出现顺理成章："所谓迁既亲贵者，当其为太史令时也。迁虽与峻善，而志在立德、立言、立功，与峻之消极退隐行径大不相同。"随后，年谱引《报任安书》中的话，来对应信里的意思："仆以为戴盆何以望天，故绝宾客之知，忘室家之业，日夜思竭其不肖之材力，务一心营职，以求亲媚于主上。"戴盆望天句，《文选》李善注云："言人戴盆则不得望天，望天则不得戴盆，事不可兼施也。言己方一心营职，不假修人事也。"更何况，报书还提到，任安提醒司马迁"推贤进士"，不正好符合他给挚峻写信的意图和心态？不过，与《报任安书》的高度一致，非但无法确证信的真实性，甚至恰恰说明非常可能是作伪者根据《报任安书》的倒推。然而，"虚幻的花园里有真实的癞蛤蟆"（imaginary gardens with real toads in them），即便《与挚伯陵书》为赝作，是不是也说明作伪者把握住了司马迁某个阶段的心态呢？他可能的热衷、激进和虑事不周，是不是在这封虚实未知的信里透露出来了呢？

司马迁身后不久，就有关于他和《史记》的批评之声，其中最突出的，是"爱奇"。扬雄《法言·君子》云："多爱不忍，子长也。仲尼多爱，爱义也。子长多爱，爱奇也。"晋李轨注："《史记》叙事，但美其长，不贬其短，故曰多爱。"同书《问神》又云："或曰：'淮南、太史公者，其多知与？曷其杂也！'曰：'杂乎杂。人病以多知为杂，惟圣人为不杂。'"班彪则谓，"诚令迁依《五经》之法言，同圣人之是非，意亦庶几矣"。更后来的《文心雕龙·史传》，也说《史记》"爱奇反经"。"爱奇"的对比是"经"，恰如扬雄言辞中"爱奇"对比的是"爱义"。推敲这些议论，大体可以明白，"奇"，就是不纯，不正，"爱奇"并不是（或不只是）喜爱非常可怪之事，而是美长而不贬短，不能像孔子或经书那样以义为断，因而导致《史记》裁剪不够，驳杂不纯。宋咸注《法言》提到，"迁之学不专纯于圣人之道，至于滑稽、日者、货殖、游侠、九流之技，皆多爱而取，不忍弃之"。这话透露出来的意思，仿佛司马迁"爱奇"并非只因对经书的理解不足，还有他性情趋向的选择。

人的整个生命过程，应该都不是单一因素的推动，而是先天性情和后天学习共同作用的结果。这结果一方面决定了个人能达到的高度，另一方面也暗暗伏下了自己的命运线索。下面即将写到的司马迁"发愤"，其性情根源，可能已经深深埋在"爱奇"这里。

二

无论性情如何，人面对的社会总体情形和思想的普遍状况，很多时候由不得自己来选择。无法自主决定的外在环境，某种意义上就难免会构成迫害。迫害并不只有某种意义上的强力，照列奥·施特劳斯《迫害与写作艺术》里的说法，"迫害这个概念涵括了多种多样的现象，从最残忍的类型（如西班牙宗教裁判所）到最温和的类型（如社会排斥），应有尽有。在这两个极端之间，存在着一些从文学史或思想史的角度来看非常重要的类型"。这些重要的类型，有人举出了一些，包括民族意识形态、神话以及象征，要求团结一致、遵守法律以及适应集体思维模式的政治德性，信仰、意见和偏见，民族竞争造成的尚武德性，公民权利习传性的平等，僭主的猜忌，群氓的嫉妒、仇恨和嘲笑。对照以上的条件，司马迁几乎具备了一个被迫害者的诸多特征不是吗？不只是司马迁，一个卓越（arete）的人，几乎无往而不生存于迫害之中。当然，并非具备了被迫害特征，迫害就接踵而至，任何迫害的出现，仍然需要一个触发条件。

真正让司马迁陷入被迫害泥潭的，是著名的"李陵之祸"。李陵是飞将军李广之孙，善骑射，对人仁爱，曾与司马迁同为郎中。据司马迁观察，李陵"自守奇士，事亲孝，与士信，临财廉，取予义，分别有让，恭俭下人，常思奋不顾身，以徇国家之急。其素所蓄积也，仆以为有国士之风"。天汉二年（前99），贰师将军李广利进击匈奴，李陵自请率步卒五千出居延。至浚稽山，为单于所率八万余骑包围，因粮尽矢绝，救援不继，投降匈奴。投降引发了汉武帝的怒火，于是"群臣皆罪陵"。后来，汉武意识到李陵败降的原因是救援不继，心下有了悔意，于是派公孙敖带兵去匈奴接李陵。公孙敖没有完成使命，就谎称李陵在为单于练兵，"上闻，于是族陵家，母弟妻子皆伏诛"。此举彻底堵死了李陵的归汉之路，空留下千古遗恨。

司马迁受此事牵扯，是他在群臣罪陵的情况下，说了几句直率的话："夫人臣出万死不顾一生之计，赴公家之难，斯已奇矣。今举事一不当，而全躯保妻子之臣随而媒孽其短，仆诚私心痛之。陵未没时，使有来报，汉公卿王侯皆奉觞上寿。后数日，陵败书闻，主上为之食不甘味，听朝不怡。大臣忧惧，不知所出。仆窃不自料其卑贱，见主上惨凄怛悼，诚欲效其款款之愚，以为李陵素与士大夫绝甘分少，能得人之死力，虽古之名将，不能过也。身虽陷败，彼观其意，且欲得其当而报于汉。"

从《汉书》的记载看，司马迁对这件事的判断，没有明显失误。并且，虽曾与李陵同为郎中，但司马迁所有的言辞都非出于私情："仆与李陵俱居门下，素非能相善也。趣舍异路，未尝衔杯酒，接殷勤之余欢。"由此可见，卫宏《汉书·旧仪注》中所谓司马迁"坐举李陵"并不属实。盛怒之下的汉武帝，哪里管得了这些，尽管是他主动问的司马迁意见，最终仍然"下迁腐刑"。

《报任安书》说到这段经历的时候，几乎能够见到司马迁的悲愤之情："仆怀欲陈之，而未有路，适会召问，即以此指，推言陵之功，欲以广主上之意，塞睚眦之辞。未能尽明，明主不晓，以为仆沮贰师，而为李陵游说，遂下于理。拳拳之忠，终不能自列。因为诬上，卒从吏议。家贫，货赂不足以自赎，交游莫救，左右亲近不为一言。"入狱后的情形，简直无法描述，"身非木石，独与法吏为伍，深幽囹圄之中，谁可告愬者"。身遭腐刑之后，更是苦不堪言："是以肠一日而九回，居则忽忽若有所亡，出则不知其所往。每念斯耻，汗未尝不发背沾衣也。身直为闺阁之臣，宁得自引深藏于岩穴邪？"这段描述，无论说的是心理还是生理，对一个心气极高的人来说，都是完全无法忍受的耻辱。如此情形下，司马迁能告愬的，差不多也只能是自己心目中的先贤——

> 古者富贵而名摩灭，不可胜记，唯倜傥非常之人称焉。盖文王拘而演《周易》；仲尼厄而作《春秋》；屈原放逐，乃赋《离骚》；左丘失明，厥有《国语》；孙子膑脚，《兵法》修列；不韦迁蜀，世传《吕览》；韩非囚秦，《说难》《孤愤》；《诗》三百篇，大底圣贤发愤之所为作也。

《太史公自序》中也有相似的一段，可见司马迁对这说法的重视，但较真起来，上面的列举很多算不上事实。即便著者有争议的《周易》暂且不论，"仲尼厄而作《春秋》"就跟《史记》本身的记载不符。梁玉绳《史记志疑》云，"《春秋》之作，史公于《孔子世家》、《儒林传》序，言作于获麟之岁。此又言作于厄陈蔡之年"，显然有点自相矛盾。屈原写《离骚》的时间，同样跟《屈原列传》的记载不一致。后面罗列的，也是有问题的居多。《国语》久已被认为非左丘明所作，《吕览》始于吕不韦迁蜀之前，韩非写《说难》也早于囚秦之时，《诗三百》中的圣贤发愤之作，恐怕远远不到"大底"的程度。

只不过，司马迁写下这些的时候，可能并非强调因果，而是表达强烈的情绪，一一推求，易失于刻舟求剑。更何况，这里还牵扯到对文句的理解，王叔岷《史记斠正》里就说："窃以为史公《自序》及《报任少卿书》云云，盖谓'不韦虽迁于蜀，而世传其《吕览》；韩非虽囚于秦，而世传其《说难》

《孤愤》'。二人自有其不朽者存焉。非谓不韦迁蜀之后，始作《吕览》；韩非囚秦之后，始作《说难》《孤愤》也。如此解释，则与韩非、不韦两传所述不相抵牾。"如果再积极一点，齐召南《汉书考证》释吕不韦、韩非事，已经说到了问题的关键："此大意言二人身虽遭难，其所著作已传当世耳，为下文自己发愤著书比例。"

各种意思综合起来，差不多是说，无论以上种种列举是否为真，司马迁要表达的"发愤"之义，都不会受到影响。司马迁之前，虽然已有屈原《惜诵》中的"发愤以抒情"，但真正把零散材料梳理成一个传统的，是这里的"发愤之所为作也"。罗根泽《中国文学批评史》，曾分析其间的关系："此种论调，固是受了屈原所说'发愤以抒情'的影响，而所以特别的偏重'发愤'一点者，大概缘于司马迁的发愤著书……所以不惟以'离忧'释《离骚》，对于古今的一切著作，皆释以'抒其愤思'。……他的著作《史记》，确实在'抒其愤思'，思所以张大其军，由是对于古人的著作，亦遂予以'抒其愤思'的解释。"

考察得再仔细一点，则《史记》全书，恐怕也弥漫着这种怨愤之情，如清代袁文典《永昌府文征》所言："余读《太史公自序》，而知《史记》一书实发愤之所为作。其传李广而缀以李蔡之得封，则悲其数奇不遇，即太史公之自序也。匪惟其传伍子胥、郦生、陆贾亦其自序，即进而屈原、贾生信而见疑，忠而被谤，痛哭流涕而长太息，亦其自序也。更进而伯夷积仁洁行而饿死，进而颜子好学而早夭，皆其自序也。更推之而传乐毅、田单、廉颇、李牧，而淮阴、彭越，季布、栾布、黥布，而樊、灌诸人，再推之而如项王之力拔山兮气盖世，乃时不利而骓不逝，与夫豫让、荆轲诸刺客之切肤齿心为知己者死，皆太史公之自序也。"

或者，这根本就不是什么梳理材料，而是司马迁创造了属于自己的传统。文王、孔子、屈原、左丘明、孙子、吕不韦、韩非，包括《诗经》的诸多作者，稍稍脱离了自身所在旧传统中的位置，微调自己的方向，成了这个新创造出来的传统的一部分。正如博尔赫斯在《卡夫卡及其先驱者》中所写，"每一位作家创造了他自己的先驱者。作家的劳动改变了我们对过去的概念，也必将改变将来"。T.S.艾略特《传统与个人才能》说得更为具体："现存的不朽作品联合起来形成一个完美的体系。由于新的（真正新的）艺术品加入到它们的行列中，这个完美体系就会发生一些修改。在新作品来临之前，现有的体系是完整的。但当新鲜事物介入之后，体系若还要存在下去，那么整个的现有体系必须有所修改，尽管修改是微乎其微的。于是每件艺术品和整个体系之间的关系、比例、价值便得到了重新的调整；这就意味着旧事物和新事物之间取得了一致。"

应该是这样的，作为一个后来者，司马迁因自身遭遇而有意创造了属于自己的传统。接下来，我们或许有必要把这个创造放进更远、更广的文化长河中，检验一下新传统在其中可能的位置。

三

"发愤"一词,最早见于《论语·述而》,"不愤不启,不悱不发"。皇侃《义疏》:"愤,谓学者之心思义未得,而愤愤然也。"朱熹《集注》云:"愤者,心求通而未得之意。"这里的愤,是一种心思未能通达的郁积状态。又同篇子曰:"发愤忘食,乐以忘忧,不知老之将至云尔。"邢昺《注疏》释为"发愤嗜学而忘食",也就是很好地化解了郁积状态,开心到忘记了吃饭,连老来了都没有注意。

钱锺书《诗可以怨》,则谈到了跟愤相关的怨:"《论语·季氏》讲:'诗可以兴,可以观,可以群,可以怨。''怨'只是四个作用里的一个,而且是末了一个。《诗·大序》并举'治世之音安以乐''乱世之音怨以怒''亡国之音哀以思',没有侧重或倾向那一种'音'。《汉书·艺文志》申说'诗言志',也不偏不倚:'故哀乐之心感,而歌咏之声发。'"或许,这里所谓的不偏不倚,是情感和写作的心理平衡状态,虽有郁积和怨愤,毕竟有开阔的纾发渠道,不至于事到临头,把可能的静水流深变成激荡的灾难漩涡。

无论愤还是怨,那个此前的不偏不倚,起码在司马迁这里,发生了巨大的转折。照《诗可以怨》的说法:"司马迁也许是最早不两面兼顾的人。《报任少卿书》和《史记·自序》历数古来的大著作,指出有的是坐了牢写的,有的是贬了官写的,有的是落了难写的,有的是身体残废后写的;一句话,都是遭贫困、疾病以至刑罚磨折的倒霉人的产物。他把

《周易》打头,《诗三百篇》收梢,总结说:'大抵圣贤发愤之所为作也。'还补充一句:'此人皆意有所郁结。'那就是撇开了'乐',只强调《诗》的'怨'或'哀'了;作《诗》者都是'有所郁结'的伤心不得志之士,诗歌也'大抵'是'发愤'的悲鸣或怒喊了。"《管锥编》更是列举先秦与发愤相关的言说,分析其间的殊途与同归:"'发愤''舒愤'之旨,《孟子》早畅言之。《荀子·宥坐》亦记孔子困阨于陈、蔡。孟、荀泛论德慧心志,马迁始以此专论文词之才,遂成惯论。撰述每出于侘傺困穷,抒情言志尤甚,汉以来之所共谈。"

文化长河的情形,并非像科学一样,总是后来居上,所有的创造,都有可能在相应的对照中变成某种局限。即如前面提到的"兴观群怨",兴可"感发志意",观足"观风俗之盛衰",群则能"群居相切磋",怨有机会"怨刺上政",把《诗经》的功能展现得非常充分。至司马迁,原本完整的四项功能,似乎只剩下了发愤一项。沿着这个方向发展,自然会如钱锺书所说,发泄愤怨成了某种可供炫耀的资质:"轗轲可激思力,牢骚必吐胸臆;穷士强颜自慰,进而谓己之不遇正缘多才,语好词工乃愁基穷本,文章覷天巧而抉人情,足以致天仇而招人祸。"如此推排下来,就怪不得文士会一脸穷苦相了。

也许,我们还可以把对照标准放到"文王拘而演《周易》"上来。《系辞下》谓:"《易》之兴也,其于中古乎?作《易》者其有忧患乎?"照《系辞》的说法,《易经》兴起,表达的是对总体忧患的远虑,而不是出于一己的愤慨。从忧患变为发愤,意气渐盛,文采或更焕发,更能耸动世人,但细想起来，却好像有什么厚重的东西被悄悄挪动了。不过，没有人真做得到太上忘情，遭遇了如司马迁那般的屈辱，还要提出更高的要求，无疑是过于严苛的求全责备。发愤，很多时候是不得不然的自救之道——

> 此人皆意有所郁结，不得通其道，故述往事，思来者。乃如左丘无目，孙子断足，终不可用，退而论书策，以舒其愤，思垂空文以自见。

《管锥编》云："此处不复道屈原、韩非等而重言左氏、孙子者，二子如己之官体废残，气类之感更深也。"大部分情形下，钱锺书都能从干燥的文字里复原出鲜活的人心，几句话就把人内在的心思写出来。《管锥编》里的这个意思，其实可以在《报任安书》找到对应："祸莫憯于欲利，悲莫痛于伤心，行莫丑于辱先，诟莫大于宫刑。……夫以中材之人，事有关于宦竖，莫不伤气，而况于慷慨之士乎！"宫刑这样的遭遇，普通人都无法忍受，更何况是以慷慨任气自负的司马迁呢？

人生中很多灾难，其实是根本无法安慰的，既不能在现实中求之于尊长（对司马迁来说，父母已逝，可能是汉武帝吗？），又因为自觉而不能转嫁（奉孔子为先师的人，会违背其"不迁怒"的教导？）。然而，受过伤的心总是有瑿的，遭受如此重创的司马迁，彷徨徘徊之际，必然需要什么途径来激发或缓解，甚至，激发和缓解本就是一件事。更甚至，激发和缓解转换成了某种更卓越的东西，刘昼《刘子·激通》所谓：

"梗柟郁蹙以成缛锦之瘤，蚌蛤结疴而衔明月之珠，鸟激则能翔青云之际，矢惊则能逾白雪之岭，斯皆仍瘵以成明文之珍，因激以致高远之势。"

还是《诗可以怨》，钱锺书提到了写作的激发和缓解作用："司马迁《报任少卿书》只说'舒愤'而著书作诗，目的是避免'姓名磨灭''文彩不表于后世'，着眼于作品在作者身后起的功用，能使他死而不朽。钟嵘说'使穷贱易安，幽居靡闷，莫尚于诗'，强调了作品在作者生时起的功用，能使他和艰辛孤寂的生涯妥协相安；换句话说，一个人潦倒愁闷，全靠'诗可以怨'，获得了排遣、慰藉或补偿。……大家都熟知弗洛伊德的有名理论：在实际生活里不能满足欲望的人，死了心作退一步想，创造出文艺来，起一种替代品的功用（Ersatz für den Triebverzicht），借幻想来过瘾（Phantasiebefriedigungen）。"

弗洛伊德云云，就是有名的"升华说"："防范痛苦还有一种方式是我们心理结构所容许的力比多的转移，通过这一转移，这种方式的功能获得了那么多的机动性。这里的任务是改变本能的目标，使其不至于被外部世界所挫败。本能的升华借助于这一改变。如果一个人有能力增加从精神和智力工作这个源泉中获得快乐，那么他的收益是极大的。命运摆布他的力量也就小多了。"结合"此人皆意有所郁结，不得通其道"，或许司马迁也不完全把写作当成已死后的防腐溶液，同时也是活人的止痛药和安神剂——通郁结岂不是更积极的止疼安神？大概正是这个作用，让命运对人的摆布力量稍稍减小了一点？

沿流探源，弗洛伊德的升华说，大概可以追溯到古希腊的卡塔西斯（katharsis）。陈中梅释其原义："在公元前五世纪，katharsis大概指一种医治手段。医学家希珀克拉忒斯认为，人体内任何一种成分的蓄积，如果超出了正常的水平，便可能导致病变，医治的办法是通过katharsis把多余的部分疏导出去。……katharsis不仅是一种较常用的医治手段，而且还是某些宗教活动的目的。换言之，katharsis既可指医学意义上的'净洗'和'宣泄'，亦可指宗教意义上的'净涤'。"在汉语中，卡塔西斯通常被翻译为疏泄、净化或陶冶，如果用在写作上，其实就可以是打开郁积的意思，具体到司马迁，就不妨看成发愤。如果用柏拉图笔下苏格拉底的话来说，这个卡塔西斯的过程，其实并非自然的转折，而是有意的选择："真正的美德（arete）是一种净化（katharsis），而不离人间的思考（phronēsis）则是净化的工具。"

对司马迁来说，人间的命运早已显而易见，现在，他要坚起心志，"述往事，思来者"，为那本将来的伟大著作而惟精惟一了。

凡天变,过度乃占

关于《天官书》和《历书》

一

子贡曾提到残暴的亡国之君帝辛,"纣之不善,不如是之甚也"。反用一下,也不妨拿来评价他那被称为素王的老师,"孔子之善,不如是之甚也"。这真像《马太福音》里的话,"凡有的,还要加倍给他,让他有余",无论已有的是毁还是誉。在誉的方向上,一个人因为卓越,之前之后的文化创造会慢慢附会到他身上,让他成为卓越中的更卓越者,最终,他自然会成为千古一人。传统经典中的孔子,大概就是这样被叠合出来的形象,后人根本无法看清他原本的样子。正因如此,数年前读潘雨廷《论孔子与"六经"》,禁不住有些激动。那个无数记载中近乎"生而知之"的孔子,文章按"志于学"至"从心所欲不逾矩"的时间顺序,还原成了不断上出的"学而不厌"者形象。有意思的是,这样清晰明确的还原,不但没有损害孔子的伟大,读者如我反而更生出了亲近和敬仰之感,获得了些积极的力量。

这种还原方式,是否可以看成老子所谓的"夫物芸芸,各复归其根"?——从归根中寻找事物的至深根源,汲取始终跃动不已的纯粹能量。传世经典对孔子的塑造，很可能就是因为走到了归根的反面，最终让枝蔓覆盖了本根，正如潘先生所言："迨汉武帝起重儒，二千余年来盲目尊孔，视孔子前后各二三百年的学术思想，莫不归诸孔子一人，故在我们思想文化史中最可宝贵的东周时代，其学术思想的发展原委为之暗而不明，郁而不彰。"收有《论孔子与"六经"》的《易学史发微》，不仅还原了孔子一生的学问进阶，还把易经的"二篇"（《周易》上下篇）和通常记在孔子名下的"十翼"（《彖》上下、《象》上下、《文言》、《系辞》上下、《说卦》、《序卦》、《杂卦》）一一拆解，探究每篇文献完成时作者的思想结构，宛如庖丁解牛，以无厚入有间，显露出《易经》令人震撼的致密性。潘先生的书不算难找，有心人可以自己去读，这里想试着摸索的，是归根式思考有可能产生的效果，就以乾卦爻辞为例好了——

> 初九，潜龙勿用。九二，见龙在田，利见大人。九三，君子终日乾乾，夕惕若厉，无咎。九四，或跃在渊，无咎。九五，飞龙在天，利见大人。上九，亢龙有悔。用九，见群龙无首，吉。

《象》曰："天行健，君子以自强不息。潜龙勿用，阳在下也。见龙在田，德施普也。终日乾乾，反复道也。或跃在渊，进无咎也。飞龙在天，大人造也。亢龙有悔，盈不可久也。用九，天德不可为首也。"释此卦的《文言》很长，取其解初、三两爻为例:"初九曰:'潜龙勿用。'何谓也？子曰:'龙德而隐者也。不易乎世,不成乎名。遯世无闷,不见是而无闷。乐则行之,忧则违之。确乎其不可拔,潜龙也。'九三曰:'君子终日乾乾,夕惕若厉,无咎。'何谓也？子曰:'君子进德修业,忠信,所以进德也。修辞立其诚,所以居业也。知至至之,可与言几也。知终终之,可与存义也。是故居上位而不骄,在下位而不忧,故乾乾,因其时而惕,虽危无咎矣。'"在这些解说里,龙几乎是大人君子的象征,讲的是龙位龙德,也差不多就是大人君子的进德修业之途。无论对《易经》的筮占功能怎么看,或许我们都不会否认,这里讲的真是为人的正大道理,对每一个尚未对共同体完全绝望的人,都有切实的鼓舞作用。

我不是很确定,这种讲道理(当然,讲的是高明的道理,或许也只有高明的道理,才称得上是道理)是不是后来义理易扫象的肇端,可以发现的倒是,十翼并没有离开具体的象,"潜龙勿用,阳在下也"和"龙德而隐者也",说的正是龙象的变化。即便后来以扫象著称的王弼,也没有完全离开象数去讲道理,即以其注九二为例:"出潜离隐,故曰'见龙';处于地上,故曰'在田'。德施周普,居中不偏,虽非君位,君之德也。初则不彰,三则乾乾,四则或跃,上则过亢。利见大人,唯二、五焉。"所谓"出潜离隐""处于地上",说的也正是龙的形象。不过,无论这些话里包含着多少象数内容,在对乾卦六爻的解说中,严谨的象数系统逐渐让位于义理易的大人君子象征,如夏含夷《〈周易〉乾卦六龙新解》所言:"自从

《易经·象传》《文言传》成书以来，易学家多将乾卦之'潜龙''见龙''飞龙''亢龙''群龙无首'抽象化，认为代表着'君子'的德行。由中国思想史验之，这种抽象概念反映了战国时代的哲学观念，而距离《周易》卦爻辞编纂时期——西周晚期的思想，相差太远。"

当然，学术上的划分性描述，永远只有相对的准确性。抽象理解这意思有点困难，其实仔细想想就明白了，一条流淌不息的文化长河，怎么会被命名或描述轻易斩断呢？像前面讲的龙象问题，拿唐孔颖达《周易正义》疏初、二爻来看："潜者隐伏之名，龙者变化之物，言天之自然之气起于建子之月，阴气始盛，阳气潜在地下，故言初九潜龙也。此自然之象，圣人作法言于此。……诸儒以为九二当太蔟之月，阳气发见，则九三为建辰之月，九四为建午之月。九五为建申之月，为阴气始杀，不宜称'飞龙在天'。上九为建戌之月，群阴既盛，上九不得言'与时偕极'。"尽管话里有诸多难以弥缝的地方，但总体上不就是象数易的思路？

夏含夷谓："据孔氏的说法，至少到东汉为止，易学家多认为乾卦的各爻都密切地关系着历法节期。不过，汉儒的这种系统性越月历法学说（建子、太蔟、建辰、建午、建申、建戌即十一月、一月、三月、五月、七月、九月）过分偏滞；虽然与上述各爻的历法关系大同小异，但由于已经失去原来的天文根据，难以自圆其说。比方说，建申之月相当于阳历八月；到了这个时候，天文龙体已经开始降下潜入地平线之下，当然不能说成'飞龙在天'；孔氏从阴阳学说的观点也觉得解释不通，实际上已经指出了此说的破绽。"

造成破绽的原因，核心就在于对"龙"的理解。《说文》解龙字："鳞虫之长。能幽，能明，能细，能巨，能短，能长。春分而登天，秋分而潜渊。"看前两句，龙应该是我们心目中的动物形象，变化万端，神行莫测。后一句既可以看成跟前面形象的关联，也可以理解为跟天象有关。或者也可以这么认为，前人在讲到龙的时候，原本心目中就有天象，不似后人离天太远，脑子里只有河海或云层里的龙象了。夏含夷的文章指出："尽管没有有血有肉的龙行于地上，但是在中国古代实有的天文观念中，却有一条存在于天上的龙。这条龙即所谓'苍龙'，亦即二十八宿中的东方七宿：角、亢、氐、房、心、尾、箕。闻一多先生已经指出乾卦之龙与此'苍龙'的关系，引用《说文解字》龙'春分而登天，秋分而潜渊'的话，认为初九'潜龙'为秋天之象，九二'见龙在田'和九五'飞龙在天'为春天之象。"这个把龙象解释到天上的思路，一下子让我们意识到，《周易·系辞下》所谓"古者庖牺氏之王天下也，仰则观象于天，俯则观法于地，观鸟兽之文与地之宜，近取诸身，远取诸物"，并非层累形成的古代迷思，而非常可能出于古人对天象谨严的观测。

一旦把乾卦六爻的取象归根到苍龙星宿，那些乍看有点玄远的乾卦爻辞，就差不多能够一一落到实处。冯时《中国天文考古学》详解了天象与爻辞的对应关系："它（按爻辞）实际反映了古人对自角至尾六宿龙星于不同季节天球位置变化的观测过程，这个过程变现为六种显著的天象。具体地说，苍龙星宿在完成了回天运动的过程之后，又会重新走到太阳附近，此时它的主体星宿与太阳同出同人，这在古代叫做'日躔'。由于太阳的亮度太强，此时人们看不到龙星，于是古人将这种天象称为'潜龙'，意思是潜伏在深渊中的龙。经过一段时间的沉伏之后，龙星重新升上天空，这时人们最先看到的是龙角与天田星同时出现在东方的地平线上，古人就把这种天象叫做'见龙在田'。此后龙星继续升高，终于有一天，苍龙星宿全部现出了地平线，这时古人则形象地称之为'或跃在渊'。重新升起的龙星在天空中运行，逐渐处于横跨南中天的位置，古人称这种天象为'飞龙在天'。苍龙运行过中天，龙体开始西斜，这时的天象又叫做'亢龙'。其后龙体逐渐西斜，向西方地平线慢慢西移，最终有一天，组成龙头的角、亢、氐诸星宿又重新走到了太阳附近，它们与太阳同出同人，人们在天空中找不到它们的身影，于是古人把这种天象称为'群（卷）龙无首'。这个过程构成了苍龙星象回天运转的完整周期。"

不知道别人怎样，我看到这个一一落实到具体天象的爻辞解说，心里着实豁亮了一下，有种真正明白了某件事情的踏实。不止如此，冯时甚至认为龙字就是根据龙宿造的："令人惊奇的是，当我们将殷周古文字中龙的形象与东宫七宿星图比较之后发现如果我们以房宿距星（π Scorpion）作为连接点而把七宿诸星依次连缀的话，那么，无论选用什么样连缀方式，其所呈现的形象都与甲骨文及金文'龙'字的形象完全相同。这种一致性所暗示的事实是清楚的，不仅商周古文字的'龙'字取象于东宫诸宿，甚至龙的形象也源自于此。"从甲骨文中挑出一个龙字的写法"🐉"，比较一下龙宿"🐉"，大体能够体会到其间的相似之处。冯时的说法，有人表示了怀疑，认为古人不可能凭星空便想象出龙的形象。不过，创造有时候未必那么讲逻辑，而是啐啄之间的电光石火，只要隐隐有丝天光，创造者就能够呼唤出一整个明亮的天空。

在相对短的时间内，比如人一生这样的周期中，苍龙星宿看起来总是在固定的月份出现，也在固定的月份消失。不过，岁差改变了这一切。秦斯（James Jeans）《流转的星辰》（*The Stars in Their Courses*）谈到岁差形成的原因："地球不是正圆球形——它倒是有点像橘子，中间部分稍稍突起。于是太阳的引力加到这一部分上来便慢慢地可是不断地使地球的枢轴在空间中所指的方向改变了。结果也便使天上的极——地球的轴在天空中所指的地方——在天上转一个圆圈，这个圆圈却要两万五千八百年才能一周绕全。这种现象称为'岁差'（precession）。"由于岁差的存在，太阳的视位置在相同季节固定时间（比如说分至点）的背景恒星，在传统的十二个黄道带星座之间缓慢退行，七十二年左右偏转一度。变换期长，变化又极其微小，几乎不易觉察。但只要把时间放得足够长，苍龙星宿的潜见飞亢，便会在不同季节显现。比如"九二，见龙在田"，陈久金《〈周易·乾卦〉六龙与季节的关系》指出，这一星象先秦时出现在农历二月，现今则要"推迟到三月才出现"。

岁差关涉极大的时空数量级，跟天文历法相关的太史令司马迁，当然于此有所体会，如《潘雨廷先生谈话录》所言：

"《天官书》(唐都）认识天极星，其变化相应于岁差；《历书》（落下闳为主）为日月运行。恒星间的关系，为我国天文的基本坐标，天官的意识实为我国的宗教。"——如果没看错，这应该可以看成司马迁与天相关问题的提纲。

二

赫伯特·巴特菲尔德（Herbert Butterfield）《历史的辉格解释》（*The Whig Interpretation of History*）一书，要探究的是"一种许多历史学家都具有的倾向，他们站在新教徒和辉格派一边撰写历史，赞美业已成功的革命，强调在过去出现的某些进步原则，编写出能够确认现实甚至美化现实的故事"。这个讲述故事的方式，是"以'当下'作为准绳和参照来研究'过去'"，"即便有人觉得这样的解释若经过了仔细推敲就可能不易反驳，或者有人觉得这样的历史解释似乎不可避免，但这种解释对于理解历史仍然是一种障碍，因为人们一直据此认为，历史研究应该直接并永远参照'现在'。通过以当代为直接参照系方式，历史人物会被轻易地归入到促进进步或阻碍进步的两个群体之中。这样就有了一个非常简便的经验法则，历史学家可以据此进行选择、拒绝或强调。依据这样的参照系，历史学家必然会认为他的工作要求他关注过去与现在的相似之处，而不是关注相异之处"。或许，对中国古代与天相关（甚至任何现在称为自然科学的那些）问题（甚至其他现在称为自然科学的部分）的认识上，就存在这样一种辉格解释。

具体到司马迁，用现在的科学眼光来看，他只能被归入天文学家的行列："《史记》一书对天文学给予了特别的关注。不但在许多篇'纪''表''传'中记载了有关的天文学资料，而且还写了《历书》和《天官书》这两篇专论天文学问题的文章。这两篇书开创了中国史书系统地记述天文学资料的优良传统，从而使我们历代天文学的丰富史料得以流传至今。仅此一端，司马迁就是天文学史上的一大功臣。"也就是说，人们参照现在的科学观，把司马迁归入了促进进步的群体之中，并从中找出他跟现代思路的相近之处，比如对奇异天象的留意、对恒星颜色的观测、对恒星亮度的辨别、对变星的记载等，似乎都可以证实司马迁出色的科学能力。如此一来，也就当然可以在现代天文学意义上来表彰他："司马迁是一位实事求是的学者，在客观的天象面前，他是一丝不苟的，并且作出了辛勤的、忠实的观察，因而，这也就注定了他必然会为科学意义下的天文学作出伟大的贡献。"突出司马迁作为天文学家的一面，弱化他可能更重要的方面，不正是巴特菲尔德所言的"选择、拒绝或强调"？可是，司马迁跟天相关的学问，确定是现代意义上的天文学吗？

金克木有一篇《谈"天"》，提到了中国与天相关问题的特殊性："《史记·天官书》可以不当作天文学而当作古人的'天学'书看。'天学'和现代天文学可以说几乎是两回事。……《天官书》先分天为五宫：中宫和东南西北四宫。中宫是北极所在，无疑是最重要的（为什么？大可玩味），所以首先举出'天极星'。一颗明亮的星是'太一常居'之星。这一带是后来所谓'紫微垣'，即帝王所在之处。'太一'旁边的星是'三公'，后面是'后宫'。这大致相当于欧洲的包括北极星的小熊星座的方位。中国古人认为帝王的，欧洲古人只看作平常的熊娃子，对'居其所而众星拱之'（《论语》）的'北辰'毫无尊敬之感。……五宫之后列五颗行星及其解说。从木星开始，大概不是只因为它最明亮（金星最亮只见于昏晓），是因为它十二年一周天，是年的标志，所以名为'岁星'。接着是火星、土星、金星、水星，配上五行。这以后是日、月，以及彗星、流星等等，直到'云气'。天文学渐少而占星术更多了。"作为科学的天文学，怎么可能跟星占学沾边？但作为"天学"，星占是否属于其题中应有之义呢？不妨先来看《天官书》论赞部分的一段——

> 日变修德，月变省刑，星变结和。凡天变，过度乃占。国君强大，有德者昌；弱小，饰诈者亡。太上修德，其次修政，其次修救，其次修禳，正下无之。夫常星之变希见，而三光之占亟用。日月晕適，云风，此天之客气，其发见亦有大运。然其与政事俯仰，最近天人之符。此五者，天之感动。为天数者，必通三五。终始古今，深观时变，察其精粗，则天官备矣。

核心意思差不多是，天象出现了异常，人主必须采取相应的补救措施，不同的征兆需要不同的应对方式。结合《天官书》的整体结构，不难发现此文的要点，如朱文鑫《史记天官书恒星图考》所言："书分三节，首言星，次言气，末言岁。故其论曰：'汉之为天数者，星则唐都，气则王朔，占岁则魏鲜。'史公本三家之说，虽不专论星象，而叙述恒星，尤为深切著明，言下见象。紫宫，房心，权衡，咸池，虚危，五官之坐位，朗若列眉。其他占验之说，或依据星象，或假借名义，各有所本，绝非凭空臆造。"既是占验之说，结合前引金克木的说法，可知《天官书》的正文部分，分别写的是星占、气占和岁占。加上前文所引的论赞，把《天官书》作为星占学著作，应该没什么可以让人吃惊的吧？只是，不突出作为重要进步标志的科学，反而强调近世以来目为迷信的星占，实在让现代人有些尴尬，因而朱文鑫接下来便辩护道："其自序曰：'星气之书，多杂祲祥，不经。'足证史公之不重祲祥，独具卓识。且复以质雅之笔，写周天之象，闳远微眇，蕴奥难见。"

《天官书》自然写了诸多天象，验之以现代科学，也有不遑多让之处，足以见出司马迁"测候之精微"。口说无凭，不妨就以"杓携龙角，衡殷南斗，魁枕参首"来举例。《史记天官书恒星图考》谓："携，连也。杓连龙角，故曰携。龙角，角宿也。盖角在子午圈时，杓正南向以对之。即角宿第一星与杓之摇光及帝星，约在一直线也。且此星与杓之开阳及今之极星，亦在一直线也。衡，玉衡也，杓中之一星。殷，中也。衡当南斗，故曰殷。盖南斗在子午圈时，衡正南向以对之，即南斗中二星与玉衡约在一直线也。魁在参宿两肩之上，故曰枕。盖参在子午圈时，魁正南向以对之，即由魁之天机傍天枢以至参右肩，由天权傍天璇以至参左肩，皆在一直线也。由此推之，观构而知角，观衡而知斗，观魁而知参。察北斗之循行，足以窥大块之文章，握浑天之璇玑。"如果嫌这说法太专业，那就用《潘雨廷先生谈话录》里的一段话来传达其间的蕴奥："妙就妙在此图用眼睛是永远看不见的，角星要夏天看（如要在一天内看，角要极早在黄昏看，斗星要极迟在清晨看），参星要在秋冬之际看。人就是上到宇宙空间，看到的也不是此图的景象，此图的实质是已经描写了时间。一半直接见到，一半要用思想，真实情形永远如此。"从这个方向来看，作为自为系统的中国古代天学，重要的不是有多少跟现代科学相符的部分，而是借由精密的观察，人的思维认知不断走上新的台阶。

如果我们头脑中没有辉格解释刻就的凹槽，其实很容易发现，中国古代天学，多跟星占有关。如《周易·系辞上》云"天垂象，见吉凶"，如贲卦象辞谓"观乎天文，以察时变"，如《汉书·艺文志》言"天文者，序二十八宿，步五星日月，以纪吉凶之象，圣王所以参政也"，说的都是天象跟人间的关系，难免会关系到占卜之事。江晓原《上古天文考——古代中国"天文"之性质与功能》明确指出："古代中国之'天文'，实即现代所谓'星占学'（astrology）。历代正史中诸《天文志》，皆为典型之星占学文献，而其名如此，正与班固用法相同。而此类文献在《史记》中名为《天官书》，则尤见'天文'一词由天象引申为星占学之痕迹——天官者，天上之星官，即天象也。后人常'天文星占'并称，亦此之故，而非如今人以己意所逆，将'天文'与'星占'析为二物也。"正是出于这个原因，古代的天文家亦即星占学家，"实为上古巫觋之遗裔","在上古时代,唯有掌握通天手段者(有巫觋为之服务)方有统治权,而'天文'即为最重要之通天手段"。考虑到司马迁把自己的世系起点确定为重黎,我们是不是可以发现其间的草蛇灰线?

人类的认知总是要经过复杂的过程,星占几乎是这个过程中必然要经历的一步。恩斯特·卡西尔《人论》中言:"如果人首先把他的目光指向天上,那并不是为了满足单纯的理智好奇心。人在天上所真正寻找的乃是他自己的倒影和他那人的世界的秩序。人感到了他自己的世界是被无数可见和不可见的纽带而与宇宙的普遍秩序紧密联系着的——他力图洞察这种神秘的联系。因此,天的现象不可能是以一种抽象沉思和纯粹科学的不偏不倚精神来研究的。它被看成是世界的主人和管理者,也是人类生活的统治者。为了组织人的政治的、社会的和道德的生活,转向天上被证明是必要的。似乎没有任何人类现象能解释它自身,它不得不求助于一个相应的它所依赖的天上现象来解释自身。由此就不难理解,为什么最早的天文学体系的空间不可能是一个单纯的理论空间。它不是抽象几何学意义上的点、线和面所组成的,而是充满着魔术般的、神圣的和恶魔般的力量。天文学的首要的和基本的目的在那时是要洞察这些力量的本性和活动,以便遇见并避免它们的危险影响。只有在这种神话的和魔术的形态亦即占星术的形态中,天文学才能得以产生。"如果打开概念间的东西区隔,归根到词语背后的实质情形,"洞察这些力量的本性和活动,以便遇见并避免它们的危险影响",不就是上面引文中的"凡天变,过度乃占"？

或许有必要指出，中国古代的星占学，跟西方的星占学并不相同。席泽宗《中国古代天文学的社会功能》指出："中国的星占术和巴比伦类似，属于司法性系统（judicialsystem），或者叫预警性系统（portentsystem），而不是希腊的那种算命系统（horoscopicsystem）。……中国预警性的占星术，是利用天象（特别是奇异天象）的观察来占卜国家大事，如年成的丰歉，战争的胜负，国家的兴亡，皇族或重要臣属的行动，等等。以《史记·天官书》为例，在全部309条占文中，关于用兵的124条，关于年成丰歉的49条，关于皇族和大臣行为的26条，这三项合起来共199条，占了总数的近三分之二。"根据星占的内容，也有人把属于司法性系统的星占学翻译为"帝国星占学"，差不多准确地涵盖了这一星占系统的主要涉及领域。这些内容中最重要的一项，则是战争，如金克木所言："我们的星象所显示的不是幻想，不是生活，不是生产，而是战争。观天象的重要作用是知人间的刀兵。这可以说是中国古人思想中的贯彻始终的一'维'。"

沿着这个思路，假设司马迁作为星占专家的推想成立，那么他在李陵之事上的陈情，是否有可能让汉武帝疑其代表天意谴责他的战争举措？时已近盛夏，写到这里，还是不禁觉得身上一寒。

三

爱德华·多尼克（Edward Dolnick）《机械宇宙：艾萨克·牛顿、皇家学会与现代世界的诞生》（*The Clockwork Universe: Isaac Newton, the Royal Society, and the Birth of the Modern World*）有段话很有意味："人类早就认识到大自然大致运行的模式——昼夜交替、月有阴晴圆缺、星星构成人们所熟悉的星座、四季更迭。但是人类也注意到，没有两天是相同的。'人类知道太阳会升起，'一如阿尔弗雷德·诺思·怀特海（Alfred North Whitehead）写道，'却捉摸不住风向。'人类援引这类'自然法则'时心知肚明这并非全然正确的规则，却更像是有例外存在、需要额外诠释的经验法则与指导方针。"因为认知的局限，大部分时候人都是在信息不完备的情况下做出选择，甚至明明知道某些依据并非"全然正确的规则"，也只好试着凭靠这些捉摸风的方向。从这个方向看，每个人的思想高度，只能放回到当时的社会总体状况下去评价，那些根据已知条件做出最优或近优选择的人，就站在了时代的前沿。我很怀疑，司马迁之所以说"司马氏世主天官"，应该就是对星占学有站在时代学术前沿的自信。

现在的学术语境中，说星占学站在了时代学术前沿，肯定会被嗤之以鼻——迷信居然可以是学术前沿？不妨引库恩《科学革命的结构》中的一段话，看能不能说明白这个问题："每一次革命都迫使科学界推翻一种盛极一时的科学理论，以支持另一种与之不相容的理论。每一次革命都必然会改变科学所要探讨的问题，也会改变同行们据以确定什么是可以采纳的或怎样才算是合理解决问题的标准。每一次革命都彻底改变了科学的形象，以至于最后我们不得不说，那个人们在里面进行科学研究的世界也根本改变了。"如果没有意识到每一次科学革命彻底改变了科学甚至世界的形象，那我们就不会明白，即便根据天圆地方的模型，也可以测算出正确的地天数据。那些现在看起来迷信的思维方式，有些人凭靠它在当时的情景中走到了很远的地方，只是因为现今的科学和世界形象的根本改变，我们才觉得那些探索陈旧而腐朽。再说得明确一点，古代中国的学问系统本身就跟现今的衡量标准不同，只是因为现代科学的统治性表现，才让其显得幼稚而粗疏。人的眼睛大部分盯着的只是事物可以衡量的先进性，哪里管得了思想的深邃程度呢？不过，起码对司马迁来说，他还有历法这件事，可以在辉格解释的科学领域里，勉强给自己争得一席之地。

汉初，因为有许多重要的事情待做，改历一直没有提到日程上来，《史记·历书》所谓"是时天下初定，方纲纪大基，高后女主，皆未遑，故袭秦正朔服色"。据张闻玉《古代天文历法讲座》，"历法是以固定的章蔀统筹多变的天象，行之日久，必有误差，即就今天使用的历法，也不是绝对准确的，何况古人凭目测天象制历，误差较大并不奇怪"。因此，随着时间的推移，汉代多次出现"日食在晦"的反常天象，即"朔晦月见，弦望满亏"，这说明"此时用历明显不准，已经超越天象一日"。这种情形下，深知"改正朔，易服色，所以明受命于天"的汉武帝，恰好收到公孙卿、壶遂和司马迁"历纪坏废，宜改正朔"的进言，在需要和时势的合力之下，很快便予以采纳。"太初改历的原因就在年差分积累过大，造成'日食在晦'的反常天象，现在改历者看准了这一时机，为纠正用历的误差，取消朔日余分705和冬至余分24（即消除年差分），便使元封七年十一月甲子日夜半0时合朔冬至无余分……同时，还改岁首（以寅月为正月，该年十五个月，其中丙子年前105年三个月，丁丑年前104年十二个月），改年号'太初'以为纪念。"太初改历对中国历史意义重大，其中最重要的，如潘雨廷《论〈史记〉的思想结构》所言："计历代改历已超过百种，唯以建寅为岁首，自太初元年（前104）起，迄今两千年未变。此对我们汉民族的生活方式，有不可低估的潜意识影响。人的一生约百岁，基本不满百次的岁首，此一时间数量级，任何人莫不重视之，较岁差的影响尤大。"

尽管如此，司马迁跟太初历的关系，还是出了问题。首先是《历书》末尾所载的《历术甲子篇》本身疑问重重。该篇中，"在焉逢摄提格太初元年之后，逐一列举了天汉元年、太始元年等年号、年数，直至汉成帝建始四年（前29），因此有人将《历术甲子篇》认定为汉太初改历后行用的太初历或编年表"。如果这推测成立，则《历术甲子篇》并非司马迁手笔，而是后人补入的。照张闻玉的说法，"倘若司马迁活到汉成帝建始四年（前29），当享年117岁，这是不可能的。由此可知，混入《历术甲子篇》中的年号、年数，断非出自司马迁的手笔，纯系后人妄加。"去掉混入篇中的年号、年数，《历术甲子篇》便豁然可解，"虽然只列了甲子蔀七十六年的大余、小余，并依此推算各年朔闰。其实，其他十九蔀均可照此办理（只需加算蔀余），这是一个有规律的固定周期，所以我们称之为'历法'"。明确了《历术甲子篇》类似公式的性质，《历书》的结构也就清晰了——先是讲述历法的意义，接着以论赞回顾古代历法演变，展示汉代历法问题，随后记载太初改历的起因和结果，"后附《历术甲子篇》，以明示历法根据。记载简明扼要，但清楚合理"。

另外一个问题是，从后来的历史记载看，似乎太初改历后，采用的不是司马迁主张的四分历，而是邓平的八十一分法。所谓四分历，是指将岁实定为365又1/4日，八十一分法则是定1朔望月等于29又43/81日，后者精度不及前者。张闻玉云："据《汉书·律历志》记载，太初改历还采用了邓平的八十一分法。……太初改历的参与者司马迁著的《史记》对邓平及其八十一分法竟然只字未提。"这当然会引起后世历家和研究者的猜疑，以致有人怀疑司马迁是不满采纳八十一分历而故意失载。张闻玉推测，"合理的解释只能是，太初改历实际上分两步进行。在元封七年进行改历时（消余分、改岁首），邓平尚未参加，八十一分法也没有制定，司马迁只是按当时的实际情况来记载，所以《史记》详记《历术甲子篇》而不记邓平及其八十一分法——司马迁不能未卜先知！至于邓平八十一分法取代四分法，那已是太初改历的第二步。其时司马迁或衰病无力，或不在人世，所以《史记·历书》根本不提邓平法。"

《汉书·律历志》的记载与《史记·历书》不符，一方面是因为《汉书》距改历时年代久远，史料不全，"另一方面由于班固本人对汉初用历、太初改历缺乏正确的认识，以致使《汉书·律历志》的记述陷入混乱，前后矛盾；而《史记·历书》出自太初改历当事人之手，自然比较可靠可信"。以上种种，还不是《历书》或者司马迁跟历法相关问题的全部，不妨先来看《历书》论赞的第一节——

> 神农以前尚矣。盖黄帝考定星历，建立五行，起消息，正闰余，于是有天地神祇物类之官，是谓五官。各司其序，不相乱也。民是以能有信，神是以能有明德。民神异业，敬而不渎，故神降之嘉生，民以物享，灾祸不生，所求不匮。

用现代眼光来看，会发现这段文字（也是《历书》全文）有两个略显矛盾的倾向，一是看起来属于现在所谓科学方面的，如考察星度，纠正闰月余分；一是看起来属于现在所谓迷信方面的，比如分管天地神祇之官，神有灵明并降下好年景。从迷信方面看，照江晓原《中国古代历法与星占术——兼论如何认识中国古代天文学》的说法，"在司马迁心目中，历法本是用来通天、通神、避祸趋福的，而这也正是星占术的基本宗旨。……奉谁家正朔如此重要，正是此种手段之独占的另一表现。……颁告朔实即颁历法，诸侯遵用王室所颁历法，即象征王室掌握着他们的通天工具。"从科学方面看，则可用吴守贤《司马迁与中国天学》的话来说："第一，司马迁为我们留下了一部上古历法的演变史,尽管他是从政治和哲学的出发点讨论上古历法的演变,但是文中所透露的历法演变信息,十分宝贵。第二,司马迁给我们留下了一部完整的'四分历'推步方法和完整的算例。它与现代方法比较可以说是字字珠玑,并且雄辩地证明,中国天文学家比西方天文学家掌握十九年七闰的规则要早得多。"其实,稍微深入些想想就明白了,在司马迁的年代,所谓科学和迷信原本是一体,冠上先进或落后的名义,不过是后来人的分别智,或者说是人们有意选取的辉格解释。

金克木曾写到过他学"六壬"的故事,谈到这个后来被指为迷信的占卜游戏:"不但锻炼记忆,而且要求心中记住各种条件,不但排列组合,还得判明结构关系,解说意义,认清条件的轻重主次及各种变化,不可执一而断。我这时才想到,古来哲学家演易卦还是锻炼思维能力,和下围棋及做数学题是一个道理。"如此,是不是可以说,《天官书》《历书》的占星术和科学内容,本质上是一个整体,一个可以作为思想实验的整体,人们可以根据对这个整体的掌握程度来判断思维的高下。在这个意义上,我们或许就可以理解,同为占星学,司马迁为什么会批评其他的"禨祥不法""凌杂米盐",而对自己的充满信心,也就明白了为什么《汉书·艺文志》会说"星事凶悍,非湛密者弗能由也"。

中山茂《"天"的科学史》言:"占星师们会常年累月地仔细观察天象,当发生异变现象时立刻向天子汇报。同时,他们也会调查以往的记录,翻看当时发生相同天变时,地面上发生了何种现象……占星师们为了不辜负天子的厚望，常年认真观测天象，并加以记录。"结合本节的开头，或许可以说，无论对天象的观测，还是对时事的预言，在这个总体性的思想实验中，都是那个思维最缜密、信息掌握最准确的人，站在了当时学问序列的最前端。无疑，司马迁正是这样一个站在最前端的人。

亦欲以究天人之际

司马迁的职与志

一

　　无论星占还是历法，都离不开天。这个天究竟何意，历来说法众多，王桐龄《中国史》将其约为三义："一为物质上之天，《诗·王风·黍离篇》所谓'悠悠苍天'，《秦风·黄鸟篇》所谓'彼苍者天'者是也。一为万物主宰之天，《诗·大雅·皇矣篇》所谓'皇矣上帝，临下有赫'者是也。一为人力所不能作到者归之于天，《孟子·万章上》所谓'天也，非人之所能为也'者是也。"金克木《谈"天"》，则更为简洁地将天看成一个全体（像前面把全部思维世界作为一个整体）："那时人心目中的天，也就是当时古书中说的天，是什么？是日、月、星，是最大的全体。在空旷地方，躺下望天，这就是人能够见到的最大的东西。没有更大的。所以《说文解字》说'天'字是'一大'。……天不是天空，不是指那个常常变换颜色的一片（《庄子》："天之苍苍其正色耶？"），也不是日月星活动于其中的空，而是包括所有这些的全体，和地相对的全体。地的全体不可见（人不能上天），靠天来对照。抽象的空间概念是在具体的实的空间的认识之后的。"张光直《美术、神话与祭祀》里的话,清楚地说出了其中的关键,"天,是全部有关人事的知识汇聚之地。"用《剑桥插图天文史》的话来说,属于自然的天也是"文化资源的天空"。

沿着这个思路,《周易·系辞下》所谓"有天道焉,有人道焉,有地道焉",就并没有凌空蹈虚,反而是对人世切切实实的观察。还是用金克木的话来说:"古人将人间投射到天上(《汉书·天文志》:'政失于此则变见于彼。'),但同时也是将天上投射到人间。不仅是日蚀、彗星等灾变,天人相应,如《汉书·五行志》的大量记载。由天象也可以想到人间。看到天象想到人间也该照样。例如天中轴在北(北极),想到尊者应当居北朝南,人君要'南面',而不随太阳居南朝北,反倒是群臣北面而朝。将天象系统化,将星辰排列组合加以名称和意义,例如说天上有斗,有客星,有宫,是用人间译解天上。观察结果,用人解天。有的说出来,记在书中,多是灾异、祥瑞。有的不说出来,藏于心中成为思想,例如紫微垣中心无明星,一等明星散在四方,掌枢衡者实为北斗。这不能说出,只能推知。这就是奥妙所在。……司天文的官员和知天文的专家又受帝王及贵人的重视,又受歧视和怀疑,原因就在于其中有奥妙不能明说。"

由此可以推知,在古人眼里,地其实也可以看成天的一部分,易经里的三才,至此可以归结为天人关系,也就是司马迁《报任安书》中所谓的"天人之际"。这样来看,《史记》的八书,礼、乐、律、历、天官、封禅、河渠、平准,或许都与"天人之际"有关?推论得有点远了,还是回到《天官书》——

> 夫天运，三十岁一小变，百年中变，五百载大变；三大变一纪，三纪而大备：此其大数也。为国者必贵三五。上下各千岁，然后天人之际续备。

结合此前《天官书》的引文，大约可以发现，司马迁好像特别喜欢强调"三五"。《索隐》对两处"三五"有不同的解释。此处谓"三五谓三十岁一小变，五百岁一大变"，彼处则谓"三谓三辰，五谓五星"。三辰指日、月、星，五星则指金星、木星、水星、火星和土星。

较早的注释既然如此，后世的说法当然就更多了。拿牛运震《读史纠谬》对《索隐》的质疑来说吧："'三五'当依余有丁解，谓三代五家也，观前后文义自明（按论赞开头有'及至五家三代'语）。《索隐》以'三十岁一小变，五百岁一大变'解'三五'，附会之甚，独不计上文有'百岁中变'之文，竟置而不论邪？及注后文'为天数者，必通三五'，又以'三辰五星'为说，益以见其前后矛盾，而立说之疏谬也。"牛氏支持的三代五家说，依《正义》，三指的是夏、殷、周三代，五指的是黄帝、高阳、高辛、唐虞、尧舜。王元启《史记正伪》斩钉截铁地认为："五谓五百载一大变，三五即三大变之谓。三大变凡千五百岁，故曰上下各千岁。后文三五俱同此解。"近人高平子《史记天官书注》则谓："古文喜用三五等词，其说可以累日而不能尽。总之，此等处不必过泥于一说也。"

朱维铮《司马迁传》，根据太初历所用术语，解析"三五"的含义。中国古代使用阴阳合历，而太阳年和朔望月的周期却不一致，"制定历法，倘用纯阴历，则不能预报季节变迁，倘用纯阳历，则又不能预报宗教、政治和日常生活都需要的朔望所在"，于是历法需要不断调适两者的关系，改正朔就是这个调适的表现之一。"根据制历经验，在司马迁时代已得出以下谐调数据。19个回归年约等于235个朔望月，即76年等于27759日，称四章或一蔀。27章等于513年，称一会。三会即八十一章，凡1539年，称一统。人们发现，制订历法的计算周期，若小于一统，则两个基本周期相除所得总日数，便不成整数，而要使回归年、朔望月和干支六十周期等相会合，最少需要三统，即4617年。纪与计算干支周期有关。一纪等于20蔀，等于19×487个干支六十周期，等于1520年，与一统的年数近似。三纪称一大备，又称一元或一首，共4560年，接近三统的年数。……所谓大数，意为成数。所谓五百载大变、三大变一纪、三纪而大备，不正是分别约举一会、一统和三统的成数吗？于是，'为国者必贵三五'也可了然。所谓'三五'，即指三个五百年，也就是一纪或一统的成数。"

从这个解释看，三五其实是一个（与天相关的）历法事实，事实确立，自然"天人之际续备"，也即天人关系呈现得连续而完备。《说文》释"际"为"壁会也"，段注详释云："两墙相合之缝也。引申之，凡两合皆曰际。"如此，"天人之际"的意思应为天人相合，也即天象与人世的相合——这不正是星占家的分内事？从《天官书》来看，天人相合，首先是地上政治系统与天官的对应关系。上引金克木《谈"天"》已经涉及这个问题，朱维铮至谓："在他（按司马迁）的天体结构图里，西汉王朝的政权结构和等级差别，统统有对应的表现，甚至没有忘记给天帝安排后宫、仓库和马厩。"有了这个对应关系，就可以观天而知世，星象的变化对应的是人间政治的重大变化。除此之外，当时整个中国跟天的对应，则有所谓的"分野说"，也即星官和地上区域的对应，如二十八宿与州、国的对应："角、亢、氐，兖州。房、心，豫州。尾、箕，幽州。斗，江、湖。牵牛、婺女，扬州。虚、危，青州。营室至东壁，并州。奎、娄、胃，徐州。昴、毕，冀州。觜觿、参，益州。东井、舆鬼，雍州。柳、七星、张，三河。翼、轸，荆州。"分野系统一经确立，星占家就可以根据不同星象变化推断地域即将发生的事。天人之间既如此密切相关，我们或许能够明白，为什么潘先生会说，"天官的意识实为我国的宗教"。

有一个无法忽视的问题是，在"究天人之际"前面，司马迁加了"亦欲以"三个字。其中的"亦"字，当然可以看成司马迁之前所有探讨"天人之际"的人物，包括他奉为先师的孔子和《史记》简单提及的孟子，更不用说动辄提到天人关系的道家人物。这个追溯过于遥远，容易陷入漫长的推理链，不妨就从汉代的情形来看。程金造《〈报任安书〉'究天人之际'释》指出："这'天人之际'，在太史公时是政治上的常语。如董仲舒在对策中说：'臣谨按《春秋》之中，视前世已行之事，以观天人相与分际，甚可畏也。'公孙弘请为博士置弟子员，述诏书之美也说：'臣谨按诏书律令下者，明天人之际，通古今之义，文章尔雅，训辞深厚。'太史公在《史记》中，也几次说天人之际。所以汉、魏人注解《汉书》，如胡广、应劭、服虔、韦昭诸人，在《报任安书》中都不作注。汉、魏以后，经历六朝，南北纷争，政局剧变，及于隋、唐，学者对这自古流传的常语也生疏了。所以颜师古注《汉书》，于此无注，《昭明文选》（今本）录《报任安书》，李善也无注。或者都认为天人玄妙，无法质言，空而不解。"那个司马迁"亦欲以"究的"天人之际"，汉魏人因是常语而不注，后人则因玄妙而不注，竟至于快要成为悬案了，"亦欲以"的含义也就始终无法确定。如此情形下，或许只有一个方式可能接近真相，那就是回到司马迁的具体处境。

建元六年（前135年），窦太后崩逝，一直被祖母束缚手脚的汉武帝终得乾纲独断，不久即发出了"天人三策"中的第一问："三代受命，其符安在？灾异之变，何缘而起？性命之情，或夭或寿，或仁或鄙，习闻其号，未烛厥理。伊欲风流而令行，刑轻而奸改，百姓和乐，政事宣昭，何修何饬而膏露降，百谷登，德润四海，泽臻草木，三光全，寒暑平，受天之祐，享鬼神之灵，德泽洋溢，施乎方外，延及群生？"汉武策问中，密集出现天命、灾异、三光、寒暑、鬼神这些词，可见所询与天人相关。董仲舒当然能揣摩得出其中的关键，因而策对起首即云："陛下发德音，下明诏，求天命与情性，皆非愚臣之所能及也。臣谨案《春秋》之中，视前世已行之事，以观天人相与之际，甚可畏也。"既是"今上"所问，回答此一策问的当然不止董仲舒，照李纪祥《太史公"成一家之言"别解》的说法，回应策问者两次即已逾数百，因而"必然已盈绕天下之士，成为当世欲以究明的一大汉世关键问题。司马迁亦忝列其一，所以他才会说：'亦'欲以究天人之际"。

《史记·儒林传》载，董仲舒"以春秋灾异之变推阴阳所以错行，故求雨闭诸阳，纵诸阴，其止雨反是"，并因"著灾异之记"差点被判死刑，于是"竟不敢复言灾异"。这么看，董仲舒也是星占专家，他跟司马迁的差别是什么呢？天人三策的第三次策，董仲舒亮出了自己的主张："道之大原出于天，天不变，道亦不变，是以禹继舜，舜继尧，三圣相受而守一道，亡救弊之政也，故不言其所损益也。"比较《天官书》的"夫天运，三十岁一小变，百年中变，五百载大变"，可知如朱维铮所言，"司马迁考察'天运'，基点是自然界在变，这个变服从数的支配，掌握这个数便可对天运知往占来"。如此，差不多可以确认，司马迁并非凭空想象出一个永不变化的天，而是根据天象变化进行"天人之际"的探究，即如郑慧生《星学宝典：〈天官历书〉与中国文化》所言："司马迁把星官比做人事，他的天人之际，就是天星与人的关系。他认为只有弄清了天星与人际的关系，贯通它们上下千年的变化，才能'为国'——治理好国家。"

或者可以说，在司马迁心目中，观察星空的变化，就可以知道帝国的运行情况，这不是猜测，更不是禨祥，而是确定的事实。在这个意义上，"亦欲以究天人之际"就不是司马迁的谦辞，而是饱含着他对解决笼罩当时汉王朝最大思想问题的自信，更隐隐透出他获得整体认知时的强烈自豪。

二

前面写过，司马迁曾自嘲"文史星历，近乎卜祝之间"。上面谈的"天人之际"，主要跟"星历"相关，属于太史令的天官职掌。除此之外，司马迁对自己的职务描述，还有"文史"一项，《太史公自序》所谓，"卒三岁而迁为太史令，䌷史记石室金匮之书"。《索隐》云，"石室、金匮，皆国家藏书之处"。程金造《太史公所掌文史星历说》据此推断："太史谈、迁父子，为汉太史令，所职掌的'文史'，就是主管皇帝家藏的书籍。……如果太史谈、迁父子不掌管皇家书籍，必然不得见'六艺经、传'千万之多……大约汉初太史令的职任，是兼掌秘府书籍之庋藏与天时星历二者。"当时的皇室藏书虽然丰富，但并不对外开放，私读私录更是弥天大罪。"秘府的书籍，其所以禁人观览与抄录者，还不只是由于一书写本之无多，怕有佚失。其主要原因，乃在于书籍所载的，多是各家理国治民的机谋方略，这些统治黎民的方术，只能皇帝独握在手，不能操之他人，因此禁止散行于各地。"司马父子因为职责所在，得以观览皇家丰富的藏书，无疑对当时见于记载的各类思想有较为全面的了解。

对好学深思者来说，观览的同时，肯定会有意无意对图书分类整理。逯耀东《〈太史公自序〉的'拾遗补艺'》推断："就中国学术的发展与兴衰而言，秦焚《诗》《书》是一个分水岭。自秦以前远溯上古的学术发展，经孔子删定后，作了第一次的集结……此后五百年，其间经历秦焚《诗》《书》，载籍涣散，至汉武帝大规模搜集轶书，然后司马氏父子校书秘阁，对孔子以来的学术思想演变，作一次系统的整理，这是中国文献的第二次集结校整。司马氏父子欲以承五百年之运，继孔子之业以自任，这是司马迁说'小子何敢让焉'的原因。"整理图书需要辨章学术，考镜源流，《论六家要旨》或正是因此而作："司马谈的《论六家要旨》，不仅对战国以来目录学的发展有新的拓创，更重要的是对这个时期的学术发展与流变，作一次系统化的整理与总结。并且对经过系统化整理的学术流派，予以一个固定的分类名称，清晰地划清不同学术流派间的范围。这种分类方法后来为刘向、歆父子继承，《汉书·艺文志》的《诸子略》，即以此为蓝本形成的。"如果这个说法成立，则司马父子不只是观览藏书，而是形成了完整的思想结构，能以此剖判当时能够看到的天下学问。

除了读已经基本形成的书，司马迁还能接触到现在称为档案（甚至是绝密档案）的文字。郭沫若在一封信中指出："司马迁曾是一位档案工作者。《史记集解》在《太史公自序》注中引如淳曰：'《汉仪注》：太史公，武帝置。位在丞相上。天下计书，先上太史公，副上丞相。'据此可见，严密意义的档案是存在太史室的。故自序云'百年之间天下遗文古事，靡不毕集太史公。''百年之间'四字值得注意。百年以前的旧档案或者丞相所得的副本等，便可能保存在石室金匮和天禄阁之类的藏书馆了。"古人文字的主要功能，是借以解决遇到的事，并没有现在所谓写作这回事。在这个意义上，那些后来被尊为经典的作品，原本也可以是为解决当时问题留下的档案。朱自清《经典常谈》谈《尚书》时提到："书原是记录的意思，大约那时所谓书只是指当时留存着的一些古代档案而言，那些档案恐怕还是一件件的，并未集结成书。成书也许是在汉人手里，那时候这些档案留存更少了，也更古了，更希罕了，汉人便把它们编辑起来，改称尚书。"当然，这里的所谓编辑，并不是有什么就编什么，就像司马迁的"整齐百家杂语"，其间贯彻着非常明确的总体学问判断。这个从整理图书档案到完成《史记》的过程，《太史公自序》里有一段可为说明——

> 网罗天下放失旧闻，王迹所兴，原始察终，见盛观衰，论考之行事，略推三代，录秦汉，上记轩辕，下至于兹，著十二本纪。既科条之矣，并时异世，年差不明，作十表。礼乐损益，律历改易，兵权山川鬼神，天人之际，承敝通变，作八书。

"网罗天下放失旧闻"，《索隐》谓："旧闻有遗失放逸者，网罗而考论之也。""并时异世，年差不明"，《索隐》谓："并时则年历差殊，亦略言，难以明辩，故作表也。"既然"礼乐损益，律历改易"，当然需要明确损益和改易的具体内容。以上，差不多都能看出司马迁"整齐"的意思。只有经过了这番整齐，此前沉埋在石室金匮中的遗文古事，才得以焕发出异样的光彩，进入整个民族的精神创造序列。这个整齐的过程，也贯穿着一个非常核心的意思。包括前面已经提到的损益和改易，加上"原始察终，见盛观衰"和"承敝通变"，核心意思其实已经呼之欲出，那就是"通古今之变"。研究古今的变化，对照当时的情形，以便不断损益调整，或许就是司马迁写《史记》的目的之一，如《高祖功臣侯者年表》序所谓："居今之世，志古之道，所以自镜也，未必尽同。帝王者各殊礼而异务，要以成功为统纪，岂可绲乎？观所以得尊宠及所以废辱，亦当世得失之林也，何必旧闻？于是谨其终始，表见其文，颇有所不尽本末，著其明，疑者阙之。后有君子，欲推而列之，得以览焉。"

损益二字，应该来自《论语·为政》。子张问，"十世可知也？"孔子回答："殷因于夏礼，所损益可知也。周因于殷礼，所损益可知也。其或继周者，虽百世可知也。"一世为三十年，十世为三百年，百世则为三千年。子张问较近的未来之事，孔子没有直接回答，而是提出了损益的原理，就是观察社会重大的结构性调整，以此作为认知的基础，看大势所趋，从而作出较长时间的判断。

董仲舒天人三策的第三策也用了孔子这段话，引出了"天不变，道亦不变"，并接着谈到，"是以禹继舜，舜继尧，三圣相受而守一道，亡救弊之政也，故不言其所损益也。繇是观之，继治世者其道同，继乱世者其道变。今汉继大乱之后，若宜少损周之文致，用夏之忠者"。深入思考董仲舒的说法，仿佛三圣时期已经拥有了某种理想模板，后世只要遵之而行即可，损益也只是后世的调整。这方式看起来简单易行，却把流动不居的损益变成了略显刻板的错失纠正。或者这样说，董仲舒的损益观，把孔子根据当世情形不断调整的"执今之道以御今之有"，变成了儒家意义上有复古倾向的"执古之道以御今之有"（上两句引文，出自不同版本的《老子》）。如此，我们读《高祖功臣侯者年表》的"居今之世，志古之道，所以自镜也，未必尽同"，是否能从中感受到司马迁和董仲舒思想的异同？

不止损益二字，上面引文中的很多词，都跟经典密切相关。"原始察终"不就关涉《春秋》的积渐之旨？"承敝通变"不正是《易经》的"穷则变，变则通，通则久"？"见盛观衰"当然也可以归入上面两本经典的范围里，但司马迁所习的鲁《诗》，最能见盛观衰。《史记·十二诸侯年表》序云："周道缺，诗人本之衽席，《关雎》作。"王先谦《诗三家义集疏》引了这段话，说这意思是，"王后晏起，周道始缺，诗人推本至隐，而作《关雎》"。同属鲁诗系统的王充，在《论衡》里也提到："诗家曰，周衰而诗作，盖康王时也。康王缺德于房，大臣刺晏，故诗作。"比起毛诗将其看成赞颂——"《关雎》，后妃之德也，《风》之始也，所以风天下而正夫妇也。故用之乡人焉，用之邦国焉。"——鲁诗严厉，也冷峻得多。最重要的是，鲁诗在近乎盛世的情景里隐约看到一丝衰落之象，便立刻生出警惕之心，提醒防患于未然，在事情起始的时候就注入防衰的基因（即便最终也未必能够完全防止）。我们可以设想，司马迁面对着一堆堆竹简，可能一日之间就读过了一个世代的起落，其兴其亡几乎是鹘突间事，他脑子里回荡着的该是怎样的盛衰之感。

这个盛衰之感，其实就是司马迁意识到的历史变化，而

《史记》的目的之一，正在于"通古今之变"。《〈史记〉的特质》一文中，阮芝生指出了其中的大变，并揣摩司马迁"通古今之变"的深意："从《史记》看，古今之变莫大于周汉之际，其要有三：第一，封建改郡县；第二，礼乐之沦亡；第三，儒术之污坏。仔细分析这三大变，其始都与周衰有关。……周衰以后，礼坏乐崩，遂有孔子出来，整理六艺，作《春秋》，想要拨乱反正。孔子道不行，下边从战国到秦汉的人君，都是轻礼重法以争利。武帝之时，汉兴已百年，照司马迁的意思，这本是贤君的一个大好机会——应当上接夏商周三代绝业（不接暴秦），重新制作一代之大法，制礼作乐。然而，武帝表面上虽然也兴礼重儒，其实只是专饰钟鼓玉帛以欺世，武帝时代的严刑嗜利反而超过高、惠、文、景之世，而古代的礼乐遂不可复见。司马迁痛惜武帝错失了这个千载难逢的良机，以多欲侈心败坏了文景以来长期休养生息的富裕，又恐怕重蹈暴秦的覆辙，所以他才不让周孔五百之期，本《诗》《书》《礼》《乐》之际，正《易传》，继《春秋》，就数千年的历史中去申明治道，从'通古今之变'中来达制治之原。"

谈"通古今之变"，重心竟慢慢落到了治道上，这是否隐含着对《史记》宗旨的判断？

三

在《论古典政治哲学》一文中，列奥·施特劳斯提到了古典政治哲学与政治生活的关系："古典政治哲学与政治生活直接相关，这一事实刻画了古典政治哲学的品性。只有在古典哲人们完成了其工作之后，政治哲学才得以名副其实地'建立（established）'，并由此与政治生活形成一定距离。"据译注，established还指成为既定的，即习俗的、袭传的，与自然的（natural）相对，也即并非天然而是属人的创造。16、17世纪，政治科学出现，政治哲学与政治生活的直接联系中断，关注重点也发生了变化："古典政治哲学和如今政治科学之间最显著的差异在于，后者根本不再关注前者的主导性问题：最佳政治秩序问题。另一方面，现代政治科学全神贯注于一类对古典政治哲学而言远远不那么重要的问题：方法问题。这两个不同点必须追溯到相同的原因：古典政治哲学与当今政治科学分别与政治生活之间相关性的直接程度有所不同。"

或许是因为最佳政治秩序已经在近代被完美"建立"，或许是现代学术喜欢强调"价值中立"（valuefree），或许是当代政治科学过于注重方法问题，现今的政治哲学很容易（出于学术洁癖）远离或（因不审慎而）过于靠近政治生活。施特劳斯描述了古典政治哲学与此相反的情况，中国的古代学问是否也关注类似的问题呢？张舜徽《周秦道论发微》云："周秦人之所谓'道'，无虑皆为君道而发。非特道德之论，悉所以阐明'无为'之旨，即揭櫫'人心道心''内圣外王'诸语，亦无非古者君人南面之术耳。"虽然跟西方古典政治哲学同样有古今之别，但中国古典学问论述的重点，似乎并非普遍的政治生活："夫周秦诸子之言，起于救时之急，百家异趣，皆务为治。……无为之旨，本为人君南面术而发，初无涉于臣下万民也。近人治哲学者，乃谓老子之言无为，实欲返诸太古之无事。使果如此，必致耕稼陶渔、百工技艺，皆清净无所事事，则乾坤或几乎息矣，乌睹所谓后世之文明乎？"那么，是不是可以说，无论我们是否愿意接触政治生活，都不得不被迫与之相关？跟《史记》相关的是，上文中的"皆务为治"，《太史公自序》里也出现了——

> 《易大传》："天下一致而百虑，同归而殊涂。"夫阴阳、儒、墨、名、法、道德，此务为治者也，直所从言之异路，有省不省耳。

《周秦道论发微》概言之："此言诸子之说，皆务为治，不过致治之途径各殊，而所言又有详略之辨耳。"即书名所用的"道论"二字，也跟此段有关："'太史公学天官于唐都，受《易》于杨何，习道论于黄子。'这里所言'习道论于黄子'，正如《史记·李斯列传》中所称'从荀卿学帝王之术'一样，学习的内容，是相同的。可知'道论'这一名词的含义，在西汉学术界早已明确了。"确立了"道论"的核心是帝王术，张舜徽指出《论六家要旨》为什么特别推崇道家："他认为只有道家所提供的'南面术'为最全面，是人君临驭天下的最原则的东西。其他各家所提供的，仅是一些片面的具体办法而已。徒有一些具体办法而没有总的原则，那就使得人君劳于治事而收效不大。甚至会伤损人的形体精神，连生命都不可长保。司马谈所以赞叹道家，便因为道家明确地指出了这里面的道理，劝人君不要亲理庶务，要做到垂拱而治。此中关键在于人君能够虚静其心，收敛聪明，尽量利用臣下的才智，而不现露自己的才智，以达到'无为而无不为'的境地。"

不只诸子之说，即便是六艺，《史记》也认定跟"为治"有关。《滑稽列传》言："孔子曰：'六艺于治一也。《礼》以节人，《乐》以发和，《书》以道事，《诗》以达意，《易》以神化，《春秋》以义。'"阮芝生《〈史记〉的特质》申此义曰："六艺的形式与功能虽有不同，但有大同处，即六艺都具备政治的功能，六艺的义理皆有关于治道，一致而不可分割。……六家皆务为治，六艺于治为一，六艺中的《春秋》又'当一王之法'，可为万王之法鉴。那么，本此先秦学术旧统（论治的传统）并欲继此'一王之法'之《春秋》而作的《史记》，它之成为'百王大法'，从学术渊源来看应是不难理解的事。"文中的"百王大法"，来自包世臣的《读〈史记·六国年表叙〉》："相其折壶遂比于《春秋》为谬，自居整齐世传，非所谓作，而卒谓略以拾遗补艺，成一家之言，明为百王大法，非仅一代良史而已。"这里说到的为治传统，跟前面所言的南面术，甚至政治生活，究竟哪个有更开阔而切实的意义，需要仔细辨析和思考，很难一言而决，不妨有闲暇时反复斟酌。现在需要确认的只是，作为前提的务为治，几乎决定了司马迁"成一家之言"的性质。

近世对"成一家之言"的理解，差不多都是从史部着眼，也就是认为司马迁要在历史著述里自成一家。且不说汉代对著述的态度，现代意义上的历史也并非司马迁的志向所在，仅回顾对"一家之言"的理解,就分明经历过一个非常复杂的过程。程金造《史记管窥》约言之:"这'一家之言',《史记集解》《索隐》《正义》三家于此无注。小颜注《汉书》,也空而不解。后世学者,中心习于史书记事的道理,多不注意此语,而不知此'一家言'之语是太史公明其《史记》一书性质的关键语言。……后世学者读《史记》,循守裴氏等三家的观点,就多有看《史记》是纯粹史事的记录。"于是,司马迁绍法《春秋》的为治目的就两千多年隐而不彰。用高步瀛的话来说,"大约太史公书,是借史事为题材,其性质与诸子务治之书相近"。把《史记》看成与诸子之书相近,恐怕是某些学脉传承的基本思路,如梁启超就说:"其著书最大目的,乃在发表司马氏'一家之言',与荀卿著《荀子》,董生著《春秋繁露》,性质正同。不过其'一家之言',乃借史的形式以发表耳。故仅以近世史的观念读《史记》,非能知《史记》者也。"

从上面的话里,大体能够推测,学脉传承者心目中的《史记》,原本就应该是子书性质。李纪祥《〈太史公书〉由"子"之"史"考》断言:"《太史公书》其实是一部'子书'。无论是从太史公'成一家之言'的自道,或其称先秦史官文本时用了'史记'一词;以及太史令在汉代是一天官属性,不任'撰史'之司;都可以显示《太史公书》的家言子书之属性。"所谓家言子书,是相对官书而言,钱穆《太史公考释》论之甚明:"若其书为官史,则迁既续父职,责任所在,无所逃卸,何以其父临终遗命,乃曰无忘吾所欲论著,而迁亦曰:小子不敏,请悉论先人所次旧闻乎!即此可知记注为官史,而论著乃家言，体例判然，断非一事矣。故迁之为此书，实不因其任史官，其书亦不列于官府，故曰：藏之名山，传之其人，则其书义法，自不限于官史之成制。"这样看"成一家之言"的家言属性，"正以明其非官书。官书者，汉志谓之王官之学，家言乃汉志所谓百家九流"。

既然是家言，司马迁以太史公自尊的疑案，也就有了合理解释。钱穆谓："古者私家著述，无不自居于尊号。……迁以太史公尊其父，既仍袭父职，又其著书，自拟于孔子之春秋，亦欲成一家之言，故复以太史公之号自尊，此乃先秦家学著书惯例，而后世勿知者，盖家学之微，固自迁时而然矣。"既然是子书，《史记》与其他子书的不同是什么呢？梁启超《要籍解题及其读法》云（用程金造隐括语）："司马迁作《史记》，窃比《春秋》。故其《自序》述孔子之言曰，我欲载之空言，不如见之行事之深切著明也。其意若曰，吾本有种种理想，将以觉民而救世，但凭空发议论，难以警切。不如借历史上事实，作个题目，使读者更为亲切有味云尔。《春秋》旨趣既如此，则窃比《春秋》的《史记》可知。"司马迁不悬空立论，而以孔子所言的见之行事为述作标准，通过具体的历史实际显示自己的决断，可谓善继志者也。

如此著述，也果然卓然成家，如李纪祥所言："我们借用刘知幾的概念与术语，称之为一种'史记家'的形成。……后继者援用此种新体裁去表述汉事，应当正是使太史公此一'诸子'得以成家的重要因素。既成家，则《太史公》便成为此家——'史记家'的开山之祖。"再进一步，则此一"史记家"

的开山之书，后来竟可以横跨四部，如阮芝生所言："《史记》是'正史鼻祖'，应属史部；《史记》是'散文大宗'，可列集部；《史记》'成一家之言'（诸子百家皆各成一家之言），又带有子书性质（此子书不过是以史书的形式出现罢了）；现在讲《史记》是'百王大法'，它竟有经部的血统。……《汉书·艺文志》把'《太史公》（《史记》原名《太史公》）百三十篇'列在'六艺略、春秋家'下，可见汉人原把它归入经（六艺）部，视它为《春秋》的嫡子。"这一说法，或许可以更确切地表达为，《史记》原本的目的是"拟经"，实际达到了"成一家之言"的子，后世虽将之确认为史，却也折服于其可闪耀于集部的文字的精妙。

既然是私家著述，难免有些地方难称官家（大部分时候恐怕也是普通人）之意——或者，这根本就是一切认真著述的命运。施特劳斯在上面提到的文章里，以特有的小心地谈到了哲人（是否可以包括中国的诸子？）必然的处境："哲人最终被迫超越的不仅是日常意见、政治意见的维度，而且是政治生活本身的维度；因为他变得认识到，政治生活的终极目标不能为政治生活所达到，而只能为一种致力于沉思或曰哲学的生活所达到。"如此，必须关注政治生活的（古典）政治哲学最终超越了政治生活："虽然政治哲学自身本质上具有实践性，但对于那些其目的不再是指导行动、而只是如其所是地理解事物的其他人来说，这个问题充当了一个入门的契机（an entering-wedge）。"是否可以这样推想，那些属于古典政治哲学的哲人们，虽从政治生活的实践入门，却在最终意义上有效隔绝了政治生活对自己的过度注意？

这些话没那么难懂，对《易经》有独特心得的司马迁，应该很熟悉《系辞》的说法："乱之所生也，则言语以为阶。君不密则失臣，臣不密则失身，几事不密则害成，是以君子慎密而不出也。"不过，熟悉最精微的学问也未必一定能避免噩运，尤其是对一个写出了全面涉及政治生活的子书的人来说。如果相信卫宏《汉书旧仪注》的记载，司马迁觌面相对的，几乎是不断涌出的灾祸："作《景帝本纪》，极言其短及武帝过，武帝怒而削去之。后坐举李陵，陵降匈奴，故下迁蚕室。有怨言，下狱死。"

考虑到司马迁爱奇的性格和《史记》的疏宕风格，他坎坷的命运或许跟把某些重要或敏感问题表达得太过显白有关，以致未能隔绝政治生活的注意，引起了实际参与政治者不必要的敌意。考虑到天地不仁或命运的残酷性，司马迁未能全身远害，可能因为他有不得不面对的事与时。无论如何，经历过那个堪称伟大却远算不上友好的时代，遭遇了偶尔荣耀却终归屈辱的命运，司马迁仍艰难完成了父子俩心心念念的《太史公书》，从此，这部杰作便永存于天壤之间，开始了自己在不同时代或黯淡或闪耀的时刻。

俟后世圣人君子

《史记》在两汉

一

　　一切有旷代光华相随的事物,都自带着危险的耀眼属性,让人无法在起初就正目以视。亚瑟·梅尔泽(Arthur M. Melzer)《字里行间的哲学:被遗忘的隐微写作史》(Philosophy Between the Lines: The Lost History of Esoteric Writing)中提到过这种危险性:"一个人只需要反思一下智慧树和巴别塔的故事,或关于普罗米修斯、代达罗斯和俄狄浦斯的神话,或塞壬女妖的故事,或柏拉图的《理想国》中对'高贵谎言'的论证,或浮士德和弗兰克斯坦的故事,就可以看到,在西方世界,危险或被禁知识(forbiddenknowledge)这个观念具有一段悠久、庄严的历史。甚至,在西方文化的两大本源,即苏格拉底和圣经中,前者教导我们,善、最高存在以及真理这三者的理念犹如太阳,我们几乎无法直视;后者教导我们,如果我们凝视上帝的正脸,就必死无疑。由于某种原因,最高的真理不仅强迫我们的人类能力要理解,还要忍受。……我们之所以敬畏真理(Veritas),认为它是一种伟大、高贵的理想,正因为我们知道并感觉到,这种东西并不容易,它需要我们最大的勇气、坚定和牺牲。因此,它必定对那些没有力量承认并适应它的人构成了威胁。"

除了对观看者的危险之外,那些光华耀眼的事物,也会给宣布者自身带来危险,有心人便不得不采取某些隐微的写作方式(Esoteric Writing)。即如梅尔泽所言:"在历史长河中,促使哲人以及文学、政治和宗教作家们实践隐微交流的最一般性的动机:避开审查或避免受到迫害的迫切需要。"这对内的自卫和对外的防护,好学深思的中国古人,自然也有特殊的表达方式。

对内的自卫近乎人的本能,就以《春秋繁露·楚庄王》为例吧:"义不讪上,智不危身。故远者以义讳,近者以智畏。畏与义兼,则世逾近而言逾谨矣。此定哀之所以微其辞。以故用则天下平,不用则安其身,《春秋》之道也。"在复杂的社会情势下,对外的防护怎么说都不会准确,比如《论语·泰伯》所谓的"民可使由之,不可使知之",比如《观·象》所谓的"圣人以神道设教,而天下服矣",比如《礼记·祭义》所谓的"因物之精,制为之极,明命鬼神,以为黔首则,百众以畏,万民以服"。这样的话,往负面想,是某种特殊的逢迎或选择,往正面想,则可能是对耀眼光芒的有效遮挡,哪里容易说得清是非对错呢?

无论上面提到的《春秋》《论语》还是《礼记》,都是司马迁熟悉的典籍,他不可能不注意到如上的问题。《史记·孔子世家》引孔子语,"子罕言利与命与仁。不愤不启,举一隅不以三隅反,则弗复也",不讲利这种近俗的问题,不讲命和仁这样过高的理论，耐心等待合适的教育时机，不反复鼓励和督促人学习或思考，是否就含有对普通人的保护之意？《史记·匈奴列传》的论赞，则差不多是对《春秋繁露》的复述："孔氏著《春秋》，隐桓之间则章，至定哀之际则微，为其切当世之文而罔褒，忌讳之辞也。"更可能的是，这些认知原本用不着通过经典阅读来获得，司马迁身经的一切，已足够提示他这些问题了。前面言及的武帝怒而削景、武两本纪，就是非常典型的表现——即便有可能不是事实，也说明古人深明述作之事的伤害属性。此后，班彪就指出司马迁的著作"大敝伤道，所以遇极刑之咎也"。其子班固《汉书·司马迁传》的赞论，则几乎是引经据典地谈论司马迁的不够谨慎了——

> 乌呼！以迁之博物洽闻，而不能以知自全，既陷极刑，幽而发愤，书亦信矣。迹其所以自伤悼，小雅巷伯之伦。夫唯大雅"既明且哲，能保其身"，难矣哉！

班固的意思是，司马迁发愤而作，类似《小雅·巷伯》里遭遇谗言的巷伯阉官，虽有委屈，毕竟不能如《大雅·烝民》提到的那样能够明哲保身。这论断让人觉得心凉的地方在于，班固几乎要说出司马迁的遭遇是自己活该。现在已经没法确定，他这番话是依据平生所学的特殊判断，还是对当时帝王的先意承志。或许，他《典引》序里记下的汉明帝（57年—75年在位）诏书，就透露出了某些消息："司马迁著书，成一家之言，扬名后世。至以身陷刑之故，反微文刺讥，贬损当世，非谊士也。"接着帝王的明确结论，班固马上表态："臣固常伏刻诵圣论，昭明好恶，不遗微细，缘事断谊，动有规矩，虽仲尼之因史见意，亦无以加。"刘良注："刻，治也。圣论，云司马迁非义士之论也。因史见意，谓修《春秋》褒贬之。"这段话几乎把汉明帝推成了在世圣人，其褒贬当然就是如孔子《春秋》同样的不刊之论了。用现在的话来说，是否汉明帝和班固代表了一个共同体的稳定意识形态，而司马迁显得像异端？

不只汉明帝，对很多高层治理者来说，异端蕴含的危险性不言而喻，因此要采取非常手段。具体到《史记》，将之深藏秘府和贬斥其作者就是最常见的手段。汉成帝河平间（前28年—前25年），东平王刘宇上书求诸子及《太史公》书，成帝询问大司马王凤的意见，王凤明确表示："诸子书或反经术，非圣人，或明鬼神，信物怪；太史公书有战国从横权谲之谋，汉兴之初谋臣奇策，天官灾异，地形阨塞，皆不宜在诸侯王，不可予。"汉献帝初平三年（192年），王允欲杀蔡邕，太尉马日磾以邕"旷世逸才"为劝，王允曰："昔武帝不杀司马迁，使作谤书，流于后世。方今国祚中衰，神器不固，不可令佞臣执笔在幼主左右。既无益圣德，复使吾党蒙其讪议。"公元3世纪前半叶，魏明帝（226年—239年在位）也有一个很典型的说法："司马迁以受刑之故，内怀隐切，著史记非贬孝武，令人切齿。"

当然，也有乍看起来不同的例子，比如光武帝（25年—57年在位）就曾赐倚重的大臣窦融《五宗》《外戚世家》《魏其侯列传》，并下诏让窦融留心魏其侯窦婴与王室的关系，虽然是鼓励，其实也是对可能发生的危险的提示。

我很怀疑，希腊城邦最后处死苏格拉底，也很可能是因为他有如上类似的危险性。柏拉图《苏格拉底的申辩》，写下了苏格拉底对自己所处情势的认知："这个人是神明降下叮附在城邦上的，这个城邦就像一匹俊美而血统高贵的马，却因为体形硕大而慵懒，需要某种牛虻来激发。而我认为，神明派我来这个城邦，就是要起到它这种作用：激发你们每个人、劝说你们每个人、责备你们每个人，整天不停地到处追着叮刺你们。……当然，你们也许会很恼火，就像从瞌睡中被唤醒的人那样，兴许会拍我一巴掌。……我实际上恰好就是神明赐予城邦的那样一种人，你们从下面的事实兴许就会明白：我从来不关心自己的任何事情，这些年来一直坚持不理家事，反而总是关心你们的利益，就像父兄一样，私下来到你们每个人身边，劝你们关心美德——这岂是凡夫俗子之所为！"自比牛虻的苏格拉底，非常清楚自己面对的危险，知道雅典的民众会因为受到叮咬而恼羞成怒。另外，虽然苏格拉底不断提到神明，可他被控的罪名之一却是"不信城邦所信的神而信奉新的神灵"，也就是说，起诉者认为苏格拉底虔敬以对的是异端，怀疑他企图以陌生的新神代替熟悉的旧神。

旧神，正是城邦和民众的精神基础，动摇了旧神，就动摇了城邦习惯的生活方式，取消了人们精神上的舒适区，自然会引起民众的警觉，并进而要将散布消息的人绳之以法。更富意味的是，民众的警觉非常可能变成城邦的总体警觉，无论人们会不会如雅典民众那样起诉苏格拉底，城邦总有办法识别对旧神造成威胁的人。

不知能否就此推测，一个事物的出现之所以让人感到危险，非常大的概率是因为它拥有某种特殊的新，这个新可能会带来精神世界的巨大变化，从而引起人的严重不适。苏格拉底的审判是因为新，西方另一大思想源头的耶稣被钉上十字架，也可能因为他带来的福音是全新的？是不是可以说，凡属人的杰出制作或创造，都必然带着先天的危险属性？如此，杰出的《史记》天然具备危险因素，也就用不着奇怪了。更需要追究的问题是，《史记》究竟提供了什么崭新的东西，让它的危险性持续了足够的时间？

二

写作的危险性，苏格拉底和柏拉图应该是心知肚明的。在《书简七》中，柏拉图这样写道："我并不觉得关于这些问题的思考对人类都有好处。它们只对某些少数人有益。对于这些少数人而言，它们自己就可以通过小小的暗示发现那些思考；至于其他人，这样的思考会产生不合适的结果，或使有些人产生不该有的蔑视，或使另一些人产生傲慢和虚空的希望，让他们觉得自己好像看到了可怕的东西。"写《上帝之城》的奥古斯丁，说得更为明确："柏拉图喜欢其导师苏格拉底那种众所周知的方法，即掩饰他的知识或意见。他也常常偏爱用这种方法。因此，寻找柏拉图本人在众多问题上所持的观点较为困难，并不比寻找苏格拉底的真实意见容易。"无论怎样表达，

"掩饰他的知识或意见"都可以看成本章开头提到的"高贵的谎言"。《戏剧诗人柏拉图》导言谓:"'谎言'是说,这个故事未必真有其事,'高贵'是说,这个故事的意图在于让政治共同体走向一种由哲人—立法者来引导的高贵生活。"这里的"立法者",不妨暂且理解为经典的创制者。无论掩饰的知识还是虚构的故事,在起始意义上,都是为了共同体的向上(起码是安稳)可能。不过,一旦举名,立刻就会有(能力不够的)模仿者和(别有用心的)歪曲者出现,加之绝大部分人根本无法辨识真伪,对创制问题的判断便不得不以混乱而告终。

高贵的谎言也好,隐微写作也罢,很容易让人联想到中国古代的"微言大义"。所谓"大义",不就是显白(Exoteric)写出的道理?所谓"微言",不就是要隐微表达的意思?不过,这样的比较,很容易陷入"横通"的境地,如章学诚《文史通义》所言:"亦有不可四冲八达,不可达于大道,而亦不得不谓之通,是谓横通。横通之与通人,同而异,近而远,合而离。学者陋于闻见,接横通之议论,已如疾雷之破山,遂使鱼目混珠,清流无别,而其人亦遂嚣然自命,不自知其通之出于横也。""横通"的危险在于,非常可能伤害各自思想的肌理,只标示出比较者自身的颠顸。即如西方的隐微写作,自柏拉图开始,大部分是为了自觉区分公开教诲和秘密教导,而中国的微言大义,则是一种时移世易的不得不然,如刘歆《移书让太常博士》所言:"昔唐虞既衰,而三代迭兴,圣帝明王,累起相袭,其道甚著。周室既微,而礼乐不正,道之难全也如此。是故孔子忧道不行,历国应聘,自卫反鲁,然后乐正,雅颂乃得其所。修易序书，制作春秋，以记帝王之道。及夫子没而微言绝，七十子卒而大义乖。"如果真有隐微写作和微言大义这回事，那名词也都有自己的源流，辨别源流比横通更为重要。

另外一种情形也值得注意，即自希腊开始的西方著述和中国古代著述，起始对制作者的指认方式便不相同。希罗多德《历史》中云："赫西俄德与荷马……把诸神的家世教给希腊人，把诸神的一些名字、尊荣和技艺教给所有人，还说出了诸神的外貌。"引过这段文字之后，《戏剧诗人柏拉图》导言随即指出："神是生活的最高指向，关于神的言说就是神学，通过对诸神世系及其特性的描述或书写，荷马（以及赫西俄德）神学就为希腊民族、希腊的城邦政治共同体划定了一种由诸神来保证的特殊生活。……就是说，诗在根本上意味着一种生活方式。"很早就在书上署名，或许是西方的特殊方式之一？如唐诺《眼前：漫游在〈左传〉的世界》所言："古希腊人说两大史诗《伊利亚特》和《奥德赛》（体例上正是不断流传、吟诵、修改、增添的东西），作者是荷马一人。但希腊人又同时诗意地、隐喻地讲这位盲诗人是个'同时诞生于七个不同城市'的人，这意味着希腊人并非不晓得此一基本事实，甚至精确性地指出了有整整七个希腊城邦的人共同完成这两部史诗。息事宁人之外，这个如此美丽而且意味深长的说法，这样把'七个城市的许多个人'再重新凝聚为一个人，却让我们不能不警觉起来——希腊人多意识到什么？想多透露什么？"

中国古书署名，却要到很晚之后。余嘉锡《古书通例》周详考察之后确定，起码"汉末人著书，尚不自题姓名"，"每卷自署某人撰，虽不详其所自始，要其盛行，当在魏、晋以后矣"。这一过程，伴随的是经典地位的巨大变迁，也牵扯到中国这一政治共同体生活方式的改换。张尔田（1874年—1945年）《史微》从另一角度描述了这变化——

> 盖六艺者，先王经世之书也。经世之书皆掌柱下，皆太史之所录，非如后世仅以编年、纪传为史而已。故天人之故、政教之原、体国经野之规、宰世御民之略，皆得以史目之。试以六艺征之，《周易》为伏牺至文王之史，《尚书》为尧舜至秦穆之史，《诗》为汤武至陈灵之史，《春秋》为东周至鲁哀之史，《礼》《乐》为统贯二帝三王之史。《太史公自序》曰："伏羲至纯厚，作《易》八卦。尧舜之盛，《尚书》载之，礼乐作焉。汤武之隆，诗人歌之。《春秋》采善贬恶，推三代之德，褒周室，非独刺讥而已也。"则六艺相续为史，可以心知其意矣。

张尔田这里所谓的史，并不同于后代："后世之史，纪事而已，纪言而已。古史则不然，其纪事也，必并其道而载之，其纪言也，也并其意而载之。有纪事、纪言而道与意因之而见者，《尚书》《春秋》《礼》《乐》是焉；有载道、载意而事与言因之而见者，则《易》与《诗》是焉。"这一看起来无比稳固的官学系统，在东周发生亟变："周之东迁，天子失官，百家始分，诸子之言纷然淆乱。孔子悯焉，于是以儒家思存前圣之业，观书于周，问道于老聃，追迹三代之礼，序《书传》，

《诗》三千余篇去其重，赞《易》，序《彖》《系》《象》《说卦》《文言》。因史记作《春秋》，上至隐，下讫哀，据鲁、亲周、故殷，运之三代，自是六艺之文咸归孔氏矣。七十子后学因相与尊之为经。是故由前而观，六艺皆王者之史，根据于道家；由后而观，六艺为孔氏之经，折衷于儒家。"差不多能够断定的是，东周时发生了一次重大的古今之变，上古官学由此渐渐变成春秋时代的私学，作为"经世之书"的六艺也变成了"恒久至道"的六经，孔子因其卓越成了这一转折中最关键的人物。

不过，司马迁毕竟不是孔子之前的古人，他的制作在对古学的理解之外，仍然别有怀抱。就拿前文反复提到的"亦欲以究天人之际，通古今之变，成一家之言"来说，雷家骥《中国古代史学观念史》就分析云："此三目的之间比较来说，究天人与通古今实为成家言的手段，而'成一家之言'则是总目的或目的之目的。执此而论，孔子之学术目的是为了承传先圣王官之道，而司马迁之学术目的则是为了成就一家之言。道为义法准则，以故天下言六艺者皆折中于夫子，乃变为经；家言为私家之学，是以述故事之异传异语者皆协整于史公，而俟后世圣人君子之继起，遂成为史。司马迁所著原先取名为《太史公》，正是揭示此为子学性质之私学。"如此，前面提到的《史记》与经、史、子的关系，或许可以重新理解一遍——从古学看，司马迁上承孔子理解的古史之学，完成了自己的拟经之举；从当时的社会情形和诸子蜂起看，《太史公》堪当一家之言，成为杰出子学的一家；从后世的影响看，《史记》独树一帜，成为官方所称"正史"的开端。拟经乃上古的古学，子学称得上孔子意义上的古学，而正史开端则是前面提到的新——这个新，或许就是其危险的原因？

三

西方思想发展过程中，一直有个被称为"诗与哲学之争"的话题。诗根本上意味着一种生活方式，照《戏剧诗人柏拉图》导言的说法："在柏拉图这里，哲学根本上也是一种生活方式，那么，哲学与诗的根本分歧就在于：什么才是真正好的生活方式；关于这一点，是诗人知道得更好，还是哲人知道得更好。"因此，"诗与哲学之争的根本含义是生活方式之争：诗代表的是民众的习俗生活，是城邦中多数人过的那种宗法生活，与城邦这个政治共同体密不可分；哲学则代表一种新兴的生活，是少数人过的那种追求智慧的生活，与城邦政治共同体必然发生冲撞"。或许，共同体上上下下感受到的危险，都跟这种有可能出现的新生活有关。更为困难的是，哲学无法从根本上避免这一危险："理性的局限使得哲学生活可能永远没有尽头、永远没有最终的结论，但是，政治生活显然不能处于这种局面，政治问题具有明显的紧迫性。这种差异导致的结果是双方面的。一方面，就哲学而言，其追问本性可能让哲学否认城邦持有的真理，这种否认反过来会让哲学陷入危险。……除非不写，这种危险性得不到根本避免。"需要说明的是，并非任何思考都能归为哲学，通常的思考仍属于宗法属性的诗，只有那些可能严重改变城邦生活的特殊思考,危险性才不可避免。

从六艺为古史的情形看,《春秋》一直处于特殊境地之中。张尔田云:"《易》也,《书》也,《诗》也,《礼》也,皆先王经世之旧史而孔子纂焉。故《易》谓之赞,《诗》《书》谓之删,《礼》《乐》谓之定,明其因旧史之文而无所更正也。惟《春秋》则不然,何则?周室东迁,天下无王久矣,孔子求古《春秋》而不得,不得已取鲁国史记,本百二十国宝书,用制义法,以匹夫而操天子褒贬之权,此《春秋》一经所以独称为作者。"《春秋》虽承接上古官学,列为六艺,却因其为"作"而造成了对政治共同体的冲撞。对这一问题,孔子本人非常清楚,《论语·季氏》中言:"天下有道,则礼乐征伐自天子出;天下无道,则礼乐征伐自诸侯出。天下有道,则政不在大夫。天下有道,则庶人不议。"孔子当时所处的,正是天下无道、政在大夫的时代,而他的所谓"作"《春秋》,不正是庶人而议天下事?这也就怪不得孟子会说:"世衰道微,邪说暴行又作,臣弑其君者有之,子弑其父者有之。孔子惧,作《春秋》。《春秋》,天子之事也,是故孔子曰:'知我者,其惟《春秋》乎?罪我者,其惟《春秋》乎?'"以庶人而行天子之事,自然会扰乱政治共同体的已成秩序,因而充满危险的气息,孔子在世时"累累若丧家之狗"也就在情理之中了。

起码到《汉书·艺文志》,孔子面对的风险,还为众所知:"《春秋》所贬损大人当世君臣,有威权势力,其事实皆形于传,是以隐其书而不宣,所以免时难也。"知悉并有意隐藏,既显示出孔子的认知程度，也为后世之学的变化开了先例。雷家骥仔细区分过孔子所学与孔子之学："'孔子所学'是王官之古史学，即后之经学；而'孔子之学'始为具有私议性质之儒学，《论语》即其代表。因此，儒家弟子传孔子之六艺，即是传义蕴王道之古史学；传孔子仁义礼智之说，则是传儒家之子学。……因此，儒家六艺学——即后之经学——之成立发展，是古史学之宗子，而儒家学说——则是古史学之别子。"结合张尔田的说法，自六艺至六经的过程可以分辨得再清晰点，即六艺本身（孔子所学）为古学，经学（孔子之学的古学部分）是古学宗子，而儒家学说（孔子之学的今学部分）是另外成立的古学别子。如果此说成立，那是不是可以认为，司马迁洞悉这一过程中的古今变化，有意选择了作为古学的一方，明白自己绍述的《春秋》是什么性质，也知道自己即将面对的巨大风险？

知道风险的存在，也就会明白，为什么司马迁会用"唯唯，否否，不然"，来回答壶遂将《史记》比为《春秋》的问题："孔子之时，上无明君，下不得任用，故作《春秋》，垂空文以断礼义，当一王之法。今夫子上遇明天子，下得守职，万事既具，咸各序其宜。夫子所论，欲以何明？"不是这样辞让性的否认，难道司马迁要坐实自己所处的也是"上无明君，下不得任用"的至暗时代？难道他能说自己就是要学习孔子的"采善贬恶，推三代之德"，不管不顾地"贬损大人当世君臣"？不过，虽然司马迁迂回曲折地否认自己继《春秋》的志向，但后世善读书者，自然看得懂其中的深曲之意。章学诚《文史通义》云："司马迁著百三十篇，自语'绍明世而继《春秋》'，信哉。三代以后之绝作矣。"钱大昕《廿二史考异》谓："子长述先人之业，作书继《春秋》之后，成一家之言，故曰《太史公书》。"钱穆《太史公考释》则指出："《太史公》则司马迁一家之私书，当与孔子《春秋》齐类，不当与鲁《春秋》、晋《乘》、楚《梼杌》相例。"

需要留意的或许是，《太史公》跟《春秋》的关系被强调，大多出现在较晚的时期，那原因，恐怕并非离《太史公》较近的人不知其中关键，而是认为属于常识，不用特别指出。张尔田解释这个常识时谓："后世史体创自司马迁。迁书固整齐百家杂语，厥协六经异传者也。其言曰：'有能绍明世，正《易传》，继《春秋》，本《诗》《书》《礼》《乐》之际？意在斯乎！意在斯乎！'以《史记》一书上儗六艺，则六艺之为史，古人已先我言之矣。其后班固续迁《史》而修《汉书》，亦曰：'纬六经，缀道纲，总百氏，赞篇章。'固书实本于刘歆，歆尝与其父刘向撰《七略》《别录》矣。凡历史群籍尽宾六艺，岂向、歆不知立史簿乎？亦以六艺即史，无庸别建义类也。"或者，只需知道《汉书·艺文志》将《史记》列入"六艺略"的"春秋类"，即可见出这一常识的覆盖面（这情形至《隋书·经籍志》而生变化，容后再论）。只是，尽管《汉书》明确把《史记》列入"六艺略"，却并非对其无间言——

> 至于采经摭传，分散数家之事，甚多疏略，或有抵梧。亦其涉猎者广博，贯穿经传，驰骋古今，上下数千载

间，斯以勤矣。又其是非颇缪于圣人，论大道则先黄老而后六经，序游侠则退处士而进奸雄，述货殖则崇势利而羞贱贫，此其所蔽也。然自刘向、扬雄博极群书，皆称迁有良史之材，服其善序事理，辨而不华，质而不俚，其文直，其事核，不虚美，不隐恶，故谓之实录。

考虑到《汉书》的官方背景和汉时对《史记》的评价，这段话很像是某种特意而为的总结性发言。扬雄《法言·重黎篇》云："或问，《周官》曰立事，《左氏》曰品藻，太史迁曰实录。"《汉书·扬雄传》记其言曰："及太史公记六国，历楚、汉，讫麟止，不与圣人同，是非颇谬于经。"班彪的弟子王充在《论衡》中经常提到《史记》，其言有褒有贬，选《案书》中的一段吧："汉作书者多，司马子长、扬子云，河汉也，其余泾渭也。然而子长少臆中之说，子云无世俗之论。"这里的"少臆中之说"，差不多就是上文"其文直，其事核，不虚美，不隐恶"的意思的概括吧。对《史记》最大的非议，即扬雄所谓的"不与圣人同，是非颇谬于经"，恰与引文中的"是非颇缪于圣人"意见类似，否认了司马迁对六艺和孔子的推重。

上文中最为后世关注的部分，是所谓的"史公三失"——"论大道则先黄老而后六经"批评《论六家要旨》先道后儒，"序游侠则退处士而进奸雄"指责《史记》为罪不容诛的游侠立传，"述货殖则崇势利而羞贱贫"则直斥司马迁立《货殖列传》为嫌贫爱富。在班固的时代，其中的每一失都足以降低司马迁的身位，甚至让其著述很难在共同体立足。

汉代的这些评价，似乎出现了富有意味的分裂。他们把《史记》放入经的行列，却嫌它谬于圣人。如此，则《史记》在所属的品类里算不得极其杰出。与此同时，多数人在强调《史记》的实录精神，仿佛离开高明的见识也可以有实录。究其质，应该是社会和文化背景发生了巨大的变化，如张尔田所言："汉兴，武帝尝置太史公，位在丞相上，天下计书先上太史，副上丞相，使司马父子为之，而迁叙史学之源流亦曰'司马氏世典周史'。何则？古之学术皆出于官守，有一官即有一学，非世世诵习则不能宣阐微言大义之所存。此于百家莫不皆然，况史为君人南面之术哉？自汉宣帝改太史公一官为令，奉行文书，于是褚先生、刘向、冯商、扬雄、班固之徒并以别职来知史务，道统既异，官亦无足轻重矣。史学（按古史学）之亡，盖在斯时乎？《史记》一书，上以结藏室（按道家）史派之局，下以开端门（按犹宫堂）史统之羃（按覆盖）。自兹之后，史遂折入儒家，别黑白而定一尊，虽有良史，不过致谨于书法体例之间，难以语乎观微者已。"

伴随着太史位格的下行，掌史务者的身份也开始转卑，古史学的地位同时大幅度降低。加上汉武独尊儒术，史渐渐难以厕身经学之列，而最终逼出的局面，就是经史的分途。

六经之后,惟有此作

《史记》的传播与评价

一

启蒙时代的托兰德（John Toland，1670年—1722年）还清楚隐微和显白写作的分别，并非常准确地将之归纳为内在和外在问题。他在名为《掌管城门钥匙的人》的目录后给出一段解释："掌管城门钥匙的人；或关于显白的和隐微的哲学，亦即关于古人的外在和内在的学说；前者乃开放的和公开的，顾及大众偏见和既有宗教；后者则为私人的和秘密的，教导剥去所有伪装的真正的真理，适于胜任的和分散的极少数人。"

这样说对内、对外问题，显得有点太过郑重，不妨就用金克木的话来表达："（佛教文献）可以大别为二类，一是对外宣传品，一是内部读物。（这只是就近取譬，借古喻今，以便了解；今古不同，幸勿误会。）不但佛书，其他古书往往也有内外之别。讲给别人听的，自己人内部用的，大有不同。这也许是我的谬论，也许是读古书之一诀窍。古人知而不言，因为大家知道，我则泄露一下天机。古人著书差不多都是心目中有一定范围的读者的。所谓'传之其人'，就是指不得外传。"即便中国人耳熟能详的《论语》，因为"是传授门人弟子的内部读物，不像是对外宣传品，许多口头讲授的话都省略了；因此，书中意义常不明白"。文中用到的"传之其人"，正出自《报任安书》，"藏之名山，传之其人，通邑大都"。

如果考虑到庄子的说法，"万世之后而一遇大圣知其解者，是旦暮遇之也"，那"传之其人"就可能不只是不得外传，也有传至后世有心人的意思。差不多相似的心境，卢梭在《论科学和艺术的复兴是否有助于使风俗日趋纯朴？》序言里也表达过："我既不打算取悦那些才俊，也不想讨好各位名流。在任何时候都有一些屈从于他们的时代、他们的国家和他们的社会风向的人……既然想超越所生活的时代，就不能为这样的读者而写作。"是这样没错吧，"有些人死后才出生"，不必非要期待当世的理解。

或许，雷家骥就是从这个方向看待"传之其人"的："《太史公自序》及《报任少卿书》一再强调'思来者'。……然其《报任少卿书》又续云：'仆诚已著此书，藏之名山，传之其人，通邑大都，则仆偿前辱之责，虽万被戮，岂有悔哉！'此即新学术已完成，若能广为传播，流之后世，则前辱已偿，斯时虽遭诛戮亦无悔矣。……窃意此句应与《自序》末语所谓'藏之名山，副在京师，俟后世圣人君子'合在一起推敲，庶乎可得其真旨。……'其人'也者，当指'后世圣人君子'，断非期盼于常俗之人。正本藏之名山而外，副本存在京师（通邑大都），传之其人，以待后世圣人君子。新学术的始出，当世往往不易一下子接受，故与司马迁同时并世诸子，他似无寄予厚望之意。"

无论司马迁设想的后世有多远，起码他在世的时候，除了壶遂，东方朔也可能读过其中的大部分篇章。照上面文章中提到过的桓谭说法，东方朔不但读过《太史公》，里面的"太史公"字样，就是他加上去的。只是，即便东方朔真的读过《太史公》，那也是司马迁自己举示的，不能算书成后的流传。

现在能看到最早引用《太史公》的，是汉昭帝始元六年（前81年）召开的盐铁会议上。需要指出的是，参加此次会议的，除当时的朝廷重臣，就是贤良文学，也就是有功名或有名声的地方人士。其间引用《史记》较为显著的例子，是《论功》中引《秦始皇本纪》，《西域》中引《匈奴列传》，《刑德》中引《酷吏列传》，《毁学》中引《老子韩非列传》。有意思的是，盐铁会议的召集人之一桑弘羊，在发言中就隐括了后来班固反对的《货殖列传》。这引用非常可能说明，起码在汉代操持具体事务的大臣看来，司马迁说中了某些社会症结，值得特别重视——

> 司马子言，天下穰穰，皆为利往。赵女不择丑好，郑姬不择远近，商人不丑耻辱，戎士不爱死力，士不在亲，事君不避其难，皆为利禄也。

有人据《盐铁论》的引用，认为《史记》当时已经流传朝野，这推论恐怕稍过于勇猛。首先是《汉书·司马迁传》载，"迁既死后，其书稍出。宣帝时，迁外孙平通侯杨恽祖述其书，遂宣布焉"。杨恽宣帝时（前74年—前48年在位）公开其书，比盐铁会议的召开晚，引用显然并非自此。如果《史记》的正副本果然只有两部，一部藏于京师（应指居于京师的家中），一部藏于名山（非常可能是皇家图书馆），则盐铁会议上引用的来处只能是名山所藏。从上述东平王求书不得来看，《史记》当时在上层的传播范围，因朝廷忌讳而非常有限，或许只有王公大臣和地方上的特选之士才得以观览。

陈直《汉晋人对〈史记〉的传播及评价》概云："《史记》在西汉时期，是少数大官僚见的，是少数博士先生读的，如桑弘羊、王凤等人，才可以见到，其余则为在天禄、石渠（案均为皇家图书馆）校书的人，才可以读到。"有两个例外，《史通》载隐居不仕的卫衡曾续补《史记》，《罗布淖尔考古记》有边地引《史记·匈奴列传》之例，以致陈直认为，西汉末期，《史记》"在官僚则秘不示人，在私家则传播最速，如卫衡是隐居乡里之人，也可以续补一部分，居延是边郡之地，也可以书写一部分，他们所见，未必是全部，一传一节，互相口传，汉廷愈秘密，则民间愈流传"。虽非孤证，但两例是否足以证明《史记》在汉代民间的流传之速，恐怕是要存疑的吧？

尽管被高层忌讳，汉代对《史记》续补的情况却所在多有。《集解》引三国时张晏语云："迁没之后，亡景纪、武纪、礼书、乐书、律书、汉兴已来将相年表、日者列传、三王世家、龟策列传、傅靳蒯列传。元成之间，褚先生补阙，作武帝纪，三王世家，龟策、日者列传，言辞鄙陋，非迁本意也。"刘知幾《史通·正史篇》记曰："《史记》所书，年止太初，其后刘向，向子歆，及诸好事者，若冯商、卫衡、扬雄、史岑、梁审、肆仁、晋冯、段肃、金丹、冯衍、韦融、萧奋、刘恂等相次撰续，迄于哀、平间，犹名《史记》。"据《后汉书》，班固的父亲班彪也曾续作《史记》："武帝时，司马迁著《史记》，自太初以后，阙而不录。后好事者颇或缀集时事，然多鄙俗，不足以踵继其书。彪乃继采前史遗事，傍贯异闻，作后传数十篇。"这些续补之作，有的出于好事者的私人爱好，有的则是受命官方的奉诏所为，《史记》因危险而形成的禁忌和因杰出而形成的爱戴差不多并时而兴，或许说明时代已经来到了某个转折点。

虽然有人引用、有人续补，但起码到东汉中期，这本巨著还没得到很广泛的传播。如果以《史记》名称的变化来思考这问题，或许可以看到一本书在世间缓慢变化的模样。据陈直《太史公书名考》，《史记》起初的名称很多，变化也很复杂："《史记·太史公自序》：'凡百三十篇，五十二万六千五百字，为《太史公书》。'是司马迁自定原名为《太史公书》。嗣后西汉诸儒多沿用此名称，故《汉书·艺文志》列《太史公书》于《春秋》类。一变为《太史公记》，《汉书·杨恽传》云'恽母，司马迁女也，恽始读外祖《太史公记》'是也。再变为《太史记》，《风俗通义·正失篇》云'谨案《太史记》，燕太子丹留秦，始皇遇之益不善，燕亦遂灭'是也。三变为今称《史记》。其他有称《太史公传》（见《史记·龟策列传》褚先生补）及《太史公》者（见《扬子法言·问神篇》），均属在演变中多种的名称。"举用了各类碑刻及文献材料后，陈直的结论是，《史记》这一名称的确立，"决定开始于东汉桓帝之时"。

《史记》这书名流行之前的究竟如何称呼，我略倾向于钱穆《太史公考释》中的说法："或称《太史公记》，或称《太史公传》，或称《太史公书》，皆非正称。太史公书者，犹云诸子书，孟子、老子书，若正名以称，则应曰《孟子》《老子》《太史公》，不得加书字。至曰记曰传，则举一偏以概，更非其书之本称。"

钱穆这里的意思，是确认《太史公》为子书。前述桑弘羊称司马迁为司马子，不也说明《太史公》的子书性质当时人所共知？只是，甚至不用到陈直点明的东汉末期，《汉书·艺文志》即已经蕴含了《史记》书名变化和类别归属的肇因。李纪祥《〈史记〉之"家言"与"史书"性质论》，于细微处见精神："古代之历史文化，作为典籍式的保存，皆存于官府，此所以称之为'王官之学'。古代的王官之学，是总称之为'六艺'的，这个六艺，经历了东周迄汉初的剧烈变迁，到了汉武帝成立新的王官之学时，已经转化而成为经过孔子及其后学所转述出的'新六艺'，即'六经'。……班固是将《史记》——即《太史公书》归入于《六艺略》的'春秋'类下的。可见他是以史公之'造史意识'来为其归类。如此，则展现在《艺文志》中的《太史公书》，自是依从于孔子之《春秋》而同属官学的性质……但官学怎么能称之为司马迁自谓的'一家之言'呢？因此，《史记》实是因其'造史意识'而继承《春秋》，又因依赖《春秋》而入于官学的《六艺略》的。但班固虽将《史记》接于《春秋》之下，保存了《史记》的一个学术源流的重要方面，但就'家言''诸子'这一层而言，却也使得《史记》

在这方面的学术性格相对隐晦不彰,几使人只记《史记》为史书,而忘却其亦为诸子之家言。"其实不只是子书的一面,随着社会和学术的不断演进,《史记》从属经类的情形,也在不断发生变化。

二

一个人的著作再伟大,其身后的命运也很难测知。"色诺芬注疏集"出版说明云:"古希腊伟大的著作家色诺芬(Xenophon,约公元前430年—350年)是苏格拉底的两位最善于通过写作从事文教的学生之一,传下的著作体裁多样……自希腊化时期以来,色诺芬就添列无可争议的古希腊经典作家之位,其著作因内容高贵典雅、文笔质朴清新,从古罗马时代以来到近代,一直是西方古典文学的基础范本。"可自笛卡尔之后,不谈"形而上学"的色诺芬地位大幅下滑,以至伯里(J. B. Bury,1861—1927)在《希腊史学家》(*The Ancient Greek Historians*)中的评价近乎嘲讽:"无论在史学还是在哲学方面,他都只能算是个业余爱好者,他根本无法理解修昔底德的方法,一如他无法明白苏格拉底的说教。他有很好的文学天分,多种多样的作品,使他在希腊文学史上算个人物。但是他的理解力平平,不能透过现象看本质。如果他生活在今天,最多不过一名高级记者和宣传干事,可能会发表战地通讯,写作普通英雄人物的传记。作为历史学家,也就能写写回忆录。"20世纪中期以来,因列奥·施特劳斯的反复笺释,色诺芬重回经典行列，"西方学界整理、注疏、读解色诺芬著作又蔚然成风，成就可观"。忒伦提乌斯·莫鲁斯（Terentianus Maurus）言："书有自己的命运，要视读者接受的情况而定。"（Pro captu lectoris habent sua fata libelli.）色诺芬作品的遭际如此，《史记》的流传过程也不例外。

终汉一代，虽然对《史记》的引用和续补看起来层出不穷，但注解者却不多。司马贞《史记索隐后序》谓："古今为注解者绝省，音义亦希。始后汉延笃，乃有《音义》一卷。又别有《音隐》五卷，不记作者何人。近代鲜有二家之本。"传为柳宗元所作的《龙城录》云："沈休文有《龙山史记注》，即张昶著。昶后汉末大儒，世亦不称誉。"注解绝少的原因，陈直《汉晋人对〈史记〉的传播及评价》推测过："《史记》汉人以为谤书，多不敢注解，与《汉书》在东汉末期，已有服虔、应劭等家注解不同。"

或许是时代风向发生了转移，三国时期，曹丕和孙权都爱好《史记》。曹丕《典论》自谓，"余是以少诵诗、论，及长而备历五经、四部，史、汉、诸子百家之言，靡不毕览"。孙权则鼓励吕蒙等读史，"至统事以来，省三史、诸家兵书，自以为大有所益。如卿二人，意性朗悟，学必得之，宁当不为乎？宜急读孙子、六韬、左传、国语及三史"。照此来看，注解应该稍稍增加一下吧？然而三国时期，竟没有一个人出来注释《史记》。只有到了晋代，刘宋的徐广始有《史记音义》十二卷，后由裴骃继之而为《史记集解》。又南齐邹诞生撰《音义》三卷，"音则尚奇，义则罕说"，质量似乎不高。不过，从此以后，注《史记》的就大大增多了。

《史记》不如《汉书》幸运的是，其授受没能较早且广泛。《后汉书·曹世叔妻列传》曰："时《汉书》始出，多未能通者，同郡马融伏于阁下，从昭受读，后又诏融兄续继昭成之。"又《隋书·经籍志》："《史记》《汉书》师法相传，并有解释。梁时，明《汉书》有刘显、韦棱，陈时有姚察，隋代有包恺、萧该，并为名家。《史记》传者甚微。"不过，传授者少却并非没有，只是看起来有点不绝如缕的样子。明确记载的《史记》传授，见于《晋书·刘殷传》："（殷）有七子，五子各授一经。一子授《太史公》，一子授《汉书》，一门之内，七业俱兴。"后世的传授过程，《史记》和《汉书》仿佛总是连类而及。《隋书·儒林传》："（包恺）从王仲通受《史记》《汉书》，尤称精究。"又《李密传》："（密）师事国子助教包恺，受《史记》《汉书》，励精忘倦，恺门徒皆出其下。"《新唐书·王綝传》："方庆（按王綝字）起家越王府参军，受司马迁、班固二史于记室任希古。希古它迁，就卒其业。"

即便搜集再多的线索，起码到武周时期，《史记》的传授始终没能达到《汉书》的规模，这情形或许就跟前面提到的危险性有关。不过，形势很快便发生了变化，《日知录》卷十六隐括唐穆宗长庆三年二月谏议大夫殷侑言，"司马迁、班固、范晔三史为书，劝善惩恶，亚于六经。比来史学废绝，至有身处班列，而朝廷旧章莫能知者"，有关方面"于是立三史科及三传科"，几乎就此以官方身份宣告了《史记》危险性的消失。

以上只是传播过程中的外部状况，另外还有一种内部情形需要注意。《文史通义·史注篇》谓:"至于史事,则古人以业世其家,学者就其家以传业。夫马、班之书,今人见之悉矣,而当日传之必以其人,受读必有所自者。古人专门之学,必有法外传心,笔削之功所不及,则口授其徒,而相与传习其业,以垂永久也。迁书自裴骃为注,固书自应劭作解,其后为之注者,犹若干家,则皆阐其家学者也。"逯耀东《〈隋书·经籍志·史部〉的形成历程》分析了这种师法相传的现象与史注出现的关系:"由于史书与经书一同为传习的对象,史书也像经书一样有了单独的注释。……阐其家学,严守家法是注经者必须严格遵从的准则。史学成为专家之学后,设帐授徒,口传其业,必然会发生音读与解义的困难,因此产生了训故音义的教学方式,这种教学方式与经学'法外心传'是一脉相承的。"

正是在此过程中,"经史"作为一个名词出现了:"魏晋以后,'经史'并称的现象已经很普遍。……这说明一个现象,那就是史学不仅不再是经学的附庸,而且上升至与经学同等的地位,并与经学同样成为教授与学习的对象。"这里描述的经史并称标明了经史的分离,应该是非常明确的,但说史上升至与经学同等的地位,则似乎有点激进。相较起来,胡宝国《经史之学》的结论更为审慎:"'经史'一词的出现意味着经史的分离(按《史记》等史书原附经书《春秋》类下)……'经史'一词的出现也同样意味着经史仍有密切的关系(按史书的注释与传授仍模拟经学的注释与传授)。总之,史学虽然从经学中独立了出来,但这一转变过程不可能脱离原有的学术基础。"

经史的分离和依存关系变化，必然反应到图书目录的编制上。据逯耀东文："在经史对称的魏晋之际，首先出现了荀勖据郑默的《中经》所编纂的《新簿》，将秘阁书籍分为四部，经部的书籍列于甲部，《太史公书》则入丙部。在文史合流的东晋初期，李充整理图书分为甲乙丙丁四部，将史部书籍置于乙部，是后来《隋书·经籍志》所依据的四部分类，最早出现的形式。最后，当《文选》将史传著作摒于文学创作之外的时候，阮孝绪的《七录》的《纪传录》都收容了全部的史学著作，而且史学著作的形式分成十三种之多。不仅种类众多，《隋书·经籍志》的《史部》就建筑在这个基础上。"也是从《隋书·经籍志》开始，《史记》被置于史部首位，并进而成为正史之首："自是（按《三国志》之后）世有著述，皆拟班、马，以为正史，作者尤广。一代之史，至数十家。"也就是说，不需要等到唐穆宗时代的朝廷立科，《史记》的危险性已在官方意义上基本消失，甚至成了某种值得倡导的方向。从这个方向看，赵翼《廿二史札记》关于《史记》的那段话，要到纂修《隋书》的唐代才真的成立："司马迁参酌古今，发凡起例，创为全史。本纪以序帝王，世家以记侯国，十表以系时事，八书以详制度，列传以志人物，然后一代君臣政事，贤否得失，总汇于一编之中。自此例一定，历代作史者遂不能出其范围，信史家之极则也。"

上引逯耀东文，除了经史之分，还提到了文史之别。胡宝国《文史之学》中描述了这一现象："'文史'一词被频繁使用确是从南朝开始的，这与晋代使用的经史一词相似，也具有双重含义，既意味着文与史的分离，也意味着文与史还有紧密的联系。不过从发展趋势来看，分离是主要的方面。萧统《文选》不收史著，他在序中论及选文标准说：'至于记事之史，系年之书，所以褒贬是非，纪别异同，方之篇翰，亦已不同。'这里，'文'终于排斥了'史'，'文'与'史'的区别愈来愈为人们所认识。通常以为史学与经学分离后即告独立。如果把标准定得再苛刻些，或许可以说，只有到史学与文学也划清界限后，史学才真正获得了独立。"

至此，或许可以说，无论从内部还是外部来看，《史记》和史这一门类，都已获得了稳定的独立位置，所有的质疑和问难都不再能遮挡其光芒。只是，想起《庄子·天下篇》里的话，"百家往而不反，必不合矣！后世之学者，不幸不见天地之纯，古人之大体，道术将为天下裂"，隐隐为上拟《春秋》，方驾诸子的《太史公》感到轻微的可惜。自然，也用不着太为古人担忧，所有的阅读，都是为了现在。只有一个问题大概值得留意，那个跟史分离的"文"，越来越庞大并进而成了评论《史记》的重要依据。

三

后世评价一部作品最容易的方式，就是将之划分进某个清楚的领域，然后按这个领域的标准来对照。悖谬的是，那些堪称伟大（或本来就是伟大）的作品，本来就难以归类，如锡德尼（Philip Sidney）《为诗辩护》(*Apologie for poetrie*) 谈到柏拉图的作品："任何好好研究柏拉图的人都会发现，虽然他作品的内容和力量是哲学的，它们的外表和美丽却最为依靠诗。因为全部都是依靠对话，而在对话中他虚构了许多雅典的善良市民，来谈那种他们上了大刑也不肯吐露的事情；此外，他那富有诗意的会谈细节的描写，如一个宴会的周到安排，一次散步的高情逸致等等，中间还穿插着纯粹的故事，如古格斯的指环等，不知道这些东西是诗的花朵的人，是从未进过阿波罗花园的了。"不必着急用柏拉图将诗人逐出理想国的事为辩，因为锡德尼熟读柏拉图，当然知悉这典故，上文应该有更深层的原因。

这深层原因，作为古典语文教授的尼采心知肚明："设想柏拉图的作品丢了，哲学从亚里士多德开始，我们就根本无法想象这样一位古代哲人，他同时也是一位艺术家。"所谓从亚里士多德开始的哲学，应该是分门别类、以论证为主的学术系统。这是不是说明，西方很久以来就试图恢复柏拉图艺术家（诗人）身份以开阔其学术源头？反推到《史记》，差不多是相反的情形，自唐之后，越来越多的人考虑的是司马迁的集部（艺术家）身份——反倒是其经学、子学甚至史学身位，需要不断有人提示。

有唐一代与《史记》密切相关的著述，一是出现了司马贞的《史记索隐》和张守节的《史记正义》，二是刘知幾《史通》对《史记》多有评说。前两本《史记》注释，后来跟裴骃的《史记集解》合称为"《史记》三家注"，是《史记》流传下来最早，也最重要的注本。钱大昕《廿二史考异》指出，唐代两家注各擅胜场："司马长于驳辩，张长于地理，要皆龙门功臣，难以偏废。"更有意味的是，三家注互相关联，如程金造《史记管窥》言："应以裴氏《集解》解释《史记》正文，而《索隐》在解释正文之际，有时疏通裴氏《集解》；《正义》也是在解释正文之际，又疏通裴氏《集解》和小司马《索隐》。"或许正因为如此，才有了宋代将三家注合刻的做法吧。

至于刘知幾《史通》，则对《史记》有赞有弹，赞如肯定《史记》作为纪传体开山的地位，"《史记》者，纪以包举大端，传以委曲细事，表以谱列年爵，志以总括遗漏，逮于天文、地理、国典、朝章，显隐必该，洪纤靡失，此其所以为长也"；弹如言《史记》难以媲美《春秋》，"至太史公著《史记》，始以天子为本纪，考其宗旨，如法《春秋》。其所书之事也，皆言罕褒讳，事无黜陟，故马迁所谓整齐故事耳，安得比于《春秋》哉"；如否定《史记》的通史体例，"寻《史记》疆宇辽阔，年月遐长，而分以纪传，散以书表。每论国家一政，而胡、越相悬；叙君臣一时，而参、商是隔。此其为体之失者也"。有人据此认为刘知幾自相抵牾，其实，只要知道史体已立，位在经下，而史以实录为先，且纪传体是后来正史的统一选择，而除《史记》外的所有正史都是断代史，就大体可以明白《史通》的评价所本了。

史学而外，有唐一代，《史记》在另外的领域墙外开花。唐代中叶，文人们不满六朝以来讲究排偶、用典，注重辞藻、音律的骈文，极力倡导先秦两汉散行单句的古文，由此形成了文学上有名的"古文运动"。伴随这一运动的整体潮流，经韩愈、柳宗元等人的推崇，司马迁的文学地位持续上升。韩愈评价柳宗元的文章时，赞其"雄深雅健似司马子长"。刘熙载《艺概》云："昌黎谓柳州文雄深雅健似司马子长。观此评，非独可知柳州，并可知昌黎所得于子长处。"白居易《韩愈比部郎中史馆修撰制》也谓："韩愈学术精博，文力雄健，立词措意，有班、马之风。"柳宗元《报袁君陈秀才书》曰，"太史公甚峻洁，可以出入"，又《答韦中立论师道书》言自己为文常"参之《太史公》以著其洁"。韩愈弟子也多推尊司马迁，如裴度《寄李翱书》云："司马迁之文，财（按义裁）成之文也，驰骋数千载，若有余力。"有文坛领袖推波，门人弟子助澜，学习司马迁文章自然蔚成风气，如章学诚所言——

> 六朝骈丽，为人志铭，铺排郡望，藻饰官阶，殆于以人为赋，更无质实之意。是以韩柳诸公，力追《史》《汉》叙事，开辟蓁芜。其事本为变古，而光昌博大，转为后世宗师。

宋代开始，《史记》开始大规模刊刻，流传范围进一步扩大。这一时期对《史记》的评价，主要方向是强调其会通的一面。郑樵《通志》总序云："会通之义大矣哉！司马氏世司典籍，工于制作，故能上稽仲尼之意，会《诗》《书》《左传》《国语》《世本》《战国策》《楚汉春秋》之言，通黄帝尧舜至于秦汉之世，勒为一书，分为五体，使百代而下，史官不能易其法，学者不能舍其书。六经之后，惟有此作。"马端临《文献通考》自序谓:"《诗》《书》《春秋》之后,惟太史公号称良史,作为纪、传、书、表。纪、传以述理乱兴衰,八书以述典章经制,后之执笔操简牍者,卒不易其体。然自班孟坚而后,断代为史,无会通因仍之道,读者病之。"胡宝国《〈史记〉的命运与史学的变化》谓:"宋代史家有追求会通的风气,司马光的《资治通鉴》是通贯性的著作,郑樵的《通志》、马端临的《文献通考》也都是通贯性的著作。他们从会通的角度看《史记》,自然会给与司马迁以很高的评价。"除此之外,宋代在班马异同的讨论上取得了很大进展,不仅言论众多,还出现了《班马异同》和《班马字类》这样的专书。另有苏洵,首次提出后来被称为"互见法"的《史记》特殊体例,"本传晦之,而他传发之","于传详之,于论于赞复明之"。

元明之时,对《史记》讨论主要集中在文学方面,与文学相关的评点风气也盛行起来。前者,不妨举三例以概其余。方孝孺《逊志斋集》卷十一云:"《史记》之文,如决江河而注之海,不劳余力,顺流直趋,终焉万里。势之所触,裂山转石,襄陵荡壑,鼓之如雷霆,蒸之如烟云,登之如太空,攒之如绮縠,回旋曲折,抑扬喷伏,而不见艰难辛苦之态,必至于极而后止。"王世贞《弇州山人四部稿》卷一四六谓:"太史公之文有数端焉:帝王纪以己释《尚书》者也,又多引图纬子家言,其文衍而虚。春秋诸世家,以己损益诸史者也,其文畅而杂。仪、秦、鞅、睢诸传,以己损益《战国策》者也,其文雄而肆。刘、项纪,信、越传,志所闻也,其文宏而壮。河渠、平准诸书,志所见也,其文核而详,婉而多风。刺客、游侠、货殖诸传，发所寄也，其文精严而工笃，磊落而多感慨。"顾炎武《日知录》卷二十六，指出《史记》独特的叙事特色："古人作史，有不待论断而于序事之中即见其指者，惟太史公能之。《平准书》末载卜式语，《王翦传》末载客语，《荆轲传》末载鲁勾践语，《晁错传》末载邓公与景帝语，《武安侯田蚡传》末载武帝语，皆史家于序事中寓论断法也。"至于评点，当时文士如茅坤、钟惺、杨慎、李贽、金圣叹等，或长篇大论，或只言片语，都能指出《史记》某方面的特点。就拿金圣叹来说吧，他评点《才子古文》，批《匈奴列传赞》云："史公不喜武帝穷兵匈奴，然又不敢深论，故特地一笔出、一笔入。"又《读第五才子书法》中云："《水浒传》一个人出来，分明便是一篇列传。至于中间事迹，又逐段逐段自成文字。"

清代的《史记》研究蔚然成风，论文众多，仅专著就有几十部。这些著述大别可分为两类，一是考据，一是论文。林纾《桐城吴先生点勘史记读本序》中云："余谓先辈治《史记》者，厥有二派，甲派如钱竹汀之《考异》，梁玉绳之《志疑》，王怀祖之《杂志》，均精核多所发明。而梁氏成书至三十六卷，论黄帝一事几千言，其下历举异同，良足以刊《史记》之误。乙派则归震川、方望溪及先生之读本，专论文章气脉，无尚考据。二者均有益于学子，然而发神枢鬼藏之秘，治丛冗秃肖之病，导后进以规辙，则文章家较考据为益滋多。顾不有考据，则瞀于误书；不讲文章，则昧于古法。"考据者重实，强调的是史的一面，如钱大昕《十驾斋养新录》卷十三谓："史家纪事，唯在不虚美，不隐恶，据事直书，是非自见。若各出新意，掉弄一两字，以为褒贬，是治丝而棼之也。"论文则以"义法""神气""雅洁"等显示《史记》文学之美，这方式在彰显《史记》的同时，也受到了同代人的质疑，如姚鼐在写给弟子的信中言："望溪（按方苞）所得，在本朝诸贤为最深，而较之古人则浅。其阅太史公书，似精神不能包括其大处、远处、疏淡处及华丽非常处，止以'义法'论文，则得其一端而已。"

或许，不只义法论文仅得其一端，单论文或史，或者只强调《史记》的某一面向，仍然仅得其一端。要认识《史记》的真正面貌，大概应该回到司马迁的自我认知那里，回到整全的文化系统那里——而这，差不多也正是我们写这些文章的目的。

不如见之于行事之深切著明也
《史记·河渠书》试读

一

　　一本有抱负的书，如果作者有机会陈述自己的设想，通常会非常精彩，并在根源上澄清某些不必要的误解。比如希罗多德那本后人称为《历史》(Ἱστορίαι)的书，其原意并非实证性地书写历史："这里展示的是哈利卡尔纳索斯人希罗多德的探究，为的是人世间发生的事情不致因年代久远而泯灭，一些由希腊人、一些由异邦人表现出来的值得赞叹的丰功伟绩不致失去光彩，尤其是要探究他们相互敌对的原因。"根据这段开篇的话，一部希腊文教本指出，"希罗多德写作《原史》有两个具体目的：首先，记叙希腊人和波斯人过去的伟绩；第二，探究希腊人和波斯人相互敌对的'原因'——希罗多德后来让我们看到，这个'原因'是：希腊人为了捍卫自己的自由民主而与波斯人争战。《原史》中的主角是当时的历史要人：波斯君王们、希腊政治家和将军们，要事则是重大战役。但所有这些都是骨架，不同民族的生活方式（礼法 =νόμος）才是全书的血肉……"如此，这部九卷本的书应恰切地理解为"探究历史"，译名也应合理地改为"原史"。

接下来,《原史》开始讲述环环相扣的抢女人故事,最终,帕黎阿摩斯人抢走海伦,导致希腊人捣毁特洛伊。讲完这一系列劫女故事,希罗多德调转笔锋,点出这些故事的起因,并再次陈述自己的作书之义:"关于这些个说法,我不想去说,事情究竟是这样还是那样,而是想要指出那个人,据我所知,正是他率先对希腊人做出不义之举。然后我会接着讲下去,以同样笔墨详述人间大大小小的城邦。从前曾经伟大的城邦,如今有许多已经变得渺小,在我的时代强盛的城邦,过去却微不足道。由于我相信,人间的飞黄腾达决不会就此留驻,我将一视同仁地来忆述大小城国(的命运)。"根据上面教本中的说法,这话是"希罗多德清楚地告诉读者,他并非仅仅是要记述关于这些事件的说法,而是要追究事件的原因:天下城邦的渺小和伟大。可见,希罗多德的写作抱负非常大器:探究政治制度的优劣——正是制度使得一个城邦过去微不足道而如今显赫或者相反"。劫女故事的至深根源,或许就是那个率先对希腊人做出不义之举的吕底亚僭主克洛伊索斯,从此不义推动了不义?

《史记·司马相如列传》赞语中,司马迁云:"《春秋》推见至隐,《易》本隐之以显。"文中的隐,或许可以看成历史发展的至深根源。有继《春秋》之志的司马迁,当然致力探究历史的发展并寻找其至深根源。用《报任安书》中的说法,就是"仆窃不逊,近自托于无能之辞,网罗天下放失旧闻,略考其行事,综其终始,稽其成败兴坏之纪,上计轩辕,下至于兹,为十表,本纪十二,书八章,世家三十,列传七十,凡百三十篇"。"稽其成败兴坏之纪"不就是"探究历史"?"成败兴坏",不就是"人间的飞黄腾达决不会就此留驻"?

希罗多德说明作书的原因后,马上把笔转向历史的深闱,去窥探不义的情欲会引发怎样可怕的后果,怎么看都像精心编织的情节。比较起来,司马迁则显得规矩多了。说明了取材范围("网罗天下放失旧闻")、材料处理方式("综其终始")、要达成的目的("稽其成败兴坏之纪")之后,他指出了著述的断限("上计轩辕,下至于兹"),同时列出了《史记》的总体结构,"为十表,本纪十二,书八章,世家三十,列传七十"。有意思的是,这个结构的排列顺序,跟《太史公自序》略有不同——

> 网罗天下放失旧闻,王迹所兴,原始察终,见盛观衰,论考之行事,略推三代,录秦汉,上记轩辕,下至于兹,著十二本纪。既科条之矣,并时异世,年差不明,作十表。礼乐损益,律历改易,兵权山川鬼神,天人之际,承敝通变,作八书。二十八宿环北辰,三十辐共一毂,运行无穷,辅拂股肱之臣配焉,忠信行道,以奉主上,作三十世家。扶义俶傥,不令己失时,立功名于天下,作七十列传。

两相对比,五体之中,顺序有别的是十二本纪和十表。写《报任安书》时,《史记》应该还没有完成,顺序是司马迁预设的。作《太史公自序》时,全书已经杀青,应是综合考虑后将两者的顺序对调。照阮芝生的理解，"本纪所记的乃是历史的纲要，它是以人群组织的宰制者为统系，按照时间的顺序来记载人群各种重要的活动。因此，在《史记》一书中来说，本纪就是全书的纲领"。但《史记》涉及的历史时期太长了，要对长期的历史或某一性质的史事做总体把握或关键理解，"就必须选择一些史事，先作'提要'，然后'汇总'在一定篇幅的表格内，使得读者能够在较短时间内迅速地把握到要点"。如此，"本纪既是全书的大纲，则表是大纲的大纲。未读大纲，焉能先看大纲的大纲？……十表固然可以表天下之大势与理乱兴亡之大略，而观一时之得失，但这须经过对史事的一番选择与提炼，比起本纪的写作，已多出一层功夫。因此，无论是为读者设想，或是顾全本书的结构，本纪必须置于表前。"不妨这样来重述上面的话——本纪以人群的宰制者为主线，搭建起历史的经线；表将历史上发生的事选择提炼，从中见出历史损益的大势，可以看成贯穿历史的纬线。经纬交织，便完整搭建起了历史的时空舞台。

本纪、十表之后，继以八书。《索隐》云，"书者，五经六籍总名也。此之八书，记国家大体"。所谓国家大体，用现在的话也可以称作制度。这些一直处于变化之中的制度，是历史的骨骼，有了它们，经纬交织的历史之网才得以挺立。八书之后的三十世家和七十列传，是《史记》数量上的主体部分，占全书大半。按司马迁自己的说法，世家传的是"辅拂股肱之臣"，记载的是诸侯列国之事。诸侯列国环绕宰制者，因此有"二十八宿环北辰，三十辐共一毂"的说法。列传主要记载的是"扶义俶傥,不令己失时,立功名于天下"之人,《索隐》所谓"列传者,谓叙列人臣事迹,令可传于后世,故曰列传"。世家和列传以其多姿多态,成了历史织体上的血肉,让退隐到时间深处的人们重新在文字中生动起来。

二

在《如何着手研究中古哲学》中,列奥·施特劳斯指出:"如果我们非得研究中古哲学不可,我们的研究便不得不做到尽可能确切而富有智性。尽可能确切是指,任何细节不管多么微不足道,我们都不能认为它不值得花大力气仔细考察。尽可能富有智性是指,在确切地研究所有细节的时候,我们不应该忽视整体;每时每刻都不应该见木而不见林。但这些是细枝末节的问题,尽管我们不得不补充,它们只有就总体而言才是细枝末节,而如果我们在实际工作中予以留意,它们便不再是细枝末节:我们总是一方面忍不住迷失于奇妙且未经检审的细节,另一方面又忍不住不拘于细节。"既关注细节又重视整体,需要能够回到具体情景的历史解释,而不是如康德所说,后人可以比前人理解自身更好地理解他们。针对康德的意思,施特劳斯说,"现在,这样的理解可能享有盛誉,但它显然不是历史理解。如果它走得过远以至于自诩为惟一(the)真正的理解,那便确乎成了非历史理解"。相对可能的方式是,在阅读时既不降低也不拔高作者,而是"恰如过去的思想理解自身那样去理解它"。

不只对中古哲学,"恰如过去的思想理解自身那样去理解它",或许适合所有古典作品的阅读。就拿《史记》来说吧,杨照《史记的读法》中指出:"古往今来很多《史记》的选本,都依循一个简单的原则,就是考虑《史记》文章的好看程度,将'不好看'的部分挑出来,只留'好看'的部分。但这样就遗漏了一个关键问题:为什么司马迁要在《史记》里放那么多'不好看'的内容?为什么很多读者认定'好看'的内容,在《史记》中往往被放在很后面?"只挑"好看"的部分,不就是后人觉得能比前人更好地理解他们?引文中的问句,说的不就是"恰如过去的思想理解自身那样去理解它"?"我们不能,也不应该抛弃这位伟大作者的主观动机及目的来读《史记》,只将此当作一本好看的书,只选择好看的部分来看,这样的阅读态度与方法,一方面对不起付出了生命与自尊的代价来写作的司马迁,一方面也限制了我们能够从《史记》中得到的领悟与启发。读《史记》,一定要有耐心(甚至要有知识上的勇气)走入这片文字的荆棘丛中。"

通常的意见是,《史记》绝大部分好看的篇章出自世家和列传,其次则是本纪,最不好看的是表和书,其中十表尤甚。较早对十表不满的,是唐代刘知幾。他觉得本纪、世家和列传已经有了表的功能,却"重列之以表,成其烦费,岂非谬乎?且表次在篇第,编诸卷轴,得之不为益,失之不为损,用使读者莫不先看本纪,越至世家,表在其间,缄而不视,语其无用,可胜道哉。"宋魏了翁注意到了这一现象,在《蔡文懿公百官公卿年表序》中指出:"以刘知幾之博通,犹曰'表以谱列年爵',则余人可知。"清代更加明确了这一问题。梅文鼎在为《读史记十表》作序时谓:"经生家之读《史记》,或取其笔墨之高古以为程度,或征其事实之详核以资辩议。至于诸表各有小序,读者未尝不爱其文辞。而表中所列之经纬次第,初无寓目焉者。盖有之矣,又何暇深加讨论乎?"同为此书作序的徐文靖则点出:"后世读史者,于史表不甚省览。即览矣,孰是钩深索隐,心解神悟,多所证发者?大约以十表空格辽阔,文义错综,不耐寻讨。亦古今才学人之通病也。"

有这些降低作者的例子,通常就会有如作者所是理解作者的例子在。就像刘知幾,他在另一处的说法,显然与上引自相矛盾:"观太史公之创表也,于帝王则叙其子孙,于公侯则纪其年月,列行萦纡以相属,编字戢𪫺(按众多貌)而相排。虽燕、越万里,而于径寸之内犬牙可接;虽昭穆九代,而于方尺之中雁行有叙。使读者阅文便睹,举目可详,此其所以为快也。"宋郑樵说得更为坚决:"《史记》一书,功在十表。"作《读史记十表》的汪越,几乎有把十表本身当成《春秋》的趋势:"表者纪月编年,聚而为绘图指掌,经纬纵横,有伦有脊。其书法谨严,几于《春秋》,大义数千,炳若日星矣。至所不言,尤寓褒讥,未易测识。后人欲穿凿立论,复所未安。诚会本纪、世家、列传,穷厥事理,当自得之也。"其中的会本纪、世家、列传而自得之,汪越没有具体说明,或许顾炎武《日知录》卷二十六提前给出了理由:"盖表所由立,昉于周之谱牒,与纪传相为出入。凡列侯将相王公九卿,其功名表著者,即系之以传。此外大臣无积劳亦无显过,传之不可胜书,而姓名爵里存没盛衰之迹，要不容以遽泯，则于表中载之。又其功罪事实，传中有未悉备者，亦于表中载之。年经月纬，一览了如，作史体裁，莫大于是。"至于十表的具体内容和在全书中不可替代的作用，一言半语讲不清楚，有心人可以参读阮芝生《论〈史记〉五体及"太史公曰"的述与作》。

位于十表之后的八书，虽然没遭到前者那么多质疑，但因有残缺和补窜的情况，也同样不太受人待见。三国时张晏就指出，八书中的《礼书》《乐书》和《兵书》(《律书》)全部亡佚。此后虽有人提出其中的序应是原文，但总体上都确认此三书非司马迁原作。至近代崔适《史记探源》，更是直斥"八书皆赝鼎"，并谓自《律书》以下的六书"皆后人取《汉书》诸志补之也"。梁启超受崔适的影响，在《要籍解题及其读法》中明确主张舍弃《史记》中的这部分："八书本为极重要之部分，惟今所传似非原本。与其读此，不如读《汉书》各志，故可全部从省。"跟对表的不同评价相似，极力表彰八书卓绝之处的也所在多有。如周济《味隽斋史义》即谓，"八书用意，专在推明本始，著隆替之效，以垂法后王"。魏元旷《史记达旨》则云，"八书著立政之纲，明汉治之失"。两者均是体贴着《史记》的整体思路来理解八书，与《太史公自序》里的说法一脉相通——

维三代之礼，所损益各殊务，然要以近性情，通王道，故礼因人质为之节文，略协古今之变。作礼书第一。

乐者，所以移风易俗也。自雅颂声兴，则已好郑卫之音，郑卫之音所从来久矣。人情之所感，远俗则怀。比乐书以述来古，作乐书第二。非兵不强，非德不昌，黄帝、汤、武以兴，桀、纣、二世以崩，可不慎欤？司马法所从来尚矣，太公、孙、吴、王子能绍而明之，切近世，极人变。作律书第三。

明确文中所言礼、乐、律的所指，注意其中提到的三代损益、古今之变、移风易俗、切近世极人变，差不多就能明白八书的内容和指向。不妨就用阮芝生的话来概括："大体而言，《礼书》讲礼义教化，《乐书》讲音乐理论，《律书》讲律法兵械，《历书》讲岁时历法，《天官书》讲天文星象，《封禅书》讲宗教祭神，《河渠书》讲地理水利，《平准书》讲财政经济。个别视之，八书各述一件专门事情，件件都是专门之学；总合而论，八书内容宏富，所记都属朝章国典与大政大法。能知礼乐者未必能察律历，能究天官、封禅者亦未必能明河渠、平准；今观太史公之叙八书，却能总揽并包，推明本始，并及古今之变，可说最为难能。非淹通博贯者，孰能为之？……司马迁之作'八书'，其目的在于观世变，通古今，究天人，有垂法后王之意。故'八书'实为太史公论治之言，其所记之大政大法，咸与治道或治法有关。"

这八种专门之学，礼、乐、律与经典教育相关，天文历法是司马氏的家学，封禅则司马谈曾亲与其事，写有《货殖列传》司马迁也熟悉平准的原理，唯与《河渠书》相关的水利之学，虽司马迁壮游之时曾跋山涉水，本篇赞词也谓"余南登庐山，观禹疏九江，遂至于会稽太湟，上姑苏，望五湖；东窥洛汭、大邳，迎河，行淮、泗、济、漯洛渠；西瞻蜀之岷山及离碓；北自龙门至于朔方"，却不知父子二人是否曾单独钻研并有独特心得。既然无法通过是否有知识准备来推断，那就不妨来细读作品，看看《河渠书》究竟有没有充分显示出父子二人这方面的水准。

三

希罗多德被称为"历史学之父"，这称号来自西塞罗："在历史学之父希罗多德以及塞奥彭普斯（Theopompus）的著作中，都充斥着无数编造的故事。"《古希腊通识课：希罗多德篇》指出："西塞罗虽然在这里提到希罗多德是'历史学之父'，但他真正想表达的意思似乎是希罗多德实际上是'谎言之父'。在他的其他著作中，西塞罗也明确表示过，希罗多德对于在吕底亚王克洛伊索斯（Croesus）和居鲁士（Cyrus）战争中发挥重要作用但含义模糊的德尔斐神谕的记述实际上也是编造的。"如果这里的结论准确，那需要怀疑的是，西塞罗是否在某种意义上暗示了《原史》的虚构本质？

在历史作为专门学科的今天，《原史》的定位就更为尴尬，上面提到的教本中就说："今人读《原史》大多从现代实证史学观出发，因此会问，希罗多德记叙的是否是历史真实啊？遇到前半部分万花筒式的叙述，现代史学家会说，希罗多德的史书写作还不成熟。再不然就从现代人类学观念出发，把希罗多德称为第一位西方的'人志学'家，因为他记叙了好多希腊以外的'夷人'生活。"如果要深入探究一部作品，恐怕要像上面说的那样，如其所是地理解作者的意图，否则，即便冠以再多的名号，仍然会停留在一部经典的外部。

还是回到《河渠书》，先观其结构。此书既以河渠为名，当然围绕河与渠展开。河指黄河，渠指水渠即人工水道。阮芝生统计篇中河、渠之数，并分析全文结构云："通篇凡述河四（大禹道河、孝文塞河、河决瓠子、自临决河），渠十二（鸿沟、楚西渠、楚东渠、吴渠、齐渠、蜀渠、魏渠、郑国渠、漕渠、河东渠、穿褒斜道、龙首渠）。吴齐贤谓乃以河作经，以渠为纬，又河重于渠，故起自大禹道河，中间历九州、九泽仍归至河起。又谓全文可分上下两半篇，上半篇序战国以前河渠（河一至渠六），散序一段结（莫足数也）；下半篇序战国及汉河渠（渠七至《瓠子歌》），亦散序一段结（不可胜言）。两篇照应，以为章法。下半篇因写武帝自临决河，卒塞宣房，故录其《瓠子歌》二章。下半篇后尚有'太史公曰'一节，即就'悲《瓠子之诗》'而自言作《河渠书》之意。故全篇经纬贯穿，部帙井然；初看凌乱，细读方知其严整也。"细绎全文，上半篇写的应是河渠治理的理想状态，下半篇写的则是真实状态。其中大禹道河一段，最富有理想色彩——

《夏书》曰：禹抑洪水十三年，过家不入门。陆行载车，水行载舟，泥行蹈毳，山行即桥。以别九州，随山浚川，任土作贡。通九道，陂九泽，度九山。然河灾衍溢，害中国也尤甚。唯是为务。故道河自积石历龙门，南到华阴，东下砥柱，及孟津、雒汭，至于大邳。于是禹以为河所从来者高，水湍悍，难以行平地，数为败，乃厮二渠以引其河。北载之高地，过降水，至于大陆，播为九河，同为逆河，入于勃海。九川既疏，九泽既洒，诸夏艾安，功施于三代。

《史记》的起始是黄帝，那时自然也有水患，但不知当时水患还不是重要灾害，亦或没有找到值得重视的治理方法，因此没留下什么治水记录。直到尧舜时期，洪水为患才在记载中变成了巨大的问题（是否也说明出现了值得注意的理水者？）。《夏本纪》载："当帝尧之时，鸿水滔天，浩浩怀山襄陵，下民其忧。"洪水滔天，山陵崩坏，老百姓当然非常担忧。接下来，大禹的父亲鲧便被委以治水的重任。结果呢，是箕子批评了鲧的治水方法，出自《尚书·洪范》："我闻在昔，鲧陻洪水，汩陈其五行。帝乃震怒，不畀洪范九畴，彝伦攸斁。鲧则殛死，禹乃嗣兴。天乃锡禹洪范九畴，彝伦攸叙。""陻"即堵塞，说的是鲧的治水以堵塞为主，哪里决堤哪里堵。"彝伦攸斁"的意思是伦常败坏，"彝伦攸叙"则指伦常有序，正是崇子而贬父。治水的方法，鲧采取的是"陻"，禹采取的则是"道"（导）。真要讲治理洪水，"陻"和"道"在不同情形下各有道理，恐怕不可执一而断（《洪范》关涉治道，箕子的选择是否含有更深的暗示？）。不过，无论如何，起码在记载中，鲧的方法不够成功，而禹基本解决了当时面对的问题。于是，此前所有的治水经验，最终都累积到禹这个理想人物身上。

司马迁把河渠问题的断代划在大禹，文章上来就引经据典，以《尚书》中讲述山川地理的《禹贡》（《夏书》）开篇。有意思的是，称颂大禹之德的"禹抑洪水十三年，过家不入门"，却不在《禹贡》之中，或者司马迁另有所据。接下来讲大禹治水的辛劳，跋山涉水，克服行程中的各种困难。此后便讲治水的方式，考察九州大势，随山势疏浚河川，按土地情况决定如何贡赋。接下来以九为成数，总体性说明治水成果——疏通（道）了九州的河道，围堵（陂）了大泽的积水，勘测了重要的山岭。

这世上没有一劳永逸的事，洪水治理完毕，心腹大患就在黄河泛滥对"中国"的伤害。当时的"河"特指黄河，"中国"则指黄河流域的华夏族活动区域。大禹把治理黄河水患作为当务之急，足迹从当时认为的黄河源头积石山直至入海口。治理过程中，大禹认为黄河发源之处地势太高，流到平地因水势过于湍急，便不免成灾。解决的方案，是先分黄河下游河道为两支。照谭其骧《西汉以前的黄河下游河道》，这两条河道奔流一段距离之后，又分为数支，至"河口段都受到渤海潮汐的倒灌，以'逆河'的形象入于海"。于是，河川得以疏通，湖泽得以分泄，华夏诸国治平无事，大禹的功绩延至夏商周三代。

实证为先的现代史学，自然会怀疑这个几乎无所不能的大禹，甚至有人会觉得这是一个神。不过，或许可以试着把这部分的大禹形象看成一种最好的理想，类似列奥·施特劳斯《城邦与人》中说的那种最好的政制："最好的政制过去不是、现在也不是、将来仍不会是事实上的，但是作为一座建在尊贵的高处、光明而纯洁的庙宇，远离尘俗的喧嚣和一切的不和谐，它却是可能的（possible）。在最好的政治、真正的正义秩序、正义或者说哲学的光照下，政治生活或者说政治的伟大性，失去了即使不是全部也是极大部分的魅力。"那个辛苦勤劳且雄才大略的治水者大禹，不就是最好政制中的理想人物？他生活在"言辞的城邦"，即便并非事实，却也是可能的。

当然，施特劳斯明白理想与现实之间的种种区别，并在《什么是政治哲学？》中明确指出了这一点："最佳政制存在的特有方式——即最佳政制虽优于所有的实际政制却缺乏现实性——其终极原因在于人的双重本性，在于人是居间存在者（in-between being）这个事实：人介于兽与神之间。"作为居间存在者的人，大禹更倾向于神的一边，那么，什么人更倾向于兽的一边呢？

四

或许为了给艰难人世一个暂时的安慰，写完大禹为代表的黄金时代，《河渠书》没有立刻去写让人忧心的各种水害和水患，而是紧承此前的上古理想，历数战国前的人工水道——几乎是降落到现实的理想："自是之后，荥阳下引河东南为鸿沟，以通宋、郑、陈、蔡、曹、卫，与济、汝、淮、泗会。于楚，西方则通渠汉水、云梦之野，东方则通沟江淮之间。于吴，则通渠三江、五湖。于齐，则通菑济之间。于蜀，蜀守冰凿离碓，辟沫水之害，穿二江成都之中。此渠皆可行舟，有余则用溉浸，百姓飨其利。至于所过，往往引其水益用溉田畴之渠，以万亿计，然莫足数也。"鸿沟引黄河水自荥阳往东南流，与济水、汝水、淮水、泗水连通。在楚，则是西渠连通汉水与云梦泽，东渠连通长江与淮河。在吴，则开渠连通三江、五湖。在齐，则修渠沟通淄水、济水。在蜀，则有郡守李冰开凿离碓，以排除沫水之患。这几乎遍布全国的水道，每条都能行舟，丰水的时候可以用来灌溉。水道所经之处，人们又修了很多灌溉渠，总量数不胜数。

写完上古和现实版的理想世界之后，仿佛一个轻微的顿挫，司马迁把自己的笔平稳转到水渠修治的复杂情形之中。起初的一个，是西门豹治魏渠，"西门豹引漳水溉邺，以富魏之河内"。结合（褚少孙补）《滑稽列传》中西门豹制止为河伯娶妇的故事，这两句话蕴含的意思，是不是治渠的过程中有各种人事干涉，并不因为对人有利就天然会众志成城。

接下来的事就更有意思了，韩国听说秦国喜欢大兴土木，便想出一条疲秦之计，派水工郑国到秦国修渠，让秦疲于国内的工程而无暇征伐。修渠过程中，秦发现了韩的意图，准备杀了郑国。郑国为自己辩护说："始臣为间（按间谍），然渠成亦秦之利也。"郑国的话打动了秦，最终渠修成了，"渠就，用注（聚集）填阏（淤泥）之水，溉泽卤（盐碱）之地四万余顷，收皆亩一钟（每亩收成六石四斗）。于是关中为沃野，无凶年，秦以富强，卒并诸侯，因命曰郑国渠"。正在上升势头上的秦国哪里就容易被搞垮了，韩把郑国送到秦，不但没有疲秦，反而借贼兵而赍盗粮。郑国被举报期间，秦因此逐客，有了著名的《谏逐客书》，更牵扯到复杂的历史背景。从西门豹到郑国渠，司马迁要说明的主要问题似乎是，看起来只跟自然相关的河渠，背后有着复杂的政治抉择。

此后的河、渠之事，均与汉家有关，河的问题牵扯到结尾的赞词，不妨先看渠。首先提到的一条，由郑当时（字庄）主张开凿。黄河决口的时候，汉武帝曾派汲黯和郑当时去处理，但没在短时间内见效。不过，据《汲郑列传》，郑当时去处理水患前的行为非常有意味，他"自请治行五日"。《集解》引如淳曰："治行谓庄严也。"郑当时行前请求整理五天行装，汉武帝觉得奇怪，"吾闻'郑庄行，千里不赍粮'，请治行者何也？"郑当时的咄嗟立办是出名的，连当朝天子都知道他出门千里不带粮食。现在居然在治河之前请求整理行装五日，到底是为了什么呢？或许，只跟个人相关或涉及普通公事的出行没那么重要，郑当时可以千里不赍粮，但治河之事关涉太多人的安危了，他不得不庄严以待，因此才有这番举动。也或许，郑当时的举动就是为了让武帝意识到他的郑重，为可能的治河失败留一点余地。值得注意的是，郑当时为人极其谨慎，"郑庄在朝，常趋和承意，不敢甚引当否（明确表示自己的意见）"，他会主动提出怎样的修渠建议呢？——

> 是时郑当时为大农，言曰："异时关东漕粟从渭中上，度六月而罢，而漕水道九百余里，时有难处。引渭穿渠起长安，并南山下，至河三百余里，径，易漕，度可令三月

罢；而渠下民田万余顷，又可得以溉田：此损漕省卒，而益肥关中之地，得谷。"天子以为然，令齐人水工徐伯表，悉发卒数万人穿漕渠，三岁而通。通，以漕，大便利。其后漕稍多，而渠下之民颇得以溉田矣。

郑当时提出的建议是，关东粮食通过渭河运到长安，花费的时间多，水道长而且时有艰险，因此可以修一条渠，自长安起，沿着与渭河平行的南山开凿，至与黄河连接处结束。修成的渠虽与渭河基本平行，但路线更直接，相同开端和终点的漕运只需要三个月，比原先节省了一半时间。如果这建议实现，不但"损漕省卒"，也就是减少漕运时间、节省人力，还可以使关中的土地因灌溉及时而肥沃多产。如此思路清晰的建议，自然得到了天子的支持，于是"令齐人水工徐伯表（按勘测），悉发卒数万人穿漕渠，三岁而通"。通水之后，漕运果然便利了很多，后来又陆续开通了一些水道，老百姓得以引渠水灌溉农田。据《平准书》，渠修成十五六年后，"山东漕益岁六百万石，一岁之中，太仓、甘泉仓满"。这里的"山东"，指崤山或华山以东，所谓"漕益"正来自这条渠。郑当时做事出自公心且目标具体（"损漕省卒，而益肥关中之地"），有专业人士辅助（"令齐人水工徐伯表"），成功的可能大大增加。或许，在纷纭的人事之中，这就是修渠的理想状态？

紧接着郑当时提出修渠建议的，是河东太守番系。在他看来，"漕从山东西，岁百余万石，更砥柱之限，败亡甚多，而亦烦费"。一年有百余万石的粮食通过黄河西运，但经过的砥柱水势险峻，因此往往损失惨重且花费巨大。番系设想的方式是，从汾水开渠引水灌溉皮氏和汾阴一带，同时引黄河水灌溉汾阴的其他部分和蒲坂一带。如此，黄河边上废弃的五千顷土地就可以变成农田，每年可以收二百万石以上。这些粮食通过渭水运往长安，与关中自产无异，砥柱那里的艰险也得以顺利避开。这建议的重心不在开渠，而是以渠灌溉所得的收成抵充黄河漕运的粮食，思路奇崛而高远，也不出意外地获取了武帝的支持，"天子以为然，发卒数万人作渠田"。让人意外的是，番系和武帝似乎都忽视了一个关键的问题，那就是黄河的改道。"数岁，河移徙，渠不利，则田者不能偿种"，工程搞了几年，因为河道迁移，渠道引水就成了问题，收成还不如播下的种子多。考虑到提出修渠建议的人居然会忽视黄河改道这样重大的问题，并且这一节中没有提到水工这类专业人士，是不是司马迁对这个看起来高大上的建议略有微词呢？

接下来两个跟修渠有关的建议更为典型。先是有人建议修沟通褒水和斜水的褒斜道，著名的酷吏张汤看到这建议，大概觉得奇货可居，于是"阿其事"，也即迎合汉武的心意，把向皇帝建言的任务揽到自己身上。这个建议要解决的是长安至巴蜀的问题，此前的陆地路线经过古道，山坡多，曲折而路远。褒斜道修成后，不但山坡减少，还比原先近了四百里，而且褒水和沔水相通，斜水和渭水相通，都可以通行运粮船只，汉中粮食运往长安的问题就此解决。蓝图看起来相当不错，于是依旧"天子以为然"，调发数万人前往修建。结果呢，"道果便近，而水多湍石，不可漕"，路程是近了，但水流急且乱石多，根本起不到漕运的作用。后来，庄熊罴借临晋城百姓的话进言，想凿引洛水修成水渠，灌溉重泉以东一万多顷的劣质土地，以使每亩的产量达到十石。这条因为挖出龙骨（按某种化石）的水道，就被称为"龙首渠"。不过，名字尽管颇为堂皇，但"作之十余岁，渠颇通，犹未得其饶"，一场声势浩大的工程无益于民，差不多只留下了一个空名。

《河渠书》涉及的渠共十二条，战国前的六条属概论，是河渠理想降落现实的形态。战国后的六条，西门豹治渠和郑国开渠，涉及复杂的习俗和政治形势，仿佛司马迁提示读者注意自然与人事的必然牵连。郑当时提议修渠，因为准备充分且有专业人士参与，得以在通漕之后让民人得大便利，算得上汉代修渠的成功案例。此后无论番系、张汤还是庄熊罴，即便不推测他们的建议各怀私心，也很难说是老成谋国之言，动辄数万人的工程却劳而少功，起码说明他们缺乏足够的慎重，造成的后果显而易见。

河渠之事能把利弊凸显出来，是因为涉及的问题非常具体，每一决定都关涉甚重且因果相随，并非几句漂亮话就可以蒙混过去。修渠过程中的自然因素（天）固然极其重要，每一个体（人）在其中的作用却也不容轻忽，修渠过程中阳（得利）一阴（无益）二的现象虽关天意，毕竟与人的主导密切相关。这一点，在治理黄河水患的过程中表现得更为明显。

五

据希罗多德记载，缔造波斯帝国的居鲁士征服了吕底亚，僭主克洛伊索斯成了战俘，随后做了波斯的谋士。居鲁士想继续扩张，克洛伊索斯提醒道："我遭遇的那些事情得来悲惨的教训。倘若你自以为并非凡人，号令的又是这样一支大军，你就大可不必把我给你提出的看法放在眼里；倘若你已经认识到，自己不过是个凡人，你所号令的其他人也不过如此，那么首先便要懂得，人间万事如转轮，这转轮不会让同一些人总是幸运。"克洛伊索斯这些话不是凭空而来，他自己当年准备跟波斯开战，便去德尔斐神庙求签，得到的神谕是，"越过哈里斯河（吕底斯东部界河），你就可以摧毁一个大帝国"。因为好高骛远，克洛伊索斯既未认真领会神谕的意思，又不肯追问个一清二楚，结果不光没有征服波斯，还摧毁了自己的帝国。或许跟居鲁士说这番话的时候，他已经意识到了神谕近乎空言的睿智通达，也懂得了行事本身自带的鲜明因果属性。

也许把大禹治水比为神谕并不合适，不过，起码可以把大禹治河、郑当时修渠看成两种不同的理想类型，前者是言辞中的完美城邦，后者是人世中的斑驳理想——需要主张者心怀公心，熟悉自己的建议对象，意识到事情推进的可能后果（责任伦理？），并在复杂的政治形势下慎重对待每一种可能的支持或反对意见。跟郑当时修渠情形相似，不妨把《河渠书》记载的汉文帝塞河之举，看成治河的斑驳理想："汉兴三十九年，孝文时河决酸枣，东溃金堤，于是东郡大兴卒塞之。"大禹治河之时已经清楚，黄河经常成灾，此后更是以"善淤、善决、善徙"著称，曾被略显夸张地说为"三年两决口，百年一改道"。黄河流经黄土高原时带来泥沙，自然会淤积并抬高下游河床，危害轻的时候是决口，重的时候则是改道。历史上黄河曾决口一千五百多次，较大的改道也有二三十次。这近乎天灾的情形，当时人无法阻挡，能做的大约就是如文帝这样，遇到哪里决口，就赶紧把哪里堵上。治河这样的事，差不多总是如此吧，尽管已经做得足够好，看起来也不过平平无奇。

紧接着文帝的塞河之举，司马迁写到了武帝时的一次黄河决口："其后四十有余年，今天子元光之中，而河决于瓠子，东南注钜野，通于淮、泗。于是天子使汲黯、郑当时兴人徒塞之，辄复坏。"大约就是因为"善淤、善决"，旧决口塞上了，马上就有新的决口出现，即便主持者是汲黯和郑当时这样的重臣也难免失败——至此再来看郑当时的"自请治行五日"，是不是别有意味？人间事差不多就是这样吧，永远处于不断的成毁之中，是劳作其间的人们盗取出了短暂的安稳岁月。

并不是谁都想着总体的人群，大多时候，人们想的只是自己的利益。就拿武帝的舅父田蚡来说吧，他奉邑在黄河北，黄河南边决口，北边就没有水灾，他奉邑的收入就增多，于是他就游说汉武帝："江河之决皆天事，未易以人力为强塞，塞之未必应天。"考虑到当时天人感应说的盛行，田蚡为私利找的借口实在高超。再加上不知是有意安排还是无意巧合，当时作为专家的术士都赞同田蚡的说法，"望气用数者亦以为然"。关涉到无数生灵的河决事件，就这样以天的名义被近乎儿戏地置之不理（参与其中的人，是不是近兽的存在呢？），"于是天子久之不事复塞也"。

等到武帝再次想到黄河决口问题，已经是二十多年之后了，"自河决瓠子后二十余岁，岁因以数不登，而梁楚之地尤甚"。这个时间点，或许是因为汉武帝终于完成了重大的封禅心愿，或许是黄河下游的梁地与楚地实在受灾太重，也或许恰逢天气干旱有利于治河，堵塞决口的问题终于提上了日程："天子既封禅巡祭山川，其明年，旱，干封（晒干封禅时新筑的祭坛，泛指天旱）少雨。天子乃使汲仁、郭昌发卒数万人塞瓠子决。"不但兴师动众，武帝还亲临决口，先是"沈白马玉璧于河"祭祀河神，接着发布动员令，"令群臣从官自将军已下皆负薪寘决河"，司马迁也在这次负薪塞河的行列中。

文中不但写了塞河行动，还记载了堵塞决口的方法，"是时东郡烧草，以故薪柴少，而下淇园之竹以为楗"。所谓楗，是先在决口处打下密集的竹围桩，然后用竹和土石填塞其中，以此来堵住决堤之水。或者是因为皇帝亲临的鼓舞，也或者是采取的方案恰当，经过二十多年的拖延，黄河决口终于堵上，"于是卒塞瓠子，筑宫其上，名曰宣房宫"。同时，朝廷将黄河北流的河道一分为二，基本恢复了大禹治水时的旧迹。御驾亲临的汉武帝，既看到了堵塞决口的艰难，也品尝了堵住决口的喜悦，忍不住诗兴大发，写下乐歌二章，这就是后世称为《瓠子歌》的帝王名篇——

瓠子决兮将奈何？皓皓旰旰兮闾殚为河。殚为河兮地不得宁，功无已时兮吾山平。吾山平兮巨野溢，鱼沸郁兮柏冬日。正道弛兮离常流，蛟龙骋兮方远游。归旧川兮神哉沛，不封禅兮安知外？为我谓河伯兮何不仁，泛滥不止兮愁吾人。齧桑浮兮淮泗满，久不反兮水维缓。（其一）

河汤汤兮激潺湲，北渡汙兮浚流难。搴长筊兮沉美玉，河伯许兮薪不属。薪不属兮卫人罪，烧萧条兮噫乎何以御水？颓林竹兮楗石菑，宣房塞兮万福来！（其二）

两歌第一首写水患的危害，第二首写塞河的过程，文学评价向来很高。张玉谷《古诗赏析》云："悲痛为怀，笔力古奥。帝王之作，冠冕西京。"牛运震《史记评注》谓："二歌沉郁顿挫，高迈雄奇，想见武帝雄才大略。"至于写《瓠子歌》的用心，更是称颂者众。钟惺曰："武帝塞宣房，实有一段畏悯之意，所谓以秦皇之力行尧汤之心，功成而利亦溥（按普）。"姚祖恩云："《封禅书》极写武帝荒侈，《河渠书》极写武帝励精，然其雄才大略，正复彼此可以参看。"

尽管看起来众口一词，但阮芝生细究两歌文脉，得出了完全不同的结论："《瓠子歌》言何？'不封禅兮安知外'一句，透露武帝不因封禅巡祭而出犹不知关外有此大水，而此大水已漫二十余年。'为我谓河伯兮何不仁''薪不属兮卫人罪'二句，透露武帝全无反省，谴河神罪卫人，通是责人而不责己。人力未尽，便归天事，犹不自责而责人。"程金造《史记管窥》表达了相似的意思："太史公著录《瓠子歌》之用意，却是借此以责斥武帝忽于人君的职务，彰其不足以君国子民的行为。"

"人间万事如转轮",时利时害的河渠如此,治水的人物也如此。尽管汉武帝最终塞上了黄河决口,但离瓠子水灾已经过去了二十多年。这些年里,流离失所和投告无门的人又有多少呢?或许正是出于这个原因,本篇的赞词才感叹"甚哉,水之为利害也!余从负薪塞宣房,悲瓠子之诗而作《河渠书》"。阮芝生也才会说,"此与大禹治水十三年'过家不入门'之精神、功绩相较,相去何啻天渊"。这样再来看《河渠书》的写法,从大禹开篇到汉武赋歌,理想状态和悲苦情形不断交叉出现,那个言辞中的城邦始终比照着不够完美的现实世界,提示着当权者应该注意的重大问题。

回到《史记》的志向,河的天灾和渠的人为,不就是天人之际?大禹代表的完美和汉武代表的缺陷,不就是古今之变?在这个层面上,我们再来看司马迁引用的孔子语,"我欲载之空言,不如见之于行事之深切著明也",是不是有了更深的体会?所有河渠相关的问题都属行事,其利其弊,历历分明。而空言呢,不就是太史公为万世立法的雄心?如此,《太史公自序》中的"维禹浚川,九州攸宁;爰及宣防,决渎通沟,作《河渠书》第七",也就完完整整落到了实处。

附录

木实繁者披其枝：删芜就简，再写一遍

开篇：为何以及怎样读经典

一

《西游记》第二回，孙悟空请教菩提老祖长生之术，祖师依次提出"术""流""静""动"四门功夫，孙悟空都嫌不够长久，因而一一否定。这可惹恼了祖师，"咄的一声，跳下高台，手持戒尺，指定悟空道：'你这猢狲，这般不学，那般不学，却待怎么？'走上前，将悟空头上打了三下，倒背着手，走入里面，将中门关了，撇下大众而去"。

孙悟空太专注了，没理会在场者的怨愤情绪，却马上领会了老祖的意思，"祖师打他三下者，教他三更时分存心；倒背着手走入里面，将中门关上者，教他从后门进步，秘处传他道也"。于是他半夜潜入祖师房里，获授了真正的长生妙道。得到教诲的孙悟空大喜过望，禁不住猴气发作，"坐在原寝之处，故将床铺摇响道：'天光了！天光了！起耶！'"

拿读书来做比方，菩提老祖开始说的四门功夫，相当于流行读物，看了也有益处，但没有触及深层问题，所以孙悟空才会反复说"不学！不学！"为什么流行读物不尽可信呢？爱因斯坦《论古典文学》里写得清楚："有的人只看看报纸，最多也不过再读一些当代作家的书,这种人,在我看来,正像一个极端近视而又不屑戴眼镜的人。他完全依从他那个时代的偏见和风尚,因为他从来看不见也听不到别的任何东西。一个人要是单凭自己来进行思考,而得不到别人的思想和经验的激发,那么即使在最好的情况下,他所想到的也不会有什么价值,一定是单调无味的。"

如果只读当代作品而不读经典,价值观形成会受限于时代的偏见和风尚,人的思想和情感容易变得单薄,经不起复杂社会情形的检验(如果孙悟空没有受过类似经典教育的秘处传道,他的生命历程会怎样呢?)。不过问题并没有解决,接下来要追究的是,经典提供了什么特殊的东西,让我们必须认真对待?还是用爱因斯坦的话来回答吧,"一个世纪里,具有清澈的思想风格和优美的鉴赏力的启蒙者,为数很少。他们遗留下来的著作,是人类一份最宝贵的财产"。

这些宝贵的财产经过人世淘洗,穿透了时间来到我们眼前,却又带着过去时代的气息,因此远比流行读物丰富深厚,我们能从中吸收的营养也就多太多了。像卡尔维诺(Italo Calvino)《为什么读经典》中说的:"经典作品是这样一些书,它们带着先前解释的气息走向我们,背后拖着它们经过文化或多种文化(或只是多种语言和风俗)时留下的足迹。"

打开一本经典,不仅是打开了一本书,而是打开了一整个世界,这个世界还携带着自身穿行过的所有或好或不够好的时光,开阔,丰盈,浩荡,想想都觉得很激动人心不是吗?怪不得,孙悟空听到真正的教导之后,"见东方天色微舒白,西路金光大显明"，忍不住大喊"天光了！天光了！起耶！"

二

1940年代，徐复观还是个陆军少将，他慕名去拜访熊十力，请教自己该读些什么书。熊十力让他先读王夫之的《读通鉴论》，徐复观说自己早年已经读过。熊十力以不高兴的神气说："你并没有读懂，应当再读。"过段时间，徐复观再去见熊十力，说《读通鉴论》又读过了，然后接二连三地说出自己的不同看法。到这里，我们是不是会觉得徐复观读书有得，值得老师好好赞扬鼓励一番？——他不但没有得到赞扬和鼓励，反而迎来了一场惊人的叱骂。

"你这个东西，怎么会读得进书！任何书的内容，都是有好的地方，也有坏的地方。你为什么不先看出它的好的地方，却专门去挑坏的；这样读书，就是读了百部千部，你会受到书的什么益处？读书是要先看出它的好处，再批评它的坏处，这才像吃东西一样，经过消化而摄取了营养。譬如《读通鉴论》，某一段该是多么有意义；又如某一段，理解是如何深刻。你记得吗？你懂得吗？你这样读书，真太没有出息！"这一番话，骂得徐复观目瞪口呆。他没有气馁，反而把这称为"起死回生的一骂"，意识到"原来读书是要先读出每一部的意义"，并希望像他过去一样读书的人也能对此有所领会。

无论怎么看，这都像一个关于怎样读经典的寓言。

怎样读经典呢？一种是认为自己比作者高明，可以比作者更好地理解甚至批评作者。这是把作者当对手，换来的是双方的胜负关系，徐复观被斥责前就是这样。一种是认为作者的用心没办法弄明白，读的人只要从书里找到适合自己发挥的东西就行了，用不着追究作者本人的意图。这是把作品当材料，导致的是经典和普通作品没什么两样，人类能够达到的某些高度在这里被消泯了。这两种方式，读前读后，虽然好像多出了点什么，但读的人还是原来的那个，不会取得较大的进步。

还有一种读经典的方式，就是徐复观后来意识到的，读出每部书的意义来。深入一点说，这种方式是努力摸索作者的用心，尝试像作者那样来理解作者。这样的阅读方式，就不是研究（learn about），而是学习（learn from）一本经典，把经典当作老师来对待，以此来检验自身的局限。就像朱熹说的，"所以读书，正恐吾之所见未必是，而求正于彼耳"。我们读经典，恐怕就是为了学习吧，用经典来校正自己的平庸和狭隘，开拓我们的视野和心胸，希望有机会跟着作者走向更深更远的地方，看到更独特更壮丽的景致。如果读来读去只不过读出来一个自己，那读书的益处恐怕就非常有限了。

准备读经典的时候，不妨像柯勒律治说诗的信念那样，"自愿地把不肯轻信的念头高高挂起"。博尔赫斯对这句话的理解好极了："当你下定决心不再怀疑，你就能读到一本好书了。"

三

　　经典虽然精深优美，但因为涉及的问题复杂多样，阅读的难度也随之增强。在《"书读完了"》里，金克木列举了一批古今中外的基本经典后，接着谈到的便是阅读的难度："一个大问题是，这类浓缩维他命丸或和'太空食品'一样的书怎么消化？这些书好比宇宙中的白矮星，质量极高，又像堡垒，很难攻进去，也难得密码本。"

　　可是，就因为不得其门而入就停下来吗，会不会太可惜了？法国哲学家阿兰（Alain）提到过克服困难后的收获："艰难的问题，给人的快乐更强烈。就如读一本钢琴曲谱吧，开头的几课一点不觉得有趣，它首先要求懂得耐烦。这就是为什么你不可能使学生像尝蜜饯那样尝一尝科学和艺术的味道。人是靠辛苦的陶冶而成其为人的。他必须自己去赢得自己的真快乐，他必须自己配得上这快乐。先付后收，这是规律。"为了更强烈的快乐，是不是值得试试克服困难呢？这个克服的过程，需要耐烦，也需要辛苦的陶冶。

　　我不太清楚是不是有克服困难的捷径，但曾经在朱熹的谈话中看到过一个例子，觉得真是可以鼓舞人。朱熹有个学生叫刘时举，他说自己记忆力非常差，"资质鲁钝，全记不起"，因此非常苦恼。朱熹就讲了一个故事："福州陈晋之极鲁钝，读书只五十字，必三百遍而后能熟。积累读去，后来却应贤良。要之，人只是不会耐苦耳。凡学者须要是做得人难做底方好。若见做不得，便不去做，要任其自然，何缘做得事成？切宜勉之。"

这个叫陈晋之的人，五十个字要三百遍才能熟读，现在看恐怕是有阅读障碍症的吧。但他没有气馁，也没有给自己冠以这个那个病名，而是积累着读下去，后来顺利通过了政府的人才选拔。无论什么书，对陈晋之来说都够难了吧，但他就是凭着自己的耐烦，走出了可能的先天困境。我们还会比陈晋之更阅读困难吗？缺乏的是他那样的耐苦之心吧？

或许有人会追根究底，陈晋之当年读的都是五经类的超难经典，这些书我们要读熟，非常可能五十字也需要三百遍。好，就算是这样，那我们不妨试读难一点的文章。好处是什么呢？张中行在《文言津逮》中说过："一、看多了，原来似懂非懂的，懂了，完全不懂的，好像有些懂了；二、很多人有这种经验，读深的，虽然不能透彻领悟，可是回过头来读浅一些的，觉得轻而易举了。"这样的成功情形累积多了，读书的畏难之心就会逐渐减少，经典的大门说不定会在某一天徐徐敞开。

金克木也给出了一个克服困难的方案，即阅读经典需要入门向导和讲解员："入门向导和讲解员不能代替参观者自己看，但可以告诉他们怎么看和一眼看不出来的东西。我以为现在迫切需要的是生动活泼，篇幅不长，能让孩子和青少年看懂并发生兴趣的入门讲话。"这次把刚写完的文章换个方式重写一遍，就是想试试看，这样能否暂时充当读《史记》的入门向导。

读其书,想见其为人:《史记》的作者司马迁

一

起码现在来说,司马迁的《史记》是经典,这没有什么疑问吧?不过,《史记》经典地位的确立,是经历过一番波折的,甚至差点没能好好传下来。或许,这就是很多伟大作品的命运吧,要等不短的一段时间,环绕杰作的耀眼光芒逐渐消退,后世才能将其辨认出来。尼采《敌基督》前言里写过这个意思:"本书属于极少数人。这些人中也许已经没有谁还活着……我怎么可以让自己混同于今天已经长出耳朵的人?唯有明天之后才属于我。有些人死后才出生。"不管怎么看,司马迁大概都算得上死后才出生的人。

最早在著作中评价《史记》的,是晚生于司马迁近百年的扬雄,他在《法言》中说:"或曰,《周官》曰立事,《左传》曰品藻,《太史迁》曰实录。"这里的《太史迁》,指的就是《史记》,与之并列的是经书《周官》和《春秋》三传之一的《左传》。东汉桓谭则在《新论》里说:"通才著书以百数,惟太史公为广大,余皆丛残小论。"说学识广博的人著书,只有司马迁包罗万象,其余卑卑不足道。稍晚于桓谭的王充,也在

《论衡》里大加赞美："汉作书者多，司马子长、扬子云，河汉也，其余泾渭也。"所有的汉代著述，只有司马迁和扬雄堪称浩瀚的黄河与汉水，其他的不过是规模小很多的泾水和渭水。

需要注意的是，虽然扬雄提出了《史记》的实录特色，但上面三个人并没有说这是一部历史书，后两者更是笼统地称之为"书"。到班固的《汉书·司马迁传》，才把《史记》的"实录"和司马迁的"良史之材"联系起来："自刘向、扬雄博极群书，皆称迁有良史之材，服其善序事理，辨而不华，质而不俚，其文直，其事核，不虚美，不隐恶，故谓之实录。"称赞《史记》擅长讲述事情的道理，明辨而不华丽，质朴而不鄙俗，秉笔直书，记事经得起核实，不凭空赞美，也不掩饰过错，所以称作实录。这里说的实录，跟扬雄的意思发生了很大变化，已经是对历史著述的评价了。

两汉之后，人们对《史记》的评价越来越高。东晋葛洪在《西京杂记》中，几乎重复了班固的话："司马迁发愤作《史记》百三十篇，先达称为良史之才。"到隋代，《史记》在某些范围内的传授已成惯例，如《隋书·儒林传》云："（包恺）从王仲通受《史记》《汉书》，尤称精究。"到唐代，不用说韩愈、柳宗元这些文章高手推崇，官方也把《史记》列入了考试项目，"于是立三史科及三传科"，其经典地位已然相当稳固。自此之后，从官方到民间，越来越多的人意识到了《史记》的重要性。

如果非要给《史记》一个经典序列中的位置，我认为，宋代郑樵《通志》总序的话最有代表性："百代而下，史官不能易其法，学者不能舍其书。六经之后，惟有此作。"除了作为经书的《诗》《书》《礼》《乐》(缺)《易》《春秋》，《史记》排在整个中国经典序列，而不只是传统历史著作的最前面。

《史记·孔子世家》赞语云："余读孔氏书，想见其为人。"司马迁读孔子的书，就想象孔子这个人是怎么样的。现在，大体讲过《史记》经典地位不断上升的过程，也初步意识到了《史记》的卓越，是时候来想一想，写这本书的司马迁到底是什么样的人了。

二

了解司马迁的基本生平，目前最可靠的差不多只有两篇文章，一是《史记·太史公自序》，一是《汉书·司马迁传》。大家更熟悉的《报任安书》，就收在《司马迁传》中（后来《文选》也收了，文字微有差异）。遗憾的是，这两篇文章都没有给出司马迁的具体生年，司马迁字子长也没有相关信息。后世能够推断司马迁生年的重要材料只有两条，可惜这两条材料给出的数据相差十年，因此，目前司马迁的生年有两说，一是汉武帝建元六年，即公元前135年；一是汉景帝中元五年，即公元前145年。至于司马迁的字，则因为扬雄、张衡、王充都在作品在中提到过，才没有太多的人怀疑。

有意思的是，尽管《太史公自序》和班固的传记都没有写到司马迁的生年，但他们的起笔，都相当明确地追溯了司马家族的世系起点，也就是回到司马氏很早很早的祖先那里——

> 昔在颛顼，命南正重以司天，北正黎以司地。唐虞之际，绍重黎之后，使复典之，至于夏商，故重黎氏世序天地。

把司马家族的世系定在颛顼时期，乍看让人觉得奇怪。虽然颛顼在《史记》开篇的《五帝本纪》中位列第二，但司马迁确定的记述起点是黄帝，所谓"余述历黄帝以来"，为什么不索性选黄帝时期作为自家世系的起点呢？既然选在这个特殊的时期，司马迁肯定有自己的理由。

颛顼的时候，发生了一件对中国历史来说无比重大的事，那就是"绝地天通"。司马迁熟悉的《尚书·吕刑》中说："乃命重、黎，绝地天通，罔有降格。"颛顼命令重和黎隔断人跟天的沟通，于是灾难不再降临。这里的绝地天通，不是说颛顼之前人真的能登上天去（后来很多人这样认为）。隔断人跟天的沟通，也并不是说地上的任何人此前可以直接跟天沟通，而是当时拥有丰富知识的"巫"（在地上的人这一边），不能再随意跟天沟通。

巫的意思经过很大的古今演化。现在提到巫，几乎都是降神通灵之类的迷信之士，但古代不是这样。越早期的巫，拥有的就越是至高的权力和让人崇敬的文化。用陈梦家的说法，"古者宗教领袖即是政治领袖"，或者用李宗侗的说法，"最初无所谓政权教权的分别，王即是巫"。也就是说，历史上最早出现的，是巫—王统一体。

巫—王统一体的巫，掌握着近乎全备的文化。童恩正说：

"在原始社会里，巫是氏族的精神支柱，是智慧的化身，是灵魂世界和现实世界一切疑难的解答者。很多后世分化出来的独立的科学，如天文、历算、医学、法律、农技、哲学、历史，以及文学和艺术的各种形式，包括诗词、歌咏、音乐、舞蹈、绘画、神话传说等等，当时都是由巫所掌握。"这个意义上的巫，很像一个部落乃至民族的基因储存器，包含了后世文化发展的各种萌芽。

在所有文化中，巫最需要精通的是天学，也就是跟天相关的知识。天学为什么重要呢？从具体来看，如金克木所言："仰观天文就可以俯知人事。这是古人无论上等下等人读书不读书都知道的。因为离了天就不知道春夏秋冬和东南西北，算不出日、月、季、年。"从跟人的关系来看，"古人将人间投射到天上，但同时也是将天上投射到人间。不仅是日食、彗星等灾变天人相应，如《汉书·五行志》中的大量记载，由天象也可以想到人间。"如此重要的知识，作为全备文化体的巫，当然要首先掌握。

巫——王既要沟通天地，又要管理社会事务，人群范围小尚堪应付，一当涉及的区域扩大，这个统一体便无法很好地完成工作，势必需要分离。王当然不会让很多巫来掌管跟天有关的事务，那会降低他在人间的声望。于是，上面提到的"绝地天通"就出现了——绝大多数的巫不准再妄测天意，但王也不能全然放弃拥有极高权威的天学专门人士，因此特许某些人仍可以沟通天地。颛顼特许的人，正是司马迁追溯的祖先重、黎。这一族历代掌管天学相关的事务，虽然遭遇过中断，但总体上到商代还算是"世序天地"。

三

有个疑问不得不提，司马迁作为现在几乎最知名的史学家，怎么会把自己的世系追到跟天学相关的人（"巫"）身上去？后来作为太史令的司马谈、迁父子，追溯的祖先不更该跟历史记载之类的职业有关吗？史的"记事者也"身份也更符合他们的起点，远绍重、黎有什么特殊理由呢？不用太着急，《太史公自序》接着上面那段话，马上就讲到了"史"——

> 其在周，程伯休甫其后也。当周宣王时，失其守而为司马氏。司马氏世典周史。

司马家族走过传说时代，来到了记载渐渐清晰的周，有名于当时的是程伯休甫。程伯休甫主要活动时间在周宣王（前827—前782在位）期间，《诗经·大雅·常武》写到过他。或许就是这个程伯休甫，在周宣王时失去了家族世代相守的职掌天地之官，变成了主管武事的大司马，并自此以官名为氏。程伯休甫去世后，司马家族的人不再继任司马，于是重操旧业，"世典周史"。不过，另有一种兼备的情况，如《史记索隐》所言，"司马，夏官卿，不掌国史，自是先代兼为史"。也就是说，即便在程伯休甫担任大司马的过程中，司马家一直有人熟习旧业，从未离开史官的位置。

那么，史官究竟做些什么呢？众多说法中，影响最大的是《说文解字》："㕜，记事者也。"在许慎看来，"史"并非指史书，而是指史官，正是记录者的意思。那么，史官真的只是抄写抄写历史记录，记载记载当下发生的重要事情吗？根据各种传世材料，陈锦忠将史官的功能分为两类十八项，跟天事相关的有神事、祭祀、祝告、卜筮、历数、天象、灾祥、丧礼，跟政事相关的有册命、聘问、约剂、刑法、盟誓、征伐、籍田、射事、典藏、谱系。戴君仁化繁为简，将之概括为五类，即司祭祀、掌卜筮、管星历、司册命、记事。无论用上述的哪一种分类，记事都只是史官功能的一种，占不了太大的比重。

把前面提到的各种职能合起来看，差不多就会发现，史官几乎承担了所有与文化相关的职能。那么，是不是可以由此推测——起先，巫是总体性的文化集合体。巫—王（政—教）分离之后，巫是总体性的文化司掌者。巫的功能进一步分化，后世所称的各类官吏如士、史、工等就逐渐衍化出来，如李宗侗所言，"最初的官吏皆出自巫，等于最初的政权是出自神权一样"。史官与其他官员一样，来源于政教全备系统中的巫。更值得注意的是，"史至东周时，其职务仍与巫难有所分。亦即说，史与巫祝同时掌理天人之间各种事务。若往前推，史之职务，只能与巫祝更近，且更进一步"。史官既然可以与巫并举，其职能几乎涉及所有的文化形态，也就不让人奇怪了。

不妨重复一下前面的话——史官处于巫再次分化之后的首要位置，几乎就是巫全备文化系统的继承者。随着时间推进，史官的职能逐渐减少，地位也一步步下降。虽然无法把这个过程准确到代地描述出来，但仍可以看到较为明显的变化过程，如李宗侗所言："史之初义为史官，而其职权凡三变。总全国一切之政权教权，最初之职务也。……后渐演变，因政权与教权分离，天人之际属于教权范围，故史官职权缩小，只包括天人之际的事务及其记载而不能参与政权，此第二阶段也。只以著国史为事，此第三阶段。亦即后世对史官之普通观念。盖时代愈后史官之权愈小，愈古权愈广，明乎此，方能知史之真谛。即以地位而言，亦最初极尊，而后转卑。"如果没有看错，司马谈、迁父子恰恰处在史官地位由第二阶段转向第三阶段的过程中，由尊转卑的速度正在加快，地位早已无法跟自己受人尊崇的先祖相比。

四

从以上情形推测，司马迁追溯世系起点的时候，对自己祖先曾职掌天学或作为史官，肯定怀着无比复杂的心情。否则，他怎么会在《报任安书》中说，"仆之先人，非有剖符丹书之功，文史星历，近乎卜祝之间，固主上所戏弄，倡优所畜，流俗之所轻也"。古代帝王分封诸侯、功臣时，以竹符为信证，剖分为二，君臣各执其一，这是"剖符"。丹书则是帝王赐给功臣享有免罪等特权的证件，可以世袭。作为太史的谈、迁父子，已经类似"卜祝"也即负责占卜和祭礼的官，几乎要跟倡优并论，连流俗的人都看不起。

不过，这些只是我们的猜测，或许看惯历史兴衰的司马迁早已波澜不惊。追溯完自己的祖先，他调转笔头，开始回顾自己更近的家族统系。这是一个更为具体，恐怕也更让人起盛衰之感的过程——

> 惠襄之间，司马氏去周适晋。晋中军随会奔秦，而司马氏入少梁。自司马氏去周适晋，分散，或在卫，或在赵，或在秦。其在卫者，相中山。在赵者，以传剑论显，蒯聩其后也。在秦者名错，与张仪争论，于是惠王使错将伐蜀，遂拔，因而守之。错孙靳，事武安君白起。而少梁更名曰夏阳。靳与武安君阬赵长平军，还而与之俱赐死杜邮，葬于华池。靳孙昌，昌为秦主铁官，当始皇之时。蒯聩玄孙卬为武信君将而徇朝歌。诸侯之相王，王卬于殷。汉之伐楚，卬归汉，以其地为河内郡。昌生无泽，无泽为汉市长。无泽生喜，喜为五大夫，卒，皆葬高门。

惠襄之间，也就是周惠王（前676—前652在位）、周襄王（前651—前619在位）时期，已经是春秋时代，变乱经常发生，子颓和叔带的叛乱就是其中较大的两次。作为中央官员的司马家族受到波及，他们只好"去周适晋"。去了晋国的司马家族，情形每况愈下。公元前621年，晋襄公卒，随会入秦迎接作为人质的公子雍继位，司马家的人一同出发。没想到，派随会入秦的赵盾改了主意，决意拥立公子夷皋，发兵阻挡公子雍回归。随会只好奔秦避难，后来又曲折地回到晋，任中军统帅。跟着随会至秦的司马氏，却没有这样幸运的戏剧性转折,他们奔秦后再也没有回去,定居在秦的少梁(今陕西韩城一带)。跟随会奔秦的司马氏,正是司马迁一族的本支。

写过文章的都知道,直线性的问题相对容易处理,一旦涉及岔路,很多时候就困难重重。司马迁交代完这些,忽然笔锋一转,写起(相对自家这支来说的)司马氏旁支。分散在卫国的一支,曾有人做过小国中山的相。去赵国的一支,或许是受到程伯休甫的鼓舞吧,习于武事,"以传剑论显"。传剑的这一支,后来有一个很知名的司马蒯聩。接下来,文中穿插了几位在秦的司马家族人物,然后又回到蒯聩,其玄孙司马卬,在秦末成为陈胜部下武臣的将领,经略殷的旧都朝歌。秦灭,诸侯争相称王,项羽封其为殷王。

文中再次提到司马氏入秦的一支,也就是司马迁这一族,离随会奔秦已经有三百多年了。这次出现的耀眼人物,是跟赫赫有名的张仪争论的司马错。秦惠王准备伐蜀,张仪说"不如伐韩",司马错站在惠王这边。惠王让司马错带兵平蜀,居然也就成功了,便让他留在那里镇守。司马错的孙子司马靳,是秦国名将白起的手下,曾跟他一起坑杀降卒。等到他们凯旋,却被秦王赐死。司马靳的孙子司马昌,是秦始皇时主管铁产的官员。司马昌的儿子司马无泽,是掌管长安四市(集市贸易)的市长之一。

自周至汉,在政治、军事和经济领域,司马家族都有相对杰出的人物,几乎覆盖了显性的文化板块。这样写,是否表明《史记》涉及这些领域的合理性呢?很难说。时间很快来到了司马迁的祖父司马喜这里,虽然司马喜没什么特别的表现,但对司马迁来说，起码曾祖和祖父的葬地，已经有了明确的地点。接下来，将是司马谈、迁父子的舞台了。

五

司马迁写自己家族，从周宣王到汉初，其间六百年，人物众多，却只用了不足三百字。那些书写之外的巨大空白，像充满诱惑的歌声，吸引着善于思考的人去破解其间的秘密。如果一个人心中有条完整的文化长河，他写下的每一处文字，都应该是这条长河的全息影像，收起来仿佛是断续的片段，展开就是万里长卷。或许，司马迁心目中就有这样一条长河吧，我们没有足够的智识去复原他心中绵延的流水，却也不必为文字的简省苦恼，就跟着时代的变化，把看起来破碎的一切，重新拼成一条长河如何？像司马迁写到父亲的师承，也不过是寥寥数笔，却显现为某种文化整体——

> 喜生谈，谈为太史公。太史公学天官于唐都，受易于杨何，习道论于黄子。

即便写到自己的父亲，司马迁也只交代了他的任职情况，也就是他们父子相继的官位，重头戏是司马谈的学问来源。有意思的是，这一来源的首要位置，给的是唐都。结合司马迁对家族世系起点的追溯，唐都的位置非常重要。据《史记》记载，唐都既能夜观星象，又能精准测定二十八宿之间的距离，并曾参与国家级的历法制作，其天文历法之学当然是一流水准。除了是司马谈的老师，唐都还跟司马迁一起参与了太初改历，应该是高寿之人。

接下来写的，则是司马谈的易学传承。《史记·儒林传》："自鲁商瞿受《易》孔子，孔子卒，商瞿传《易》，六世至齐人田何，字子庄，而汉兴。田何传东武人王同子仲，子仲传菑川人杨何。何以《易》，元光元年征，官至中大夫。齐人即墨成以《易》至城阳相。广川人孟但以《易》为太子门大夫。鲁人周霸，莒人衡胡，临菑人主父偃，皆以《易》至二千石。然要言《易》者本于杨何之家。"这条线索，看起来非常整齐，但自商瞿至田何，中间缺了五代。汉兴之后，原属齐国的田何迁到长安，自此才真正有了连续记载的易学传承，路线是田何传王同，王同传杨何，杨何传司马谈。易学是中国传统中最关注整体的学问，或许正因为谈、迁父子有此传承，才有《史记》的伟大成就。

再接下来，是学习"道论"，也就是道家理论，传统称为黄老之学。《史记·儒林传》，记下了一则耐人寻味的故事："（辕固生）与黄生争论景帝前。黄生曰：'汤武非受命，乃弑也。'辕固生曰：'不然。夫桀纣虐乱，天下之心皆归汤武，汤武与天下之心而诛桀纣，桀纣之民不为之使而归汤武，汤武不得已而立，非受命为何？'黄生曰：'冠虽敝，必加于首；履虽新，必关于足。何者，上下之分也。今桀纣虽失道，然君上也；汤武虽圣，臣下也。夫主有失行，臣下不能正言匡过以尊天子，反因过而诛之，代立践南面，非弑而何也？'辕固生曰：'必若所云，是高帝代秦即天子之位，非邪？'于是景帝曰：'食肉不食马肝，不为不知味；言学者无言汤武受命，不为愚。'遂罢。"

黄生说，历史上的商汤和周武王并不是受命，而是弑君篡位。辕固生则认为，桀纣不得民心，汤武则是天下归心，当然是受命。黄生随后指出，桀纣是君，汤武是臣，既如此，诛其人而代其位就是弑。至此，讨论还在学术范围内，接下来辕固生的话，引入了高祖代秦这一汉的立国合法性问题，就不免有些生死相搏的意味了。黄生到这里就应该明白，对话已经没法继续（同意这说法是自己立论失败，反对这说法则表明汉家也是弑）。审慎的汉景帝也没有轻易表态，只以食马肝为喻，制止了这场争论。汉景帝提到马肝，是汉代时认为马肝有毒，吃的人会中毒身亡。在历代君王里，景帝应该算处事相对温和的，否则，黄生当时的性命大概就堪忧。

六

天官之学、易学和黄老之学，几乎可以说是司马迁父子当时最根本的学问。前面已经说过天学的重要性，易学因关涉整体也极为重要，即便被称为道论的黄老之学，在当时也拥有至高无上的地位。那时候，还没到武帝的"罢黜百家，独尊儒术"，汉家宫廷更推崇的是道家的休养生息之术。更何况，司马谈跟随的老师，几乎是这三门学问中的顶尖高手，他能获得的教益应该是非凡的。不过，没有人开始就能直接学习这样高深的学问,即便天赋异禀如司马迁,也得从最简单的地方起步,一个台阶一个台阶地往上走——

> 太史公既掌天官,不治民。有子曰迁。迁生龙门,耕牧河山之阳。年十岁则诵古文。

继前面的"司马氏世主天官"和"太史公学天官于唐都"之后,司马迁再次提到天官。太史公的主要职能,不是具体地管理百姓,而是更多地跟天相关,要根据天象运行对历法提供专业意见,要清楚祭祀及各项重大礼仪的宜忌,还要记录国家的阴阳灾异。看到这里,我们大体也就能够明白,为什么司马迁要把自己家族的世系追溯到绝地天通时的重黎,也就明白为什么他会把唐都作为其父师从者的第一位了。接下来"有子曰迁",虽然有意借用了《易经》"有子考无咎"(有子能成就先人之业),但司马迁显然没有神化自己。

上面已经提到过,司马迁不但没有写到自己的生年,也没有写自己的表字,不过,好在他提到了自己的出生地,那就是赫赫有名的龙门。《括地志》:"龙门在同州韩城县北五十里。其山更(按经过)黄河,夏禹所凿者也。"《三秦记》:"每暮春之际,大鱼集龙门下数千,不得上,上者化为龙。"对文献和传说都有兴致的司马迁,应该熟悉上面的说法吧?不管是圣王大禹,还是鱼跃龙门,是否都隐含着司马迁对自我的某种期许?这个对自身满怀期许的人,孩童时期就在这块土地从事耕种和畜牧。我自己更感兴趣的是,司马迁童年时的教育是怎样的？非常可惜，除了"年十岁则诵古文"这七个字，他没有给我们任何多余的材料。

秦汉时期，中国的蒙学教育已经有教材、有组织，家庭教育也初步定型。当时儿童的学习内容，大致分为两类，一类是识字，一类是算术及其他基础知识。当时较通用的识字教材是《苍颉篇》，书写用当时通行的隶书，共收三千三百个常用字。此篇开首谓，"苍颉作书，以教后嗣，幼子承讽，谨慎敬戒"，教材特征非常明显。除用通行隶书写就的《苍颉篇》，司马迁应该还需要学习用大篆书写的《史籀篇》，甚至还要进行更复杂的认字和书写训练。后者并非当时的通行教育，更多是作为史官的职业所需。

识字之外，当时的儿童还需要学习其他内容，如计时、算术、地理等方面的基础知识。东汉崔寔《四民月令》有"砚冰释，命幼童入小学，学篇章"句，注云，"篇章，谓《六甲》《九九》《急就》《三仓》之属"。石声汉《校注》中说："其中《急就》《三仓》等字书，应当学会书写，《九九》是算学初步，仅仅书写不够，必须领会、熟练。"近世发掘的简牍中，九九乘法表和习字材料往往同时出现，正说明汉代初级教育识字和算术并行的事实。司马迁成年后能够参与改历，并留下推步精密的《历术甲子篇》，算术基础应该不错，否则难以具备历法推步所需的较好计算能力。

初步教育完成，就进入了较为高级的学习，所谓"年十岁则诵古文"。王国维认为："太史公修《史记》时所据古书，若《五帝德》，若《帝系姓》，若《谍记》，若《春秋历谱谍》，若

《国语》，若《春秋左氏传》，若《孔子弟子籍》，凡先秦六国遗书，非当时写本者，皆谓之古文。"也就是说，司马迁所谓的"古文"，是以不用当时通行的隶书写成的古书。郑慧生也说："这古文，是诘屈聱牙的上古典籍，不通过口语化的训释是一般人所不易理解的。司马迁'年十岁则诵古文'，在古文训释上打下了坚实的基础。"这些典籍中的主要部分，不是古代的文书资料，而主要指已经逐渐形成的经典。

通过上面的分析，我们大体可以知道，十岁左右，司马迁已不再局限于学习用"今文"即隶书抄就的教材，也没有被算术的基础科目难住，而是开始识读较古的文字（"古文"），打下了坚实的训释基础，能获得并阅读属于经典系统的书籍，相当程度上超越了只学习基本文化技能的同龄人。读书面的拓展，让司马迁有了更开阔的时空视野，那个在河山之阳耕牧的少年，身体和脑力都慢慢成熟起来，即将走向更广大的世界。

七

一个人的成长是漫长的，条件允许的话，大概都会向内深入探究，向外遍历世界。如果可以对照，向内、向外可以比拟修养（成长）小说的纵向和横向维度，如谷裕《德语修养小说研究》所言："纵向维度指个体成长的线索。横向维度指伴随时间和空间移动所经历的广度。横向维度使主人公获得对外部世界的印象，为反思提供质料。纵向维度为作品提供个体思考和反思的深度。"用中国传统的方式来表达，纵向维度或许可以相应于读万卷书，横向维度大致类似于行万里路。前面讲过了司马迁的读书，接下来，就是他足迹几乎遍及天下的"壮游"（怀抱壮志而远游）时期了——

>二十而南游江、淮，上会稽，探禹穴，窥九疑，浮于沅、湘；北涉汶、泗，讲业齐、鲁之都，观孔子之遗风，乡射邹、峄；厄困鄱、薛、彭城，过梁、楚以归。

司马迁行文跳宕，自出生至二十岁，他只交代了自己十岁读古文，其余的情况完全没提。比如我们很想知道，他什么时候跟父亲或唐都习得天官之学，什么时候熟悉了杨何一系的易学传承，又是什么时候接受或辨析了黄子的道论，除父亲之外还接受了哪些需要高手指点的知识。遗憾的是，他自己的文字里线索很少。青少年时期，因为汉武帝鼓励（或强迫）百姓、官员移住距长安八十里的茂陵，司马迁一家大约在某个时间点迁徙而去。司马迁居住茂陵的这段时期，有可能见到的前辈耆宿，是当时居住在同一块土地的董仲舒和司马相如，确定见到的是当时非常有名的游侠郭解。

从能够搜集到的一鳞半爪的信息来推断，二十岁的时候，司马迁应该已经对自己所学有了较为充分的自信，同时也见过了一些当世的知名人物，纵向维度上已有了足够的深度，所以才会起意（或按父亲的意思）开始壮游。根据当时的普遍社会状况，朱维铮分析过这次壮游的可能情形："至迟从春秋晚期起，有志于仕的士人要去官府边服役边学习，叫作'宦学'。

以后私人收徒教学的风气渐盛，可在官府以外寻访名师，于是外出游学的士人日多……司马迁正是依照这一老习惯外出游学的。"

至于这次的游历路线，朱维铮结合《史记》的其他记载总之曰："大概地说，由长安出发，先到长沙寻访屈原遗迹，乘船在沅水、湘江巡游，再登九嶷山找舜的遗迹，又向东登庐山考察相传是禹所疏导的九江，而后直奔东海之滨，到会稽山探禹穴，即传说中这位治水英雄的葬处；由此北上，渡过长江，去淮阴寻访汉朝元勋韩信的故事，并考察淮、泗、济、漯的水利情况，再渡过汶水、泗水，到达齐国和鲁国的故都，在那里讲习学业，参观孔子故居，并在孟轲的故乡演礼；回头南下，在项羽的西楚王国故都彭城遇险，后来经过孟尝君的封地薛邑，去丰、沛参观刘邦和他那群布衣将相发迹的地方；最后西返，中途游览了魏国故都大梁的遗墟，又返回长安。"即便照现在的出行条件，这也是一趟耗时不少的行程，当时恐怕至少需要一年以上。

还有一个问题需要注意，除了汉朝的开国君臣，司马迁这里给出的，很多是具有重要政治文化特征的地点——会稽和禹穴跟大禹有关，九嶷山跟舜有关，沅、湘跟屈原的放逐有关，汶、泗和邹、峄跟孔孟有关，薛邑是孟尝君的封地，彭城则项羽曾定都于此。或许，司马迁只是无意中写下了这些地点，内中却隐含着他复杂的政治文化决断。比如，是不是可以据此推测，司马迁心目中的理想选择，从帝王来说是勤于任事的舜和大禹，从文化传承来说是集先秦思想大成的孔孟，从个人遭际来说是"忠而被谤，信而见疑"的屈原，从性情本然来说是"好客自喜"的孟尝君和"喑恶叱咤"的项羽，而"厄困鄱、薛、彭城"，则几乎可以看成对孔子"困于陈蔡之间"的有意模仿没错吧？

对司马迁的壮游，历来称颂不绝。就拿苏辙《上韩太尉书》来说吧，他认为壮游养成了司马迁文章的沛然之气："太史公行天下，周览四海名山大川，与燕、赵间豪俊交游，故其文疏荡，颇有奇气。……岂尝执笔学为如此之文哉？其气充乎其中而溢乎其貌，动乎其言而见乎其文，而不自知也。"至此，司马迁已经读过了万卷书，行过了万里路，成长为一个英气勃勃的青年人，接下来，将是他作为成年人的仕宦之路了。

八

前面已经说过司马迁受到的各种教育，不妨换个方向来再看一下。照日本学者富谷至的说法，汉代识字教科书分为两类，一类是"吏员以撰制行政文书为目的使用的文字学习书"，另一类是"初学者以学习文字或获得教养为目的使用的教科书"。汉代史学童必修《史籀篇》，是为了熟悉相对于隶书而言的"古文"，以便任职时能识读过往的文字记录。他们另需学习《急就篇》和《苍颉篇》，也不是为了获得文化教养，因为两者"由文书行政中使用的制度用语构成，习得这些词汇，就能撰写行政文书"——这是后来担任"史"一类人才的职业教育。高才如司马迁，入仕前也需要和必须受职业训练吗？

作为史家之子，司马迁非常可能受过职业教育。但他通过什么途径入仕，我们只能推测，不可能有确定的结论。要从司马迁自己的言辞来推定这个过程，更是完全无从着手，因为跟涉及自己生平的大部分事情一样，入仕途径问题，他只在《报任安书》中简略地提到过一句——

> 仆少负不羁之才，长无乡曲之誉，主上幸以先人之故，使得奉薄伎，出入周卫之中。

跟入仕相关的，除了上面这段话，还有同文中的"仆赖先人绪业，得待罪辇毂下，二十余年矣"，另外就是《太史公自序》中壮游之后的"于是迁仕为郎中"。据旧注，上面这段话有几个要点。"不羁，言其材质高远，不可羁系也。负者，亦言无此事也。"这是说，司马迁少时没有不羁之才，因此长无乡曲之誉。"先人，谓迁父也。"这是说，司马迁入仕的途径，与父亲有直接关系。"周卫，言宿卫周密也。韦昭曰：'天子有宿卫之官。'"这是说，司马迁仕为郎中，做了皇帝的侍卫，跨过了上面提到的"史"一类人才的缓慢进阶期。无法回避的问题是，文中的"以先人之故"，究竟何指？

据严耕望研究，要仕为郎官，"西汉初叶，以'荫任''訾选'及'军功'为多；中叶以后，以'荫任'为多，'孝廉''明经甲科'次之，'才艺''公府掾'又次之"。对照以上条件，司马迁显然没有立过军功。汉代的訾选，费钱极多，以司马家的耕牧和司马谈的任职所得，恐怕很难出得起这么多钱

（如果司马家真有巨大的财富，也不至于后来无钱为司马迁赎罪）。至于选拔孝子廉吏的"孝廉"，前文已明说"少负不羁之才，长无乡曲之誉"，显然也行不通。如果通过"明经"仕进，则司马迁应有一段作为博士弟子的经历，如此正宗的入仕途径，他似乎不会绝口不提。排比下来，司马迁为郎的原因，最可能的应该就是"荫任"。文中所谓的"幸以先人之故"，很有可能是因为父亲司马谈做过某些重要的贡献，因此汉武帝特诏选其子司马迁为郎。

这样看起来，上面那段乍看含糊不清的话，非常可能句句落实，尤其"才艺"一项。严耕望谓："才艺除郎，可分'文才''经世才''术学''技艺'四类。汉世都有上赋颂上书言世务者，若称帝意，可拜郎中，此即以'文才''经世才'而特拜也。武帝时，此风尤盛。"以技艺除郎的，文才如司马相如和东方朔，经世才如主父偃和徐乐，术学有发明地动仪的张衡，技艺有卫绾和邓通。司马迁应该没什么实用性或杂耍类技术，但他有家传之学，还可能受过史学童的专业训练。至于文才和经世才，有赋传世，而且能够写《史记》，司马迁应该符合要求。术学乍看有点远，但观星望气这类术数之学（并非现在的迷信，后文会谈到），恰是父子俩的看家本领。

大胆点推测，司马迁可能因为父亲而为武帝所知，并以其才能得到赏识而除为郎。这才能，可能就是上面提到的"得奉薄伎"的"薄伎"（粗浅的技艺）。这也让司马迁避开了按部就班的仕进之路，直接踏入了中央。当然，这些只是猜测，不必一意坐实。能知道的是，从此之后，司马迁踏上了仕宦之路，看起来一切都往美妙的方向发展。不过，人生没有那么多一帆风顺的事，还没等司马迁好好体会意气风发的人生，悲剧就先来了。

壮游归来，司马迁暂时有过一段高光岁月，"于是迁仕为郎中，奉使西征巴、蜀以南，南略邛、筰、昆明，还报命"。他受汉武指令出使西南夷，往长江源头方向走，到过四川（重庆、成都）、西康、云南一带，很好地完成了皇帝交代的任务。可就在这时候，司马谈因为无法参与武帝的泰山封禅，"发愤且卒"。临终，司马谈郑重嘱咐司马迁，"余死，汝必为太史；为太史，无忘吾所欲论著矣"。三年之后，司马迁果然继承父职，被任命为太史令。接受了父亲遗命的他，要为父亲，也为自己准备一个更充分的自我了。

九

一个人在学习过程中接受的知识，毕竟未经外界检验，如果没有师友和其他群体带来的社会因素，无论练习到多么纯熟的程度，一旦接触瞬息万变的现实世界，都非常可能立刻崩溃。说得具体一点，即便才华过人如司马迁，除了承继自父亲的学问体系和独学而获的心得，也还需要良师益友的砥砺琢磨。如此，才有机会随不断变化的社会和时代情景调整自己的心性学识，日新又新，始终保持认知的领先性。司马迁壮游前后，已经广泛接触了社会，入仕为郎之后，更是进一步扩大了学习和交游的范围。

按照大体的出生年月推算，可能和司马迁有交集的杰出师辈，比较明确的是唐都和孔安国、董仲舒。唐都是司马谈的老师，司马迁也与其共事过一段时间，且唐都的天官之学正是司马家的世守，司马迁向其请教合乎情理。不过，具体的传授问题，《史记》或其他书中都没有记载，只好暂时阙疑。言及司马迁明确授受记录的，是《汉书·儒林传》——

> 孔氏有古文《尚书》，孔安国以今文字读之，因以起其家。逸《书》得十余篇，盖《尚书》兹多于是矣。遭巫蛊，未立于学官。安国为谏大夫，授都尉朝，而司马迁亦从安国问故。迁书载《尧典》《禹贡》《洪范》《微子》《金縢》诸篇，多古文说。

孔安国是鲁国人，生卒年约当景帝元年（前156）至武帝太初（前104—前101）间。孔氏幼承家学，熟悉各类典籍。师承上，他自小即从申公学属于今文的鲁《诗》，并曾受今文《尚书》于伏生后学。因整理孔壁藏书，他又开创了古文《尚书》的家法。仕宦上，他做过武帝时博士，教过精治《尚书》的儿宽，官至谏大夫、临淮太守。司马迁跟孔安国可能建立授受关系的，正是当时已经情形复杂的《尚书》。如果逻辑链延长一点，《史记》多采用鲁《诗》家法，说不定跟孔安国也有一定关系。

《汉书》作者班固认为，司马迁跟孔安国学习古文《尚书》（问故），熟悉了各种与今文不同的解说，在《史记》中经常使用。按程金造的推断,"孔安国虽是古文《尚书》'家法'之始祖,但是他的'师说',却是从伏生所传的今文《尚书》说二十九篇的基础上,发展而建立起来的。……太史公从孔安国问故,必然是要先学习了今文《尚书》二十九篇,然后本此基础,才能向孔安国问古文《尚书》的训故"。虽然司马迁跟孔安国学的是古文《尚书》,但他也非常熟悉今文《尚书》,并非只株守一家之说。

司马迁另一位可能的老师,是大名鼎鼎的董仲舒。董仲舒是河北广川人,生卒年为公元前 179 年至公元前 104 年,平生历文帝、景帝、武帝三朝,是《春秋》公羊学的顶级大师。他被人誉为王佐之材,但仕途并不顺利,不光未能身居要职,且每因牵连或遭举报而降职。董仲舒真正影响了当时以至未来中国政治文化格局的,是他《天人三策》中对六经和孔子有些过火的推重:"臣愚以为诸不在六艺之科、孔子之术者,皆绝其道,勿使并进。邪辟之说灭息,然后统纪可一而法度可明,民知所从矣。"这应该就是习称的汉武"罢黜百家,独尊儒术"的思想根源,对当时和后世造成了重大影响。

董仲舒和司马迁的师承关系,文献依据只有《太史公自序》中的"余闻董生曰"五个字。不过,这个文献依据并不牢靠,有人就认为"闻"字的意思并非"接闻"(本人直接听到),很可能只是司马迁间接听到或读到过董仲舒的言论。无论真实情形如何,从《太史公自序》对《春秋》的理解来看,司马迁受董仲舒影响最大的,显然是《春秋》公羊传的精微之义。《春秋》公羊家的主要义旨,是国之大乱大祸,皆非一日之事，而是积渐所致。这个思路贯穿于《史记》全书，也是司马迁受董仲舒思想影响的重要标志。

除了当世人物，司马迁还有一个没见过却极度尊崇的人，那就是孔子。《史记·孔子世家》评价说："孔子布衣，传十余世，学者宗之。自天子王侯，中国言六艺者折中于夫子，可谓至圣矣！"这虽是总体的学术判断，但具体到《史记》的一百三十篇，有五十五篇一百二十九条提到孔子，并以孔子之言作为折中取信的标准，因此也可以说是司马迁自己的去取原则。如此，或许也就不妨说，司马迁把孔子看成了自己遥远的先师。

十

除了跟随合格的老师学习，与同辈的交流和相互激发，也在每个人成长过程中起着非常关键的作用，是一个人依据所在群体规范来调整自己的过程。《学记》"独学而无友，则孤陋而寡闻"的友，不只是学习过程中可有可无的陪衬，而非常可能是人生中极其重要的部分，甚至会改变一个人的命运走向。那么，司马迁一生中有哪些朋友呢？

根据王国维的梳理，司马迁可能的交游对象，有贾嘉、公孙季功、董生（非董仲舒）、樊佗广、平原君子（朱建子）、冯遂、田仁、壶遂、苏建、李陵、任安、挚峻等。其中明确可以排除的，是公孙季功、董生、樊佗广和平原君子。另外，冯遂是冯唐的儿子，虽然《史记》中有"与余善"的记载，但两者年龄最小相差三十岁，算不上同辈，因此有人认为，这里的"余"指的是司马谈。其他同朝为官的文武大臣，比如一起参与过太初历编制的兒宽，一起负薪塞河的枚皋，司马迁肯定都跟他们有过或多或少的交往，但《史记》《汉书》和其他典籍中都没多说，这里就不进一步推测了。

与司马迁平辈交往的这些人，多是世家出身，或自己有功名建树。贾嘉是贾谊之孙，《史记》里提到他，说"孝武皇帝立，举贾生之孙二人至郡守，而贾嘉最好学，世其家，与余通书"，或许跟司马迁是学问上的同道。田仁是习黄老的田叔的少子，为人廉直，有政治才能，且"以壮健，为卫将军（按卫青）舍人，数从击匈奴"，算得上文武双全，可惜因牵扯进戾太子造反事，被盛怒之下的汉武帝腰斩。壶遂就是"余闻董生曰"那篇长论的谈话对象，也是太初历编制的参与者，司马迁称他"深中隐厚"（内心廉正忠厚），有长者之风，要不是遽然而逝，甚至可能做到汉相。苏建是苏武的父亲，曾以校尉身份跟随卫青出征匈奴，因功封平陵侯，后以将军身份建造朔方城。还有一个跟司马迁非常相关的人是任安，也就是《报任安书》的通信对象。他也因为戾太子事件，被汉武认为"坐观成败"，"怀诈，有不忠之心"，论罪诛死。当然，跟司马迁最命运攸关的人，是李陵，他几乎完全改变了司马迁的人生轨迹。

另一个跟司马迁相关的人物，是东方朔。《史记·滑稽列传》称他"以好古传书，爱经术，多所博观外家之语"。桓谭《新论》记述了司马迁跟他相关的事："太史公造书，书成示东方朔，朔为平定，因署其下。太史公者，皆东方朔所加之也。"

如果所言成立，司马迁跟东方朔的关系应该非同一般，不过，这说法历来受到很多质疑。除了东方朔，还有一个究竟跟司马迁有没有关系还存疑的，是挚峻。司马迁写给他的信，收在《高士传》里——

> 迁闻君子所贵乎道者三，太上立德，其次立言，其次立功。伏惟伯陵材能绝大，高尚其志，以善厌身，冰清玉洁，不以细行荷累其名，固已贵矣。然未尽太上之所由也。愿先生少致意焉。

《高士传》这类作品，《隋书·经籍志》称为杂传，"因其事类，相继而作者甚众，名目转广，而又杂以虚诞怪妄之说"。这说明，人们很早就怀疑杂传的可靠性了。不过，可靠性并不是评价这类作品的标准，著述者的目的或许原本就不为记录史事，而是写出心目中的理想形象。正因如此，人物只要有一点点文献依据，就可以写进作品并借机发挥自己的想法。在这个过程中，另外一些不属于高士行列的著名人物，偶尔也会作为对比出现在行文中。上面引到的这篇，司马迁其实就是作为挚峻"高尚不仕"的反面（积极入仕）存在的，所谓"迁居太史官，为李陵游说，下腐刑，果以悔吝被辱"。

"太上立德"云云，出自《左传·襄公二十四年》。引完这段话，信中没有特别的发挥，而是描述了挚峻的高洁性情，随后就劝他出仕。这其实只罗列了两种对待世界的方式，并以《左传》的话作为标准，没有确立共同的认知基点，因此并无劝服的可能。或许，这就是王国维认为此信"直恐是赝作耳"的原因之一？不过，"虚幻的花园里有真实的癞蛤蟆"（imaginary gardens with real toads in them），即便《与挚伯陵书》为赝作，是不是也说明作伪者把握住了司马迁某个阶段（或总体）的心性呢？他可能的热衷、激进和虑事不周，是不是在这封虚实未知的信里透露出来了呢？

十一

司马迁身后，陆续有关于他和《史记》的批评之声出现，其中最突出的，是"爱奇"。扬雄《法言·君子》云："多爱不忍，子长也。仲尼多爱，爱义也。子长多爱，爱奇也。"《文心雕龙·史传》也说，《史记》"爱奇反经"。推敲这些议论，大体可以明白，"奇"，就是不纯，不正，"爱奇"并不是（或不只是）喜爱非常可怪之事，而是不能像孔子或经书那样以义为断。也就是说，批评司马迁"爱奇"，除了说他对经书理解不足，还有对他性情趋向的非议。人的整个生命过程，应该是先天性情和后天学习共同作用的结果。这结果一方面决定了写作者能达到的高度，另一方面也暗暗伏下了自己的命运线索。司马迁后来的"发愤"说，其性情根源，可能已经深深埋在"爱奇"这里。

即便不论性情，人面对的社会总体情形和思想的普遍状况，很多时候由不得自己来选择。无法自主决定的外在环境，某种意义上就难免会构成迫害。《施特劳斯学述》指出，这些迫害的类型很多，比如民族意识形态、神话以及象征，遵守法律以及适应集体思维模式的政治德性，信仰、意见和偏见，公民权利习传性的平等，群氓的嫉妒、仇恨和嘲笑，等等。对照以上条件，司马迁具备了一个被迫害者的诸多特征不是吗？当然，并非具备了被迫害特征，迫害就肯定尾随而至，任何迫害的出现，仍然需要一个触发条件。

真正让司马迁陷入被迫害泥潭的，是著名的"李陵之祸"。李陵是飞将军李广之孙，善骑射，对人仁爱，曾与司马迁同为郎中。据司马迁观察，李陵"自守奇士，事亲孝，与士信，临财廉，取予义，分别有让，恭俭下人，常思奋不顾身，以徇国家之急。其素所蓄积也，仆以为有国士之风"。天汉二年（前99），贰师将军李广利领兵进击匈奴，李陵自请率步卒五千出居延。至浚稽山，李部为单于所率八万余骑包围，因粮尽矢绝，救援不继，李陵投降匈奴。降敌引发了汉武帝的震怒，于是"群臣皆罪陵"。司马迁受此事牵扯，是他在群臣罪陵的情况下，说了几句老实话，出自《报任安书》——

> 夫人臣出万死不顾一生之计，赴公家之难，斯已奇矣。今举事一不当，而全躯保妻子之臣随而媒孽其短，仆诚私心痛之。陵未没时，使有来报，汉公卿王侯皆奉觞上寿。后数日，陵败书闻，主上为之食不甘味，听朝不怡。大臣忧惧，不知所出。仆窃不自料其卑贱，见主上惨凄怛悼，诚欲效其款款之愚，以为李陵素与士大夫绝甘分少，能得人之死力，虽古之名将，不能过也。身虽陷败，彼观

其意，且欲得其当而报于汉。

司马迁对这件事的判断，看起来没有明显失误，他肯定了李陵的为人，判断其投降是为了在适当的时机回报汉廷。并且，虽曾与李陵同为郎中，但司马迁所有言辞都不是出于私情："仆与李陵俱居门下，素非能相善也。趣舍异路，未尝衔杯酒，接殷勤之余欢。"盛怒之下的汉武帝，哪里管得了这些，尽管是他主动询问司马迁意见，最终仍然"下迁腐刑"。考虑到司马迁的天官身份，那么他在李陵之事上的陈情，是否有可能让汉武帝怀疑其代表天意谴责他的战争举措，从而引发了这自负为英武之君的雷霆之怒呢？

《报任安书》说到入狱受刑的时候，几乎能够见到司马迁的悲愤之情："拳拳之忠，终不能自列。因为诬上，卒从吏议。家贫，货赂不足以自赎，交游莫救，左右亲近不为一言。"入狱后的情况，简直苦不堪言，"身非木石，独与法吏为伍，深幽囹圄之中，谁可告愬（按诉说）者"。身遭腐刑之后，更是羞愤至极："是以肠一日而九回，居则忽忽若有所亡，出则不知其所往。每念斯耻，汗未尝不发背沾衣也。身直为闺阁之臣，宁得自引深藏于岩穴邪？"这段描述，无论说的是心理还是生理，对一个心气极高的人来说，都是完全无法忍受的耻辱。要从这艰难之中挺过来，司马迁恐怕不得不"发愤"。

十二

"发愤"一词,最早见于《论语·述而》,"不愤不启,不悱不发"。朱熹《集注》云:"愤者,心求通而未得之意。"这里的愤,是一种心思未能通达的郁积状态,发愤则纾解了这一状态,心理上达至平衡。又同篇子曰:"发愤忘食,乐以忘忧,不知老之将至云尔。"也就是说,孔子通过发愤,从容化解了郁积状态,甚至开心到忘记吃饭,连老来了都没有注意。这样的发愤,虽开始时或有郁积,过程中却有开阔的疏浚渠道,最终达至了开心状态,不至于事到临头仍郁郁不通,把可能的静水流深变成激荡的灾难漩涡。

起码在司马迁这里,那个此前通过发愤而开心的状态,发生了巨大转折,欣悦的一面逐渐消失。照钱锺书的说法:"司马迁也许是最早不两面兼顾的人。《报任少卿书》和《史记·自序》历数古来的大著作,指出有的是坐了牢写的,有的是贬了官写的,有的是落了难写的,有的是身体残废后写的;一句话,都是遭贫困、疾病以至刑罚磨折的倒霉人的产物。他把《周易》打头,《诗三百篇》收梢,总结说:'大抵圣贤发愤之所为作也。'还补充一句:'此人皆意有所郁结。'那就是撇开了'乐',只强调《诗》的'怨'或'哀'了;作《诗》者都是'有所郁结'的伤心不得志之士,诗歌也'大抵'是'发愤'的悲鸣或怒喊了。"钱锺书提到的,正是司马迁下面的一段话——

> 古者富贵而名摩灭，不可胜记，唯倜傥非常之人称焉。盖文王拘而演《周易》；仲尼厄而作《春秋》；屈原放逐，乃赋《离骚》；左丘失明，厥有《国语》；孙子膑脚，《兵法》修列；不韦迁蜀，世传《吕览》；韩非囚秦，《说难》《孤愤》；《诗》三百篇，大氐圣贤发愤之所为作也。

这里引的是《报任少卿书》（即《报任安书》）中的，《太史公自序》里也有相似的一段，可见司马迁对这说法的重视。不过较真起来，上面的话很多算不上事实。即便著者有争议的《周易》不论，"仲尼厄而作《春秋》"就跟《史记》本身的记载不符。屈原写《离骚》的时间，同样跟《屈原列传》的说法不一致。《国语》久已被认为非左丘明所作，《吕览》始于吕不韦迁蜀之前，韩非写《说难》也早于囚秦之时，《诗三百》中的圣贤发愤之作，恐怕远远不到"大氐"（大多数）的程度。只不过，司马迁说这些的时候，或许并非强调因果，而是表达一种激烈情绪，一一推求，易失于刻舟求剑。

更大的可能，这根本就不是什么梳理材料，而是司马迁创造了属于自己的传统。文王、孔子、屈原、左丘明、孙子、吕不韦、韩非，包括《诗经》的诸多作者，不再只是历史中的具体个人，而是稍稍脱离了自身所在旧传统中的位置，微调自己的方向，成了这个新创造出来的"发愤"传统的一部分。正如博尔赫斯《卡夫卡及其先驱者》所说，"事实是每一位作家创造了他自己的先驱者。作家的劳动改变了我们对过去的概念，也必将改变将来"。应该是这样的，司马迁作为一个后来者，因其自身遭遇而创造了属于自己的传统。

　　这个传统造成的影响有利有弊，我们需要回到的是司马迁的遭遇。宫刑这样的侮辱性惩罚，普通人都无法忍受，更何况是慷慨任气的司马迁呢？人生中很多灾难，其实是完全无法安慰的，既不能在现实中求之于尊长（对司马迁来说，父母已逝，总不会是汉武帝吗？），又因自觉而不能转嫁（难道奉孔子为先师的司马迁，会违背其"不迁怒"的教导？）。然而，受过伤的心总是有璺的，遭受如此重创的司马迁，彷徨徘徊之际，必然需要什么途径来激发或缓解，司马迁选择的，是否就是这个发愤呢？

　　出狱之后，尽管还担任过位高权重的中书令，但对司马迁来说，人间的命运早已不值得期待。因此，差不多就是从《报任安书》之后，关于司马迁本人的记载就几乎绝迹了。现在，他要坚起心志，"述往事，思来者"，写出那本属于将来的伟大著作《史记》了。

六经之后，惟有此作：《史记》的结构与内容

一

我们目前看到的《史记》，都写为司马迁著，不过，古代著作的署名情况跟现在很不相同。余嘉锡《古书通例》说："盖古人著书，不自署姓名，惟师师相传，知其学出于某氏，遂书以题之，其或时代过久，或学未名家，则传者失其姓名矣。即其称为某氏者，或出自其人手著，或门弟子始著竹帛，或后师有所附益，但能不失家法，即为某氏之学。"这一情况自先秦开始，持续了很久，"汉末人著书，尚不自题姓名"。因此，有个问题可以明确，就是《史记》这本书，起码在司马迁写完之后，是没有自署其名的。

问题来了，《史记》只是司马迁所写，还是也类似上面说的，为不失家法的相续而作？《隋书·经籍志》云："司马谈父子世居太史，探采前代，断自轩皇，逮于孝武，作《史记》一百三十篇。"唐代《史记索隐》的序也说："《史记》者，汉太史司马迁父子之所述也。"清代的方苞、俞正燮和近人王国维也都认为，司马迁的父亲司马谈写了《史记》的一部分。顾颉刚《司马谈作史》则认定："谈之为史，有传、有赞，则

《史记》体例创定于谈亦可知。及迁继作，因仍其文，盖与尔后班固之袭父者同。"

"班固之袭父"，是说《汉书》完成于班固之手，他承继了父亲班彪的工作而没有说明。因为我们心里早已有个著者署名的印象，《史记》是否继作，无论多么复杂的论证，恐怕都难以完全说服所有人。既然一时说不清楚，那不妨先来看司马谈对司马迁的临终嘱托——

> "夫天下称诵周公，言其能论歌文武之德，宣周邵之风，达太王王季之思虑，爰及公刘，以尊后稷也。幽厉之后，王道缺，礼乐衰，孔子修旧起废。论《诗》《书》，作《春秋》，则学者至今则之。自获麟以来四百有余岁，而诸侯相兼，史记放绝。今汉兴，海内一统，明主贤君忠臣死义之士，余为太史而弗论载，废天下之史文，余甚惧焉，汝其念哉！"迁俯首流涕曰："小子不敏，请悉论先人所次旧闻，弗敢阙。"

或许是因为司马迁记下司马谈的遗言，点出了父亲的重要性，所以没人说他"袭父"。这段对话有意思的地方在于，司马谈给出了自己的文化断代。首先选择周公，确定历史的黄金时代。具体到周公的文化贡献，则是在《诗经》的《雅》《颂》中歌颂文王和武王的帝王德性，在《周南》《邵南》中宣扬周、邵的王化之风，在《豳风》中言及周先祖开创事业的艰苦——太王、王季是文王的父祖；公刘是后稷的曾孙，兴起于豳。后稷是尧舜时的农官，也是周的始祖，据说从他开始教民耕种。

厉王和幽王之后就是东西周之交，盛世转换到衰世，司马谈的文化选择是孔子。所谓的"论《诗》《书》"，就是整理传统文献，为后世留下参照标准。不妨节引《史记·孔子世家》的说法："孔子之时，周室微而礼乐废，《诗》《书》缺。追迹三代之礼，序《书传》，上纪唐虞之际，下至秦缪，编次其事。古者诗三千余篇，及至孔子，去其重，取可施于礼义，上采契后稷，中述殷周之盛，至幽厉之缺，始于衽席。孔子晚而喜《易》，序彖、系、象、说卦、文言。"这样看，传统经书《诗》《书》《礼》（《乐》）《易》的整理，都跟孔子有直接关系。"作《春秋》"，则是孔子写出自己对历史和现实的独特判断，用《孔子世家》的说法："因史记作《春秋》，上至隐公，下讫哀公十四年，十二公。据鲁，亲周，故殷，运之三代。约其文辞而指博。"

接下来，司马谈提到的是获麟这件事。《孔子世家》载："鲁哀公十四年春，狩大野。叔孙氏车子鉏商获兽，以为不祥。仲尼视之，曰：'麟也。'"麒麟是瑞兽，据说出现时天下太平。孔子作《春秋》就结束在这一年（前481），史称"绝笔获麟"。自此之后，诸侯互相兼并，史官保存的记载（文中"史记"的意思，并不是指《史记》这本书）流失。《史记·六国年表》序，讲到了流失的原因："秦既得意，烧天下诗书，诸侯史记尤甚，为其有所刺讥也。诗书所以复见者，多藏人家，而史记独藏周室，以故灭。"现在呢，大汉兴起，似乎又来到了一个盛世，作为太史的司马谈，觉得自己应该像孔子一样"修旧起废"，把流失的史官记载重新整理起来。可惜天不假年，这一愿望无法实现了，只有把希望寄托在儿子身上。司马迁痛哭流涕，郑重地接下了嘱托，答应父亲将详述先贤（应该包括父亲）编次的历史材料，不使有任何缺漏。

虽然无法最终确定，司马谈有没有写过部分《史记》，更不知道他是否发凡起例，但能够清楚的是，司马谈在遗命中已经给出了自己的文化断代，也指明了撰述的志向和旨趣，司马迁的应答，表明他清晰地接受到了这一信号。《太史公自序》谓："百年之间，天下遗文古事靡不毕集太史公。太史公仍父子相续纂其职。"这或许说明，司马谈在太史的职位上，已经为《史记》的撰述准备了诸多可能条件，司马迁接过太史之职，也就相应接下了这些准备。既给出了撰述的旨趣，又做出了相应的准备，即便没有给出完整的体例并写出某些篇章，也不妨碍司马谈对《史记》的撰述作出了巨大的贡献。

二

古代一本书要完整留下来，需要很多幸运，首先是历代朝廷不严厉禁止或焚毁，其次是相关机构不对其有意添加或删改。另外，因为著书不自题姓名，后来者可能会想，我能不能继续写下去呢？还有个问题是，一本书流传了足够长的时间，考虑到从汉到宋还没有普遍的雕版印刷，传抄和规模有限的印刷必然带来的情形是，有些人出于爱好或对自身水平的评估，会控制不住自己的手，去续补一本书可能的缺失或径直更改文章。由此来回观《史记》，司马迁的一部分文章可能没有留下来，有些章节是后人添加或补充，有些篇目中的文字经过后人窜改，部分章节甚至面目全非。

如果相信东汉卫宏《汉旧仪》的说法，司马迁在世的时候，《史记》已经遭到过删削，"司马迁作《景帝本纪》，极言其短及武帝之过，武帝怒而削去之"。三国时的王肃也说："武帝闻其述《史记》，取孝景及己本纪览之，于是大怒，削而投之，于今此纪有录无书。"以上说法后人表示了怀疑，认为有些篇章没有流传，不过是残缺或失传而已，没有上述那样戏剧性的场面。不过，《史记》确实缺少了一些篇章，班彪就已经明确说，"太史公司马迁作本纪、世家、列传、书、表凡百三十篇，而十篇缺焉"。无论后来者怎样分判剖析，可以肯定《史记》现在看起来完整的一百三十篇，有些并非出自司马迁之手。三国时的张晏，给出了缺失的具体篇目——

> 迁没之后，亡《景纪》《武纪》《礼书》《乐书》《兵书》《汉兴以来将相年表》《日者列传》《三王世家》《龟策列传》《傅靳列传》。

颜师古《汉书·司马迁传》注，引用了张晏的这段话后谓："序目本无《兵书》，张云亡失，此说非也。"意思是说，司马迁的序目中，原本就没有《兵书》，并非亡失。不过，也有人不同意颜师古的意见，《殿本考证》即云："律之为用，兵其大者，张晏或即以《律书》为《兵书》，未可知也。"至于这十篇究竟是否佚失，余嘉锡《太史公书亡篇考》经过周密考证，认为："《太史公书》（按即《史记》）百三十篇，十篇有录无书，著于《七略》，载于本传，而张晏复胪举其篇目。其事至为明白，无可疑者。"

既然无法看到当年的事实，余嘉锡凭什么认定十篇作品亡失呢？他分现存的这十篇作品为两类，一类与《史记》全书的撰述体例不合，包括《景帝本纪》《汉兴以来将相年表》《律书》《三王世家》《傅靳蒯成列传》《日者列传》《龟策列传》；一类与他书所载大部分重合，包括《武帝本纪》《礼书》和《乐书》。前一类，拿《景帝本纪》来说，同类型的《高祖本纪》和《文帝本纪》，详细记录了二者在位时的诏书，《景帝本纪》则无，因此"体例显然不同，即此已可知非太史公之笔"。后一类，《武帝本纪》全部截取自《封禅书》，《礼书》杂取《荀子》的《礼论》和《议兵》两篇拼合成文，《乐书》则多半袭自《乐记》，后两者因割裂拼凑，更受到了毫无文法的非议。

这些缺失的部分，自然会吸引爱好者来补写，其中最有名的是西汉时的褚少孙。他在自己续补的《三王世家》中说，"臣幸得以文学为侍郎，好览观太史公之列传"，可见对《史记》的喜爱程度。褚少孙补写有个很明显的标志，就是都写明了"褚先生曰"，因此很容易辨认。上面亡失的十篇，明确为褚少孙所补的有三篇，即《三王世家》《龟策列传》和《日者列传》。也有人认为他还补过《武帝本纪》，不过现在能看到的这篇也不是他的补作。除了这几篇，褚少孙还补充过《三代世表》《建元以来侯者年表》《外戚世家》《梁孝王世家》《田叔列传》和《滑稽列传》，不过都不是全篇。

对褚少孙续补的部分，后人评价不一。张晏就认为："元成之间褚先生补缺，作《武帝纪》《三王世家》《龟策、日者传》，言辞鄙陋，非迁本意也。"司马贞也说："惜哉残缺，非才妄续。"明人张溥则持完全相反的看法："然读其所记景帝、王后、武帝尹、邢两夫人，与梁王、田仁、任安诸逸事，及《滑稽》六章，《日者》《龟策》二传，错综尔雅，状形貌，缀古语，竟有似太史公者。……予为采列独出，使世知龙门而下，扶风而上，尚有褚生，以当史家小山云。"所谓小山，是指类似小雅的辞赋。史家小山，说的是褚少孙能模拟司马迁之风，因相似而有自身存在的理由。

除了褚少孙续补的部分，现存《史记》中还有不少内容是后人增窜的，也即古人读书时的批注或抄录的资料窜入了正文，《秦始皇本纪》《乐书》《孔子世家》《郦生陆贾列传》等十篇，就有这类现象。还有一种则是没有读懂而附加了一些不必要的内容，比如《历书》，就有人在司马迁给出的公式里添加了年号，以致造成了很大的阅读障碍（后文详述）。尽管有这样那样的问题，现在能够看到的《史记》，司马迁写下的占比达百分之九十五以上，对一本作者命途多舛、篇幅如此巨大的古书来说，已经足够幸运了对吧？

三

跟现在把序放在书前不同，古人写完一本书，通常会在最后写一篇序，谈谈写作的义旨，讲讲全书结构或目次安排。吕思勉说:"书之有序,其义有二:一曰,序者,绪也。所以助读者,使易得其端绪也。一曰,序者,次也。所以明篇次先后之义也。《史记》之《自序》,《汉书》之《叙传》,既述作书之由,复逐篇为之叙例,可谓兼此二义。"所谓"作书之由",是书写的义旨。所谓"逐篇为之叙例",就是结构或目次。义旨问题后面说,先来看司马迁在《太史公自序》中,怎么规划《史记》的结构和起讫——

> 略推三代,录秦汉,上记轩辕,下至于兹,著十二本纪。既科条之矣,并时异世,年差不明,作十表。礼乐损益,律历改易,兵权山川鬼神,天人之际,承敝通变,作八书。二十八宿环北辰,三十辐共一毂,运行无穷,辅拂股肱之臣配焉,忠信行道,以奉主上,作三十世家。扶义俶傥,不令己失时,立功名于天下,作七十列传。凡百三十篇,五十二万六千五百字,为《太史公书》。

《史记》分为五部分,十二本纪、十表、八书、三十世家、七十列传。列传最后一篇,即全书最后一篇,《太史公自序》,既是司马迁父子的传记,也是关于《史记》的总结性文字。

"上记轩辕,下至于兹",表明《史记》记事的起点是黄帝,结束是书写的当时。起讫问题,《自序》还有另外两种不同的说法。"于是卒述陶唐以来,至于麟止,自黄帝始","余述历黄帝以来至太初而讫,百三十篇"。文中的陶唐,就是尧,他先封于陶,后封于唐,故称陶唐。所谓的"麟止",是指汉武帝元狩元年（公元前122年），这一年汉武帝至雍获麟。太初是汉武帝的年号，从公元前104年至公元前101年。据此，《史记》起始点定在黄帝，应无疑问。《史记》的下限，除了上面三种说法，还有讫于天汉（前100年—前97年）、讫于武帝之末（武帝前87年去世）和讫于征和三年（前90）等不同的推测，目前较多人接受的，是讫于太初的说法。

五部分之中，首先是本纪，共十二篇，分别是《五帝本纪》《夏本纪》《殷本纪》《周本纪》《秦本纪》《秦始皇本纪》《项羽本纪》《高祖本纪》《吕太后本纪》《孝文本纪》《孝景本纪》和《孝武本纪》。本纪以人群中最有代表性的人为统系，按照时间顺序来记载历史上的重要活动。从黄帝到太初，三千多年的历史却只有十二本纪，自然只能提纲挈领。吴见思《史记论文》说："本纪之体，是诸传之提纲，故挨年逐月，一路叙去，用花巧不得，止看其叙法之简净，安放之妥当而已。"本纪是全书的提纲，因此需用简净的笔法记下最要紧的事，枝枝节节的问题，不在本纪的记述之列。

其次是十表，分别是《三代世表》《十二诸侯年表》《六国年表》《秦楚之际月表》《汉兴以来诸侯王年表》《高祖功臣侯者年表》《惠景间侯者年表》《建元以来侯者年表》《建元已来王子侯者年表》和《汉兴以来将相名臣年表》。从目录可以看出，表就是用表格的形式罗列某一时期的史事或人物。现在人们很少读十表，但十表的作用其实很大，能够补充纪传的不足。清赵翼《廿二史札记》云："《史记》作十表……与纪传相为出入，凡列侯、将、相、三公、九卿功名表著者，既为立传,此外大臣无功无过者,传之不胜传,而又不容尽没,则于表载之。作史体裁,莫大于是。"

再次是八书,分别是《礼书》《乐书》《律书》《历书》《天官书》《封禅书》《河渠书》和《平准书》。《史记索隐》云,"书者,五经六籍总名也。此之八书,记国家大体"。所谓国家大体,用现在的话,也可以称作制度。八书的每一篇都讲一个国家制度相关的大问题,包括政治、经济、文化各方面。司马迁不但写到了这些制度,还写出了这些制度的变化过程。

或许可以这样说,本纪是历史的经线,十表是历史的纬线,八书是历史的骨骼。有了这三者,三千年的历史大体,已经勾勒出来。

除了上面三部分,剩下的就是三十世家和七十列传了。这两部分是《史记》数量上的主体,占全书大半。照司马迁的说法,世家主要记的是"辅拂股肱之臣",主体是诸侯列国之事,自《吴太伯世家》起,至《三王世家》止。列传主要记载的是"扶义俶傥,不令己失时,立功名于天下"之人。列传开头是《伯夷列传》,末尾是《货殖列传》和《太史公自序》。我们耳熟能详的名篇,如《廉颇蔺相如列传》《淮阴侯列传》《李将军列传》,大都出自列传。有了这两部分,《史记》就不只有严密的框架,而成为有血有肉的生命体了。

四

前面提到的纪传,正是《史记》的体裁,以纪年和传记为中心。详细的说法，见于刘知幾《史通》："夫纪传之兴，肇于《史》《汉》。盖纪者，编年也；传者，列事也。编年者，历帝王之岁月，犹《春秋》之经；列事者，录人臣之行状，犹《春秋》之传。《春秋》则传以解经，《史》《汉》则传以释纪。寻兹例草创，始自子长。"也就是说，"纪"以编年为经，"传"以记事为纬，经纬交织，司马迁草创了这一史家体例。

纪既然是编年，必然以最能代表当时情形的人来统领一个时期，这样才能相对全面地记下当时的重大事件。即如阮芝生所言："本纪所记的乃是历史的纲要，它是以人群组织的宰制者为统系，按照时间的顺序来记载人群各种重要的活动。"《史记》想合理记载三千多年的事，必然要有所选择，并确认选择标准。这标准，或如孙德谦《太史公书义法》所言——

> 《太史公书》始自黄帝，可谓远矣，然五帝合为一纪，夏、殷、周亦只各成一纪，及秦则既有《秦本纪》，又有《始皇本纪》，汉则高帝以下迄于武帝，每帝皆为之纪，若是者何哉？盖即略远而详近耳。

文中说的，是本纪的主角问题。《五帝本纪》的主角是黄帝、颛顼、帝喾、尧、舜，涉及的时长近五百年；《夏本纪》记禹至桀，历时四百多年；《殷本纪》记汤至纣，将近六百年；《周本纪》记武王到赧王，几乎有八百年；《秦本纪》的核心纪年，也大约为七百年。以上本纪涉及的时段都很长，却集中在一篇之中。《秦始皇本纪》已相对集中，主要写秦始皇及二世，此后各本纪，则以单人所宰制的时代为篇，项羽、高祖、吕后、文帝、景帝、武帝，都是这种情况。孙德谦提出的详近略远，正是本纪的基本原则。

朱希祖《中国史学通论》，也提到了这个问题："司马迁《史记》百三十篇，自上古至秦汉之际，年代绵渺，仅占其半。记载汉事，亦占其半。而汉五世，武帝时事，载之尤详，约占五分之二，可谓最近而最详者矣。"阮芝生从文献情况，解释了司马迁采取这原则的因由："自《五帝本纪》至《秦本纪》，由于代久年湮，典籍沦亡，故只有世次或有编年而不接续；自《秦始皇本纪》《景帝本纪》至《武帝本纪》，则编年而且连续。"

本纪的主角中，五帝所写为帝，夏、商、周三纪所写为王；与秦相关的两篇，《秦始皇本纪》所写也是帝王级别；汉代五纪，高祖、文帝、景帝和武帝，所写为天子。或许，这就是班彪"司马迁序帝王则曰本纪"的由来。不过，这里显然有三个例外，那就是《秦本纪》和项羽、吕后的本纪。照裴松之《史目》的说法，"天子称本纪，诸侯曰世家"，本纪与天子相关，则秦始皇称帝之前，秦是诸侯，因此应列为世家而不是本纪，司马贞所谓"秦虽嬴政之祖，本西戎附庸之君，岂以诸侯之邦而与五帝、三王同称本纪？斯必不可，可降为《秦世家》"；项羽位止霸王，应入列传，刘知幾说"羽之僭盗，不可同于天子"；吕后从无帝王之号，权力甚至算是窃取自儿子孝惠帝，也不应该列在本纪之中，郑樵所谓"迁遗孝惠而纪吕，无亦奖盗乎"。

这样的问题，很可能出于后人的自定义自质疑，因为本纪写帝王，司马迁自己并没有说过，从班彪才开始有这样的说法。清张照说清楚了其中的原因："史法天子则称本纪者，盖祖述马迁之文，马迁之前，固无所为本纪也。但马迁之意，并非以本纪为天子之服物采章，若黄屋左纛然，非天子不可用也。特以天下之权之所在，则其人系天下之本，即谓之本纪。若《秦本纪》，言秦未得天下之先，天下之势已在秦也。《吕后本纪》，吕后固亦未若武氏之篡也，而天下之势固在吕后，则亦曰本纪也。后世史官以君为本纪，臣为列传，固亦无可议者，但是宗马迁之史法而小变之，固不得转据后以议前也。"

本纪的标准不是帝王，那应该是什么呢？刘咸炘给出了一个相对合理的说法："本纪者一书之纲，惟一时势之所集，无择于王、伯、帝、后。故太史创例，项羽、吕后皆作纪。刘知幾呵之，非也……司马氏作纪，以项羽承秦，以吕后接之，亦以历年不可中废，年不可缺，故书也。"为了编年的方便，《史记》本纪的标准，并非以帝王为唯一选择，而是每一阶段的时势所集者，或者用前引阮芝生的话来说，就是当时的天下宰制者。秦未得天下之前，时势已集于其身；楚汉相争之际，项羽是天下的宰制者；吕后称制，可以废立太子，操生杀大权，几乎就是天子的地位了，当然可以立为本纪。

结合上节所言的本纪作为提纲，写法上贵简净，加上本节提到的详近略远原则和主角选择标准，可以看出本纪的特点，如阮芝生总结的那样："本纪体裁的作法有三：一以编年为主，其无年可编或有年而不能逐年编出者，乃是不得已。二以宰制天下者为中心。此绝大多数为帝王。三体贵简严，仅书大事。由此三点看来，本纪所记的乃是历史的纲要，它是以人群的宰制者为统系，按照时间的顺序来记载人群各种重要的活动。因此，在《史记》一书中来说，本纪就是全书的纲领。"纲领既立，历史的主要线索便清晰了，接下来，纲举目张，更多的人间之事将涌入《史记》。

五

十表的时间起讫，跟本纪相同，都是上自黄帝，下至武帝前后。十表分为三种，世表、年表和月表。世表和月表各一，即《三代世表》和《秦楚之际月表》，其余八表都是年表，可见十表以年表为主。世表的出现跟文献缺失有关，司马迁自言，"维三代尚矣，年纪不可考，盖取之谱牒旧闻，本于兹，于是略推，作《三代世表》"。除了"年纪不可考"，《史记》从来没有忘记的是"本于兹"，就是参照自己身处的世界。秦楚之际用月表的原因更清楚，秦灭汉兴的"八年之间，天下三嬗，事繁变众，故详著《秦楚之际月表》"。

作十表的目的，司马迁说的是，"并时异世，年差不明，作十表"。这是表的具体作用，阮芝生详细分析过："春秋战国之世，各国纪年不同。究竟鲁之某公、某年当齐之某公、某年或周之某王、某年？晋之某公在郑之某公之前或周之某王之后？这些'并时异世'，年世差别问题，在纪传中是不容易获得答案的。要想确知一切史事的先后关系，就必须有一个固定的时间尺度,来确定它们在历史中的相关位置。《史记》的表,便具有这种功用。"

某种意义上,十表跟十二本纪有相似之处,比如本纪详近略远,十表也出于同样的原因不得不如此;比如本纪体贵简要,表为了能容纳更多的内容,甚至需要更为简要。阮芝生说:"本纪记述的文字可以成段成篇,而表记述的文字则只能成句或至多成一小段而已,这与表的体例有关。本纪的文字虽然简要,但由于历史的悠长和内容的广泛,记录自繁,要想对上下数百年或一二千年的历史或某一性质的史事,作一总体把握或关键性的理解,还是十分困难。因此,就必须选择一些史事,先作'提要',然后'汇总'在一定篇幅的表格内,使得读者能够在较短时间内迅速地把握到要点。"凡文字,越简要,内涵就越难解读,或许这就是十表容易被初学者忽视的原因之一。吕祖谦《大事记解题》说到了这个现象,并提示十表的重要性——

> 《史记》十表,意义宏深,始学者多不能达。《三代世表》以世系为主,所以观百代之本支也。《十二诸侯年表》以下以地为主,故年经而国纬,所以观天下之大势也。《高祖功臣侯年表》以下以时为主,故国经而年纬,所以观一时之得失也。《汉兴以来将相名臣年表》以大事为主,所以观君臣之职分也。

阮芝生根据十表的不同情形,进一步说明了表的不同格式,也讲清楚了吕祖谦的意思:"十表的格式,可分四种:一是世经世国纬。《三代世表》即以世为经(纵行曰经),以世国为纬(横行曰纬)。……二是年经国纬。《十二诸侯年表》《六国年表》《秦楚之际月表》《汉兴以来诸侯王年表》,皆以年(月)为经,以国为纬。……三是国经年纬。《高祖功臣侯者年表》《惠景间侯者年表》《建元以来侯者年表》,皆是国经而年纬。……四是年经事纬。《汉兴以来将相名臣年表》即是以年为经而以事为纬。……以上所分的四种表式,世经世(国)纬者,乃是以世为主;年经国纬者,乃是以地为主;国经年纬者,乃是以时为主;年经事纬者,乃是以事为主。四种表式,经纬不同,随宜变化,条条理理,一丝不乱,实皆经过作者一番匠心设计,巧妙安排。"

如此精心的安排,可不只是为了补纪传之不足。在《高祖功臣侯者年表》序里,司马迁写道:"居今之世,志古之道,所以自镜也,未必尽同。帝王者各殊礼而异务,要以成功为统纪,岂可绲乎?观所以得尊宠及所以废辱,亦当世得失之林也,何必旧闻?于是谨其终始,表见其文,颇有所不尽本末,著其明,疑者阙之。后有君子,欲推而列之,得以览焉。"从这段话不难看出,司马迁立十表最重要的目的,应该就是"谨其终始,表见其文",或别处提到的"表见兴衰大指",如阮芝生所言,"表者所以表天下之大势与理乱兴亡之大略,而观一时之得失"。对照当代情形,研究古今变化,以便人们能够不断损益调整,这不就是"通古今之变"的意思?

不止如此,有些好学深思的读书人,几乎从十表中看出了

《春秋》的感觉。作《读史记十表》的汪越,就是这么说的:"表者纪月编年,聚而为绘图指掌,经纬纵横,有伦有脊。其书法谨严,几于《春秋》,大义数千,炳若日星矣。至所不言,尤寓褒讥,未易测识。后人欲穿凿立论,复所未安。诚会本纪、世家、列传,穷厥事理,当自得之也。"其中的经纬纵横,说的是十表的格式;会本纪、世家、列传而自得之,就是前面说的表补纪传之不足。中间的大义数千和尤寓褒讥,则是说十表如《春秋》一般有微言大义。对传统经典而言,把一本著作(的部分篇目)比肩经书,几乎是最高级别的赞美了。

六

跟表的十缺其一不同,八书的《礼书》《乐书》和《兵书》都极有可能缺失后补。总共八篇,后人续补的却有三篇,算得上残佚严重。好在,司马迁在《太史公自序》中给出了八书的总体构思,即"礼乐损益,律历改易,兵权山川鬼神,天人之际,承敝通变,作八书"。照现有篇目,"礼乐损益"指的是《礼书》和《乐书》,每一代的礼乐都需要损益调整。"律历改易"指的是《历书》,根据日月运行的变化来调整历法。"兵权山川鬼神","兵权"指《律书》,"山川"指《河渠书》,"鬼神"指《封禅书》。"天人之际"主要指的是《天官书》,应该也包括《历书》和《封禅书》的部分内容。"承敝通变"指的是《平准书》,根据不同形势调整经济政策。

书体的来源,刘知幾主张出于《礼经》,郑樵认为起自

《尔雅》，章学诚推测跟诸子有关。更有一种看法，则云脱胎于《尚书》，如范文澜《文心雕龙注》所言："《史记》八书，实取则《尚书》，故名曰'书'。《尚书·尧典》《禹贡》，后世史官所记，略去小事，综括大典，追述而成。故如'乃命羲和，钦若昊天，历象日月星辰，敬授人时。……以闰月定四时成岁。'即《律书》《历书》《天官书》所由昉也。'岁二月东巡狩。……车服以庸。'《封禅书》所由昉也。'帝曰，咨四岳，有能典朕三礼。……直哉惟清。'《礼书》所由昉也。'帝曰，夔，命汝典乐。……百兽率舞。'《乐书》所由昉也。'帝曰，弃，黎民阻饥，汝后稷，播时百谷。'《平准书》所由昉也。《禹贡》一篇，《河渠书》所由昉也。"

十表追《春秋》，八书拟《尚书》，即便无法一一对应，也不难从中看出司马迁的勃勃雄心。或者也不用远溯六经，就引《太史公自序》关于八书的几个说法，就不难看出这卓绝的心思——

> 维三代之礼，所损益各殊务，然要以近性情，通王道，故礼因人质为之节文，略协古今之变，作《礼书》第一。非兵不强，非德不昌，黄帝、汤、武以兴，桀、纣、二世以崩，可不慎欤？司马法所从来尚矣，太公、孙、吴、王子能绍而明之，切近世，极人变，作《律书》第三。维币之行，以通农商；其极则玩巧，并兼兹殖，争于机利，去本趋末。作《平准书》以观事变，第八。

注意引文中的"损益""古今之变""切近世，极人变""观事变"，大概能够意识到司马迁的志向所在。阮芝生总结八书的主要内容，并述司马迁立八书之目的谓："大体而言，《礼书》讲礼义教化，《乐书》讲音乐理论，《律书》讲律法兵械，《历书》讲岁时历法，《天官书》讲天文星象，《封禅书》讲宗教祭神，《河渠书》讲地理水利，《平准书》讲财政经济。个别视之，八书各述一件专门事情，件件都是专门之学；总合而论，八书内容宏富，所记都属朝章国典与大政大法。能知礼乐者未必能察律历，能究天官、封禅者亦未必能明河渠、平准；今观太史公之叙八书，却能总揽并包，推明本始，并及古今之变，可说最为难能。非淹通博贯者，孰能为之？……司马迁之作'八书'，其目的在于观世变，通古今，究天人，有垂法后王之意。故'八书'实为太史公论治之言，其所记之大政大法，咸与治道或治法有关。"

八书中的礼、乐、律三书虽佚，但后人也常会勉力弥缝，甚至从中看出司马迁的深意，郭嵩焘《史记札记》即云："太史公《礼》《乐》二书，皆采缀旧文为之，仅有前序，其文亦疏缓。礼乐者，圣人所以纪纲万事，宰制群动，太史公列为八书之首，而于汉家制度无一语及之，此必史公有欿然不足于其心者，故虚立篇名而隐其文。"明杨慎则言："太史公之为《律书》，其始不言律而言兵，不言兵之用，而言兵之偃，而于汉文帝尤加详写，可谓知制律之时而达制律之意也。"二人从无字处揣摩司马迁的深心，或许受到了汉明帝说《史记》"微文刺讥，贬损当世"的影响？

不止佚失的三篇，即如《封禅书》《河渠书》与《平准书》，很多人也推测出了其中的刺讥之义。清高嵣《史记钞》评《封禅书》曰："此书有讽意，无贬词，将武帝当日希冀神仙长生，一种迷惑不解情事，倾写殆尽。故前人谓之谤书，然其用意深矣。"稍晚的尚镕《史记辨证》论《河渠书》云："塞河开渠，所以通漕溉田也。然武帝听臣下之言，轻用民力，广兴水利，总是一篇侈心。"明末清初的徐枋谓："作《平准书》而有深痛矣。痛者，痛文景完富之天下，孝武以多欲而敝之也。……太史公既深痛之，故明言之，且切言之，以为人君多欲则多事，多事则多费，多费则天下贫而民俗坏，于是列治乱之效，陈得失之体，使后世知天下虽大，四海虽富，而轻用之必敝也。"

上面的引文，只是关于八书的部分结论，说明了《史记》的"微文刺讥"之旨，或许也跟司马迁的"发愤"有关。需要注意的是，上面不同的说法牵扯到每个发言者自己置身的时代，未必适应于任何一个时代的任何一个人，比如，晚清寻求中国富强之路的郭嵩焘就认为，"《河渠》一书，叙汉武通渭、引汾、通褒斜之道，穿洛，而终之以塞决河复禹旧迹，其勤民至矣，而言水利者遂遍天下，此两汉富强之业所由开也"。

至此，八书中只有《历书》和《天官书》没有提到。方苞《读史记八书》认为《天官书》"特家世所掌，有独传其精义者"，而《历书》所记的历法司马迁曾亲自参与制订，二者或有更为独特之处。

七

提到《天官书》和《历书》，就不能不提到天。金克木《谈"天"》一文，将古代所谓的天看成一个全体："天不是天空，不是指那个常常变换颜色的一片（《庄子》："天之苍苍其正色耶？"），也不是日月星活动于其中的空，而是包括所有这些的全体，和地相对的全体。地的全体不可见（人不能上天），靠天来对照。抽象的空间概念是在具体的实的空间的认识之后的。"张光直清楚地说出了其中的关键，"天，是全部有关人事的知识汇聚之地。"用《剑桥插图天文史》的话来说，属于自然的天也是"文化资源的天空"。

因为《史记》五体，尤其是《天官书》和《历书》中记载了很多天文现象，司马迁好像可以某种程度上归入天文学家的行列。参照现在的科学观点，司马迁对天文学的贡献，起码包括对奇异天象的记录、对恒星颜色的观测、对恒星亮度的辨别、对变星的记载等。可是，司马迁跟天相关的学问，确定是现代意义上的天文学吗？

上面提到的文章中，金克木指出了《天官书》的特殊性："《史记·天官书》可以不当作天文学而当作古人的'天学'书看。'天学'和现代天文学可以说几乎是两回事。……《天官书》先分天为五宫：中宫和东南西北四宫。中宫是北极所在，无疑是最重要的（为什么？大可玩味），所以首先举出'天极星'。一颗明亮的星是'太一常居'之星。这一带是后来所谓'紫微垣'，即帝王所在之处。'太一'旁边的星是

'三公'，后面是'后宫'。……五宫之后列五颗行星及其解说。从木星开始，大概不是只因为它最明亮（金星最亮只见于昏晓），是因为它十二年一周天，是年的标志，所以名为'岁星'。接着是火星、土星、金星、水星，配上五行。这以后是日、月，以及彗星、流星等等，直到'云气'。天文学渐少而占星术更多了。"作为天文学，怎么可能跟星占学沾边？但作为"天学"，星占是否题中应有之义呢？来看《天官书》论赞的一段——

> 日变修德，月变省刑，星变结和。凡天变，过度乃占。国君强大，有德者昌；弱小，饰诈者亡。太上修德，其次修政，其次修救，其次修禳，正下无之。夫常星之变希见，而三光之占亟用。日月晕適，云风，此天之客气，其发见亦有大运。然其与政事俯仰，最近天人之符。此五者，天之感动。为天数者，必通三五。终始古今，深观时变，察其精粗，则天官备矣。

天象出现了异常，人主必须采取相应的补救措施，不同的征兆需要不同的应对方式。有了这个线索，就不难发现《天官书》的整体结构，如朱文鑫《史记天官书恒星图考》所言："书分三节，首言星，次言气，末言岁。故其论曰：'汉之为天数者，星则唐都，气则王朔，占岁则魏鲜。'史公本三家之说，虽不专论星象，而叙述恒星，尤为深切著明，言下见象。紫宫，房心，权衡，咸池，虚危，五官之坐位，朗若列眉。其他占验之说，或依据星象，或假借名义，各有所本，绝非凭空臆造。"结合金克木的说法，可知《天官书》的正文部分，分别写的是星占、气占和岁占。如此，把《天官书》作为星占学著作，应该没什么可以让人吃惊的吧？

如果不把科学作为唯一去取标准，其实不难意识到，中国古代天学，多跟星占相关。江晓原指出："古代中国之'天文'，实即现代所谓'星占学'（astrology）。历代正史中诸《天文志》，皆为典型之星占学文献……而此类文献在《史记》中名为《天官书》，则尤见'天文'一词由天象引申为星占学之痕迹——天官者，天上之星官，即天象也。后人常'天文星占'并称，亦此之故，而非如今人以己意所逆，将'天文'与'星占'析为二物也。"古代的天文家亦即星占家，"实为上古巫觋之遗裔"，"在上古时代，唯有掌握通天手段者（有巫觋为之服务）方有统治权，而'天文'即为最重要之通天手段"。

当然，《天官书》写了诸多天象，验之以现代科学，也有不遑多让之处。除了上面的泛泛罗列，不妨就以"杓携龙角，衡殷南斗，魁枕参首"来举例。《史记天官书恒星图考》谓："携，连也。杓连龙角，故曰携。龙角，角宿也。盖角在子午圈时，杓正南向以对之。即角宿第一星与杓之摇光及帝星，约在一直线也。且此星与杓之开阳及今之极星，亦在一直线也。衡，玉衡也，杓中之一星。殷，中也。衡当南斗，故曰殷。盖南斗在子午圈时，衡正南向以对之，即南斗中二星与玉衡约在一直线也。魁在参宿两肩之上，故曰枕。盖参在子午圈时，魁正南向以对之，即由魁之天机傍天枢以至参右肩，由天权傍天璇以至参左肩，皆在一直线也。由此推之，观杓而知角，观衡而知斗，观魁而知参。察北斗之循行，足以窥大块之文章，握浑天之璇玑。"

朱文鑫在书里附了一张图，可以清晰地看出这十二个字描述的天象。不过上面的说法有点专业，那就用《潘雨廷先生谈话录》里的一段话，来传达其间的蕴奥吧："妙就妙在此图用眼睛是永远看不见的，角星要夏天看（如要在一天内看，角要极早在黄昏看，斗星要极迟在清晨看），参星要在秋冬之际看。人就是上到宇宙空间，看到的也不是此图的景象，此图的实质是已经描写了时间。一半直接见到，一半要用思想，真实情形永远如此。"从这个方向看，作为自为系统的中国古代天学，重要的不是有多少跟现代科学相符的部分，而是借由精密的观察，人的思维认知不断走上新的台阶。

八

前面反复提到司马迁参与太初改历，但没有具体展开。据《历书》，当时的情况是，"天下初定，方纲纪大基，高后女主，皆未遑，故袭秦正朔服色"。汉家初得天下，遇到的棘手问题太多，没来得及校正历法，袭用自秦。张闻玉《古代天文历法讲座》谓，"历法是以固定的章蔀统筹多变的天象，行之日久，必有误差"。随着时间的推移，汉代多次出现"日食在晦"的反常天象，即"朔晦月见，弦望满亏"，这说明"此时用历明显不准，已经超越天象一日"。深知"改正朔，易服色，所以明受命于天"的汉武帝，恰好这时收到公孙卿、壶遂和司马迁"历纪坏废，宜改正朔"的进言，在需要和时势的合力之下，很快便予以采纳，司马迁也顺理成章地参与其中。

照张闻玉的说法，"太初改历的原因就在年差分积累过大，造成'日食在晦'的反常天象，现在改历者看准了这一时机，为纠正用历的误差，取消朔日余分705和冬至余分24（即消除年差分），便使元封七年十一月甲子日夜半0时合朔冬至无余分……同时，还改岁首（以寅月为正月，该年十五个月，其中丙子年前105年三个月，丁丑年前104年十二个月），改年号'太初'以为纪念。"太初改历对中国历史意义重大，最重要的是以建寅为岁首，迄今两千年没有变化，对汉民族的生活方式产生了巨大影响。即便没有后来的《史记》，司马迁也已经对整个中国文化作出了不容忽视的贡献。

尽管如此，司马迁跟太初历的关系，还是出了问题。首先是《历书》末尾所载《历术甲子篇》疑问重重。该篇中，焉逢摄提格太初元年之后，逐一列举了天汉元年、太始元年等年号、年数，直至汉成帝建始四年（前29）。如原文如此，则司马迁活到了汉成帝建始四年，享年117（或107）岁，可能性不大。据此可以推定，《历术甲子篇》并非司马迁手笔。不过，还有一种更大的可能，如张闻玉所言，"混入《历术甲子篇》中的年号、年数，断非出自司马迁的手笔，纯系后人妄加"。去掉混入篇中的年号、年数，《历术甲子篇》便豁然可解，"虽然只列了甲子蔀七十六年的大余、小余，并依此推算各年朔闰。其实，其他十九蔀均可照此办理（只需加算蔀余），这是一个有规律的固定周期,所以我们称之为'历法'"。

也就是说,《历术甲子篇》是司马迁给出的计算公式,年号是后世无知者妄加。《历术甲子篇》的公式性质一旦明确,《历书》的结构也就非常清晰了——先讲述历法的意义,接着以论赞回顾历法演变,展示汉代历法问题,随后点明太初改历的起因和结果,"后附《历术甲子篇》,以明示历法根据。记载简明扼要,但清楚合理"。

其次的问题是,关于太初改历,《汉书·律历志》与《史记·历书》记载并不一致。《律历志》载,太初改历还曾采用邓平的八十一分法,司马迁对此竟只字未提。这当然会引起后世研究者的猜度,以致有人怀疑,司马迁不满采纳八十一分历而故意失载。张闻玉判断,"太初改历实际上分两步进行。在元封七年进行改历时(消余分、改岁首),邓平尚未参加,八十一分法也没有制定,司马迁只是按当时的实际情况来记载,所以《史记》详记《历术甲子篇》而不记邓平及其八十一分法——司马迁不能未卜先知!至于邓平八十一分法取代四分法,那已是太初改历的第二步。其时司马迁或衰病无力,或不在人世,所以《史记·历书》根本不提邓平法。"

《律历志》与《历书》不符,一方面是因为《汉书》距改历年代远,史料不全,"另一方面由于班固本人对汉初用历、太初改历缺乏正确的认识,以致使《汉书·律历志》的记述陷入混乱,前后矛盾;而《史记·历书》出自太初改历当事人之手,自然比较可靠可信"。以上种种,还不是司马迁跟历法相关问题的全部,先来看《历书》论赞的第一节——

> 神农以前尚矣。盖黄帝考定星历，建立五行，起消息，正闰余，于是有天地神祇物类之官，是谓五官。各司其序，不相乱也。民是以能有信，神是以能有明德。民神异业，敬而不渎，故神降之嘉生，民以物享，灾祸不生，所求不匮。

跟《天官书》一样，这段文字（甚至《历书》全文）也有两个略显矛盾的倾向，一是属于所谓科学方面的，如考察星度，纠正闰月余分；一是属于所谓迷信方面的，比如分管天地神祇之官，神有灵明并降下好年景。从迷信方面看，江晓原说，"在司马迁心目中，历法本是用来通天、通神、避祸趋福的，而这也正是星占术的基本宗旨。……颁告朔实即颁历法，诸侯遵用王室所颁历法，即象征王室掌握着他们的通天工具。"从科学方面看，则可用吴守贤的话来说："第一，司马迁为我们留下了一部上古历法的演变史……第二，司马迁给我们留下了一部完整的'四分历'推步方法和完整的算例。"

稍微深入些思考就能明白，在司马迁的年代，所谓科学和迷信原本是一体，冠上先进或落后的名义，不过是后来人的分别智。《天官书》《历书》的占星术和科学内容，本质上是一个整体，一个可以作为思想实验的整体，人们可以根据对这个整体的掌握程度来判断思维水准的高下。在这个意义上，我们或许就可以理解，作为同行，司马迁为什么会批评其他星占学"禨祥不法"（占验没有规矩）、"凌杂米盐"（凌乱琐碎），而对自己充满信心，同时也就明白了，为什么《汉书·艺文志》会说"星事凶悍,非湛密者弗能由也"。

或许可以说,无论对天象的观测,还是对时事的预言,在总体性的思想实验中,都是那个思维最缜密、信息掌握最全面的人,站在了当时学问序列的最前端。无疑,司马迁正是这样一个站在最前端的人。

九

杨照《史记的读法》提到一个很有趣的问题:"古往今来很多《史记》的选本,都依循一个简单的原则,就是考虑《史记》文章的好看程度,将'不好看'的部分挑出来,只留'好看'的部分。"说白了,好看不好看,关注的是作品的叙事性,也就是纪、传的"传"。前面说到的表和书,属于最不好看的部分,《项羽本纪》和《高祖本纪》叙事性强,算是本纪少数好看文章。《史记》绝大部分好看的篇目,出自世家和列传(尤其是列传)。

不过,司马迁立世家和列传的目的,可并不是为了好看,尤其是三十世家。《太史公自序》谓:"二十八宿环北辰,三十辐共一毂,运行无穷,辅拂股肱之臣配焉,忠信行道,以奉主上,作三十世家。"世家记载的是诸侯列国之事,其中的人物是"辅拂股肱之臣"。诸侯列国环绕本纪的宰制者,就像二十八宿环绕北辰,三十根辐条连接在一个轴心上。世家涉及的诸侯列国有统治区域,因此写法很像本纪,也是编年为主,大事乃书。

除《三王世家》佚失，其余二十九世家可分为三个部分。第一部分自《吴世家》至《田敬仲完世家》，皆先秦封国。第二部分《孔子世家》《陈涉世家》《外戚世家》三篇，是特殊的一类。第三部分则自《楚元王世家》至《五宗世家》，属汉初封国。首尾两部分少有异议，中间三篇，一直有人批评司马迁自乱其例。只是，《太史公自序》言，孔子"为天下制仪法，垂六艺之统纪于后世"，"秦失其政，而陈涉发迹，诸侯作难，风起云蒸，卒亡秦族"；《外戚世家》序起首即言，"自古受命帝王及继体守文之君，非独内德茂也，盖亦有外戚之助焉"——布衣而为天下师，匹夫而启亡秦之端，外戚而影响国运兴衰，列为世家，应该也不能算完全无法理解的破例吧？

三十世家之后为七十列传，占全书一百三十篇的一半以上。列传可以大体分为五类，一是分传，如《伯夷列传》《李斯列传》《司马相如列传》；二是合传，如《管晏列传》《廉颇蔺相如列传》《屈原贾生列传》；三是类传，如《刺客列传》《酷吏列传》《货殖列传》；四是四夷传，涉及匈奴、南越、东越、朝鲜、西南夷、大宛六个区域；五是单独的《太史公自序》，属序传。

照司马迁的说法，列传主要载"扶义俶傥，不令己失时，立功名于天下"之人。进入列传的人，或仗义而行，俶傥不羁，有嘉言懿行传于世，如伯夷、叔齐、老子、韩非、仲尼弟子等；或立功名于天下，不必全是正面行为，如管仲、晏婴、吕不韦、李斯、公孙弘等。

列传中，少数几篇也有异议。淮阴侯韩信、吴王刘濞、淮南王和衡山王，情况较为典型。他们当然算得上王，应列为世家，可韩信以反名被诛，刘濞因叛乱被杀，淮南王反叛国除，衡山王叛逆自杀，都算不上"辅拂股肱之臣"，因此未入世家而入列传。四夷为一方之国，也可以入世家，但如阮芝生所言，他们"或为敌国，或为附庸，或为外臣，其世系多不详"，并以中国纪年记事，因此只能放进列传。

列传记事，需点出传主本人的生平要点，并牵连其胸襟格局，因此要选择最有说服力的细节，于是文章自然生动，感发人的力量也深，因而"好看"。明茅坤云："今人读《游侠传》即欲轻生，读《屈原贾谊传》即欲流涕，读《庄周》《鲁仲连传》即欲遗世，读《李广传》即欲立斗，读《石建传》即欲俯躬，读《信陵》《平原君》传即欲养士。若此者何？盖各得其物之情，而肆于心故也。"列传贴着每个人物写，让退隐到时间深处的人们重新在文字中生动起来，才能成为历史经纬织体上的饱满血肉，引起了历代读者的共鸣。不过，《史记》是不可分割的整体，不能拆开单看，如晚唐皇甫湜所言——

> 编年记事，束于次第，牵于混并，必举其大纲，而简于序事，是以多阙载，多逸文，乃别为著录，以备书之言语而尽事之本末。故《春秋》之作，则有《尚书》，《左传》之外，又为《国语》，可复省左史于右，合外传于内哉？故合之则繁，离之则异，削之则阙。子长病其然也，于是革旧典，开新程，为纪为传为表为志，首尾具叙述，表里相发明，庶为得中，将以垂不朽。

不妨用阮芝生的话来说明："历史的记载，有三种基本的方法，即记时、记人、记事。这三种方法，各有得失。记时者为编年，编年者按年月记事，可以把时间的顺序交代得很清楚，但记事则分散、间断而不能连贯，记人也只限于某一时日，不能总叙一生，而且有些事在编年体中会写不进去。……记人为传记，传记以人为主，可以把人物事迹叙述得很完整，但不能详备某一历史事件的首尾始末，也不能全载某一时期历史的多方面发展，而且有些事也会写不进去。……记事为记述事情之本末，可以详备事件的首尾始末，但不能叙述人物的一生，也不能记录某一时期发生的所有历史事件，而且也有些事情会写不进去。"时、人、事既共时又历时，有时顾及了这个就要忽视那个（《史记》为人熟知的"互见法"，恐怕就是出于这个不得已），会造成很大的困扰。

皇甫湜说的是，《春秋》需要《尚书》配合，《左传》需要《国语》配合，才能相对规避无法两全的情况。司马迁熟读典籍，应该已经意识到了上述问题，于是采取了新方案，所谓"子长病其然也，于是革旧典，开新程"。《史记》用五体，弥补了三种方法各自的缺憾："司马迁所创的纪传体，便是对此问题所作的答案。纪传体其实包括了记时、记事、记人的三种基本方法，并作了一种综合的运用。《史记》五体中，'本纪''表'与列国'世家'，是编年记时，'列传'与若干'世家'，是传记记人，八'书'与少数几篇'列传'，则是纪事本末。司马迁把这三种方法会合在一起使用，成为一种新的综合的记述方法，也就构成了《史记》的新体裁。"一书兼备《春秋》《尚书》《左传》《国语》四书之长而能避其所短，无论如何都算得上空前的创举了吧？

十

谈完了《史记》的结构和内容，再回过头来看司马父子的太史令（史）职掌。戴君仁《释"史"》谓："由史知天道，故其原始职务掌祭祀而包括卜筮星历，都属于天道神事。"除了"知天道"，史另一个极其重要的职能，跟文字有关。"史字形狀，象人执简册，表示他的生活和书本不离。文字的需要，一天天广泛起来，他的职务范围，便一天天扩张，不但书籍归他们掌管，极可能连作教科书用的识字本，也是史所编制的。"用司马迁说的"文史星历"来综括，前者就是"星历"，后者就是"文史"。

前面已经讲过司马氏的天官职掌，不妨进一步看看文史的部分。《太史公自序》谓，"卒三岁而迁为太史令，紬史记石室金匮之书"。《索隐》云，"石室、金匮，皆国家藏书之处"。程金造《太史公所掌文史星历说》据此推断："太史谈、迁父子，为汉太史令，所职掌的'文史'，就是主管皇帝家藏的书籍。"当时的皇室藏书虽然丰富，但并不对外开放。"秘府的书籍，其所以禁人观览与抄录者，还不只是由于一书写本之无多，怕有佚失。其主要原因，乃在于书籍所载的，多是各家理国治民的机谋方略，这些统治黎民的方术，只能皇帝独握在手，不能操之他人，因此禁止散行于各地。"司马父子因为职责所在，得以观览皇家的丰富藏书，对当时见于记载的各类思想有较为全面的了解。

除了读已经基本形成的书，司马迁还能接触到现在称为档案（甚至是绝密档案）的文字。《史记集解》引如淳曰："《汉仪注》：天下计书，先上太史公，副上丞相。"由此可见，司马迁能够接触到当时的很多重要档案。所谓"百年之间，天下遗文故事，靡不毕集太史公"，说的就是这些新旧档案吧？古人文字的主要功能，是借以解决遇到的事，没有现在所谓写作这回事。在这个意义上，那些后来被尊为经典的作品，原本也可以是为解决当时问题留下的档案。如此一来，《太史公自序》所谓的"网罗天下放失旧闻，王迹所兴，原始察终，见盛观衰"，不就是对"文史"这一职掌的另外一种说明方式？到这里，我们也就几乎看到了司马迁的职掌与志向的关系——

亦欲以究天人之际，通古今之变，成一家之言。

在"究天人之际"前面，司马迁加了"亦欲以"三个字。其中的"亦"字，需要从汉代的具体情形来看。建元六年（前135年），窦太后崩逝，一直被祖母束缚手脚的汉武帝终得乾纲独断，不久即发出了"天人三策"中的第一问。策问中密集出现了天命、灾异、三光、寒暑、鬼神这些词，可见所询与天人关系相关。既是"今上"所问，回答此一策问的人当然很多，照李纪祥《太史公"成一家之言"别解》的说法，回应策问者两次即已逾数百，因而"必然已盈绕天下之士，成为当世欲以究明的一大汉世关键问题。司马迁亦忝列其一，所以他才会说：'亦欲以究天人之际"。

司马迁提供的天人关系答案，跟别人有什么不同呢？相比董仲舒的"道之大原出于天，天不变，道亦不变"，《天官书》谓："夫天运，三十岁一小变，百年中变，五百载大变。"也就是说，司马迁并非凭空想象出一个永不变化的天，而是凭借自己的天官职掌，不断观察天象的变化，并根据这变化进行"天人之际"的探究。在司马迁心目中，观察星空的变化，就可以知道帝国的运行情况，这不是猜测，更不是禨祥，而是确定的事实。如此，"亦欲以究天人之际"就不是司马迁的谦辞，而是饱含着他对解决笼罩当时汉王朝最大思想问题的自信，更隐隐透出他获得整体认知时的强烈自豪。

此外，《天官书》赞词中的"终始古今，深观时变，察其精粗，则天官备矣"，是否也包含着"通古今之变"的意思？前文的"原始察终，见盛观衰"，不是同样的"通古今之变"？研究古今变化，对照当时情形，以便不断损益调整，正是司马迁写《史记》的目的之一。只有经过这番损益调整，此前沉埋在石室金匮中的遗文古事，才得以焕发出异样的光彩，进入整个民族的精神创造序列。有心者不妨留意《史记》各篇的序或赞词，"通古今之变"的精神始终贯穿其中。

天人之际和古今之变跟司马谈、迁父子的职掌有关，最后的"成一家之言"怎么理解呢？钱穆《太史公考释》论之甚明："若其书为官史，则迁既续父职，责任所在，无所逃卸，何以其父临终遗命，乃曰无忘吾所欲论著，而迁亦曰：小子不敏，请悉论先人所次旧闻乎！即此可知记注（按记录）为官史，而论著乃家言，体例判然，断非一事矣。故迁之为此书，实不因其任史官，其书亦不列于官府，故曰：藏之名山，传之其人，则其书义法，自不限于官史之成制。"这样看"成一家之言"的属性，"正以明其非官书。官书者，汉志谓之王官之学，家言乃汉志所谓百家九流"。说白了，《史记》并非官史，而是家言性质的子书。或许，这也是此书最早称为《太史公》的原因。

子书只是司马迁的自我设定，随着影响扩大，最终，《史记》成了一部横贯经史子集的巨著。阮芝生《〈史记〉的特质》，说出了其中的窍要："《史记》是'正史鼻祖'，应属史部；《史记》是'散文大宗'，可列集部；《史记》'成一家之言'（诸子百家皆各成一家之言），又带有子书性质（此子书不过是以史书的形式出现罢了）……《汉书·艺文志》把'《太史公》(《史记》原名《太史公》)百三十篇'列在'六艺略、春秋家'下，可见汉人原把它归入经（六艺）部，视它为《春秋》的嫡子。"结合司马迁的雄心，这一说法，或许可以更确切地表达为——《史记》原本的目的是"拟经"（十表类《春秋》，八书拟《尚书》），实际达到的程度是"成一家之言"的子，后世将之确认为史部之首，却也折服于其闪耀于集部的文字精妙。

后记

大约两年前吧，我想借着相关出土文献，较为系统地梳理一下《尚书》的成书和演变过程，也试着摸索蕴含在这经典中的古人心思。陆陆续续读了近半年的各类书，有天想到《尧典》的时候，忽然隐隐觉得明白了一点司马迁所谓"究天人之际"的含义，于是暂时停下《尚书》的学习，准备写篇文章，看能不能较为清晰地把那个"隐隐"说出来。

进展总是比想象艰难得多。本来以为，只要弄清楚谈、迁父子太史令的职守，天人之际的含义就能迎刃而解。没想到，由"史"牵扯到"巫"，又由巫和史的关系，意识到文化全备体的重要，涉及范围便从原先的"天人之际"，变成了最终的"亦欲以究天人之际，通古今之变，成一家之言"，文章也从开始设想的一篇，写到了现在的十一篇。

置身其中的时候，因为需要关注具体问题，或者被其中的精彩吸引，很容易忘记一部经典在文化长河中的位置，要等到蓦然回首，才能看到某种更为壮阔的景象。这次，也要到文章写完才发觉，郑樵《通志》"六经之后，惟有此作"，是对《史记》准确无比的评价，允为不刊之论。

此外，要对任何一部杰作形成相对精微的认知，必须有一些值得信赖的同代书写者来引领（这里的同代不是指代际，可以读成古今之别里的那个"今"）。他最好明了一部杰作在古典世界（古）中为何伟大，解说的思路却必须能贯彻到现在（今），但又不能只站在现在这边。看来看去，关于《史记》，这样的引领者不太会超过一掌之数。

等从这次旅程中缓过神来，再读写完的十一篇文章，发现因为涉及的问题复杂，文章有些地方显得枝蔓，略微偏离了司马迁和《史记》。正好有人来约写相关文章，于是就想，能否围绕司马迁和《史记》，把与主题直接相关的部分再写一遍？书中的附录，就是这么来的。

《史记》这样精深谨严的大书（Great Book），需要"好学深思，心知其意"的卓越读者，我确信自己不是理想的选择。"虽不能至，然心向往之"，就把这本书看成一个学习者为自己留下的小小路标吧。

"执今之道，以御今之有。"因有种种今的因素在内，这本小书就叫了《史记今读》。

黄德海

2024 年 2 月 16 日

图书在版编目（CIP）数据

史记今读 / 黄德海著. -- 上海：上海文艺出版社，
2024.（2025.1重印） -- ISBN 978-7-5321-9080-5

Ⅰ．K204.2

中国国家版本馆CIP数据核字第2024MC9051号

发 行 人：毕　胜
责任编辑：肖海鸥
封面设计：尚燕平
内文制作：常　亭

书　　名：史记今读
作　　者：黄德海
出　　版：上海世纪出版集团　上海文艺出版社
地　　址：上海市闵行区号景路159弄A座2楼 201101
发　　行：上海文艺出版社发行中心
　　　　　上海市闵行区号景路159弄A座2楼206室 201101 www.ewen.co
印　　刷：苏州市越洋印刷有限公司
开　　本：1240×890 1/32
印　　张：10.25
插　　页：2
字　　数：209,000
印　　次：2024年8月第1版 2025年1月第2次印刷
Ｉ Ｓ Ｂ Ｎ：978-7-5321-9080-5/K.492
定　　价：65.00元
告 读 者：如发现本书有质量问题请与印刷厂质量科联系　T: 0512-68180628